向上
UPSHIFT
突围

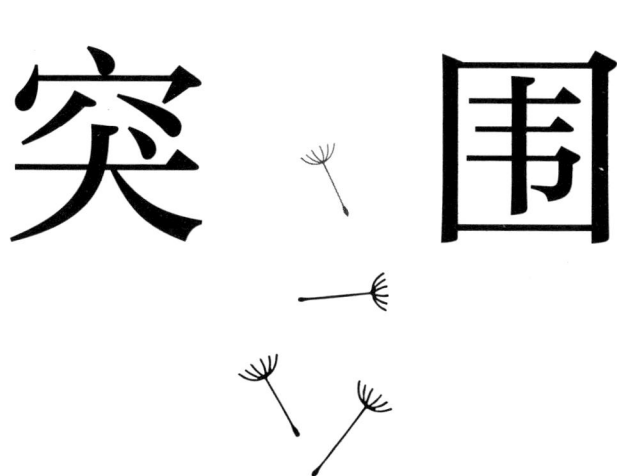

打破困境的创新者

Turning Pressure into
Performance and Crisis
into Creativity

［英］本·拉马林加姆 著
Ben Ramalingam

张美思 译

中信出版集团 | 北京

图书在版编目（CIP）数据

向上突围 /（英）本·拉马林加姆著；张美思译 .
北京：中信出版社，2025.3. -- ISBN 978-7-5217
-7221-0

Ⅰ . C912.1-49

中国国家版本馆 CIP 数据核字第 2024VX5905 号

UPSHIFT: Turning Pressure into Performance and Crisis into Creativity
Text Copyright © 2023 by Ben Ramalingam
Published by arrangement with Flatiron Books. All rights reserved.
Simplified Chinese translation copyright © 2025 by CITIC Press Corporation
本书仅限中国大陆地区发行销售

向上突围
著者：　［英］本·拉马林加姆
译者：　张美思
出版发行：中信出版集团股份有限公司
　　　　（北京市朝阳区东三环北路 27 号嘉铭中心　邮编　100020）
承印者：　北京通州皇家印刷厂

开本：787mm×1092mm 1/16　　印张：19.5　　字数：233 千字
版次：2025 年 3 月第 1 版　　　　印次：2025 年 3 月第 1 次印刷
京权图字：01-2025-0092　　　　　书号：ISBN 978-7-5217-7221-0
定价：68.00 元

版权所有·侵权必究
如有印刷、装订问题，本公司负责调换。
服务热线：400-600-8099
投稿邮箱：author@citicpub.com

献给儿子科比,
他还是觉得本书更应该叫《困境中的创新者》

目录

第一部分　向上突围的要素

引　言 / 003

第一章　向上突围的心态：让蝴蝶编队飞行 / 020
　　逆境中流淌的钢琴独奏 / 020
　　从威胁到挑战 / 023
　　我要做 / 029
　　压力心态和逆境的力量 / 032
　　生命的主控开关 / 037

第二章　压力下的创新：优秀者的"不同凡想" / 042
　　紧要关头 / 042
　　吉尔福德和发散思维的研究 / 046
　　通往创造性大脑的曲折之路 / 054

学习没人知道怎么做的事情 / 063

涂有红色颜料的洞穴 / 067

第三章　目标的强大之处：永远夺不走的力量 / 073

动乱中闪烁的光芒 / 073

危机是最深刻的课堂 / 076

创新的生活技能大师 / 083

化目标为实际行动 / 087

第四章　向上突围的力量：重复的作用 / 092

进展不顺的艰巨任务 / 092

心态 / 094

创新思维 / 096

目标感 / 100

"没有很意外" / 103

第二部分　向上突围的类型

引　言 / 109

第五章　挑战者：向上突围者如何改变规则 / 113

肯定有更好的办法 / 113

颠覆性的创新者 / 117

你上次尝试新鲜事是什么时候 / 119

何不把桌腿拆下来 / 125

不要在世人面前隐瞒失败，也不要逃避失败 / 127

快乐来自战斗 / 134

第六章　匠人：在困境中创造新颖的解决方案 / 139

问题出在休斯敦内部 / 139

"冒险的手艺" / 146

艺术家一般的工程师 / 150

灵感猎人的渔网和鱼叉 / 153

梦想实现者 / 159

第七章　整合者：跨越、连接、融合 / 164

绿叶海蛞蝓与海胆 / 164

充分了解每个世界的规则，然后打破它 / 166

跨界、连接、融合 / 172

战争和豌豆 / 177

挚爱的莉娜 / 182

第八章　连接者：利用网络智能 / 186

罗斯和马娅 / 186

集思广益，攻破难题 / 188

收窄还是拓宽社会网络 / 192

向上突围者的社交生活 / 195

保罗·里维尔午夜骑行中的桥梁、黏合和连接关系 / 198

拯救生命的三种关系 / 201

"复杂的网络交织" / 204

第九章　确证者：知识的拼图 / 212

　　萨布丽娜的拼图 / 212

　　容纳之窗 / 215

　　"在恐惧中几乎什么都做不了" / 222

　　正念的作用 / 229

　　萨布丽娜的选择 / 232

第十章　指挥者：聚集向上突围者从而组织变革 / 237

　　伦道夫 / 237

　　秘密领导力 / 242

　　音乐紧急状况：指挥者如何重构压力 / 245

　　完美音高：指挥者如何培养创新思维 / 248

　　竭尽所能：指挥者如何催化共同目标 / 253

　　伦道夫的结语 / 259

尾　声 / 263

致　谢 / 267

注　释 / 269

向下降格与向上突围的概念

向下降格
downshift

（1）与在驾驶中调低速挡意思相近：车辆或自行车调到较低挡。

（2）当某件事情被视作一种威胁时，不管它是真实的还是想象的，都会触发大脑中的困境模式，这与神经系统从更高的认知处理区域转移到与战斗、逃跑或冻结反应相关的基础区域有关。伴随而来的是心率加快、肾上腺素水平升高和焦虑。

向上突围[1]
upshift

（1）指代变量（如性能、增长率、频率）向更高水平移动。

（2）当某件事情被视为一种挑战时，不管它是真实的还是想象的，都会触发大脑中的良性应激模式。这与神经系统转移到更高的认知处理区域有关，这些区域能够促进新颖的想法、关联、关系和解决方案的形成。

第一部分

向上突围的要素

引　言

顿悟时刻

"弟弟，快，"妈妈说，"我们很快就能远离战乱，到达安全的地方。"

安全。大家总用这个词来解释各种行为。我的狗维拉也想跟着，我只得狠心拒绝。但它压根儿听不进去，因为它知道我们要离开了。我还记得最后一次见到它的场景：它低垂着尾巴，蜷成一团，发出呜咽声。由于我不忍心，因此妈妈亲自把门关上了。

"弟弟，如果他跟着，那我们就没法确保安全了。"妈妈边擦着我的眼泪边说。

祖母与我拥抱，在我耳边轻声说："这是我的家、我的祖国，那些愚蠢的发动战争的儿子、侄子和孙子们，绝不能把我从这里赶走。记住这一点。"

"我不会战斗的，绝不。"我对她用了"孙子"这个词感到惊讶，挣脱了她的怀抱。

她笑了，捏了捏我的脸颊，但没有下重手。"你不必去战斗，你得去安全的地方。"

又是安全这个词。我们得趁夜色离开家，才能确保安全。我们得穿过刺鼻的淤泥滩，前往更安全的房子。我们得离开城镇，甚至可能离开祖国，去安全的地方。爸爸会先行一步以确保安全。我们得把维拉留下，这样才能安全。

只有成年人才知道，要确保安全就要遵守许多规则，而且他们在不断改变这些规则。确保安全是一个缓慢和无聊的过程，意味着要等待很长时间。然而就在一瞬间，安全到来了，迅速得让人感觉那么痛苦和可怕。然后，我们周而复始，重新回到确保安全这个缓慢和无聊的过程中。

我们身后，有个年轻人跳起来喊道："船来了！"

我和其他等待的人转向潟湖，看着驳船从远处驶来，每个人都兴奋地站起来。只见驳船喷着烟雾逐渐驶近。当它靠近码头时，空气中弥漫着蒸汽和汽油混合的气味。对我来说，那是迷人而自由的味道。随后，码头工人开始拉出登船板。

"站在原地别动！"有人通过扩音器用英语急促喊道。只见四名士兵坐着吉普车，尖声嚷着停在码头旁，两名士兵手持步枪从车上下来，开始搜查人群。

士兵们经过我们身旁，搜查了我们的包。我能闻到他们身上的香烟味，那种味道令人厌恶。我想要大喊一声，或者重拳出击，或者跳起来，或者逃跑。一切总是发生得如此之快，我想更快一步。在士兵们经过我们时，妈妈搂着我轻声说："安静点儿，弟弟。低下头。记住我们现在的处境。不要让他们找到任何理由（对我们不利）。"

我在学校的最后几天听说了当时的情况。许多人在潟湖上被枪杀，船上满是男人、女人和儿童的尸体，士兵们用脚将他们踢入水中。我看着水面，想象尸体仰望着我的模样。

驳船随着潟湖水的涌动缓缓地上下摇晃，如同动物在喘气。我模仿它的呼吸，就像我以前对维拉做的那样，这能让我感到平静。

我们排队上船，士兵们站在那里，手持步枪，看着我们登船。我没有回头看无法登船的人，也不去想他们。

最后一个人上了船，士兵们也上来了。所有乘客，包括我的家人，就像被赶着的羊群一样挪动：想要尽量远离士兵们和他们的武器。驳船启动时，两名士兵站在我们对面，占据了船上整整一半的空间。其他人全挤在另一半的空间，就像维拉一样蜷缩着。

那些士兵开始抽烟。就连他们的打火机看起来都很吓人。我听过一些士兵用打火机来干坏事的传闻。在他们抽烟时，我盯着晃动的烟。突然，我发现他们的手在颤抖。他们居然也害怕。原来即使有枪，他们也会害怕。

我豁然开朗，心想："妈妈很害怕，和我们在一起的人都很害怕，士兵们也害怕，但我不必害怕。如果我不害怕，其他人也不应该害怕。我们都可以感到安全。"

我甩开母亲的手臂，穿过拥挤的人群向士兵们走去。母亲发出了一声奇怪而惊恐的低声尖叫，其他人也让我回去，但我没有回头。我一步一步地继续向前。那些士兵突然抬起头，为我离他们如此之近而感到惊讶。

"能看看你们的枪吗？"

他们盯着我。我指着枪又问了一次。他们笑了起来。

"我侄子跟你年纪差不多。"一位士兵说道。

"我8岁了。"我说。

"我侄子现在9岁了,"他回应,"好久没见他了……"他停顿了一下,冲我微笑。

"我比你侄子高吗?"我问。

"是的,"他说,"你很高。"

另一位较年轻的士兵正要点燃下一支香烟,跟我对话的那个人说:"别在孩子面前抽烟。"

他们相互看了看,笑了起来。其中一名士兵伸手抚摸我的头发。我们继续交谈。我听到身后越来越多的谈笑声,转过头去,却只看到母亲在一旁哭笑不得的样子。

看我和士兵们玩得很开心,大家顿时都放松下来。乘客开始四处走动,彼此交谈。驳船变得更加热闹、舒适。在所有人下船时,士兵们向我和家人挥手告别,我们继续踏上寻找安全之所的旅程。

我很清楚,这段经历的走向原本绝不是这样的。许多有关斯里兰卡残酷内战的报道,描述了在那段时间、那个地方、那些船上发生的事情,足以证明我们当时有多么幸运。我也从不认为我在改变事情走向方面做了多大的贡献。在冲突地区的经历教会我,片刻的恻隐之心并不足以改变交战双方的命令或意图,因为他们执着于用暴力解决问题。

但我的童年经历指引着我去思考几个问题,正如本书接下来所述,这些问题最终都引向我在人生中以不同方式探讨的一个问题:我为什么要挣脱母亲"安全的"臂弯?为什么无视母亲让我回去的恳求?是什么驱使我走向手持枪械的士兵,并请求看看他的枪?

在那个顿悟时刻,到底发生了什么?

倒 U 形曲线

我所经历的那种顿悟时刻会在各种情境中上演——从飞行员完成着陆到通勤者应对突发事件,再到儿童间的打架游戏,每个人都能够找到自己的顿悟时刻。

以工作为例,如果让你想一想在工作中经历的压力时刻,你可能会叹口气,想到以下某些或全部场景:专横的老板、苛刻的客户、效率低下或麻木的同事、冷漠的初级员工、抱怨不断的合作伙伴,以及行动慢到难以忍受的供应商。

现在想象一下,如果我问,工作中的压力在什么时候是有益的呢?我敢肯定,大家或多或少都会记得一些亮点。也许你曾被迫熬夜解决棘手的问题,却突然间有了突破性的想法,能用在整个项目上。也许你曾遇到同事提出了不同的观点,你一开始感到受挫和愤怒,但后来,你通过一些意想不到的沟通方式,让所有人相互尊重,建立了令人难忘的伙伴关系。一旦开始思考,你必定能在职业生涯中找到很多这样的例子,表明压力能够产生积极作用,并促使你获得顿悟时刻。

实际上,已经有大量的研究是关于压力何时能促进表现的。[1] 这样的例子涵盖人类经验的方方面面:从中国的体操运动员到德国的室内设计师;从加纳的机场工作人员到美国的士兵;从乌干达的市场交易员到英国的临床医生。其中,很多心理学家、人类学家、管理学学者带头对真实世界进行了观察性研究,并得到了大量的实验性评估的证明。"压力在什么情况下是有益的?"这是近年来个体和群体心理学最重要的课题之一。这个问题在很多场合被反复提及。在寻求严谨、可靠的答案的过程中,我收集了大量的数据,涵盖了全球成千上万的个体和团队。

现在，再回想一下那些无效的工作压力。你大概率会回想到受威胁的感觉，你想躲避风险，只遵循老一套的思考方式，整个人失去了动力和目标。压力越大，这些问题就会变得越糟糕。许多人都亲身经历过，在最糟糕的情况下，压力不仅会影响工作，还会影响健康。即使在新冠病毒疫情暴发之前，职场压力也被视为接近流行病所带来的压力。2018 年，仅英国就有超过 1 500 万个工作日是由于压力而被浪费的。[2]

这还只是故事的冰山一角。我们同样认识到，如果压力太小，我们会缺乏参与感，失去动力，没有成就感。美国中年调查是从 1995 年起持续开展的一项全国抽样研究，它衡量了影响健康的心理和社会因素。[3] 其中一个与工作场所有关的有趣发现是，工作中缺乏刺激会对员工的长期认知能力产生影响。这可能不符合直觉，因为我们一般认为，随着年龄的增长，我们应该减少对自己的挑战。许多人为了保护精神状态和总体健康，会自然而然地寻求更简单、更轻松的任务和职业。但情况恰恰相反：缺乏刺激和有益的压力，实际上会损害我们的身心健康，并降低峰值表现。

一百多年来，很多心理学家研究了压力太大和太小的影响。1908 年，哈佛大学心理学家罗伯特·耶基斯和约翰·多德森设计了一项实验，测试了压力对表现的积极和消极影响。[4] 如今，他们的研究结果被称为耶基斯-多德森定律，可以用倒 U 形曲线表示（见图 1）。

美国中年调查发现，该曲线适用于所有受试者：如果不断学习新技能和接受新挑战，则能够提升受试者的认知表现，这在其步入老年时尤为明显。成千上万的有关"超级老年人"的神经科学研究也得出了相同的结果，这类人在智力和身体上的表现相当于年龄比他们小一半的人：秘诀在于定期迈出身体和思维的舒适区。

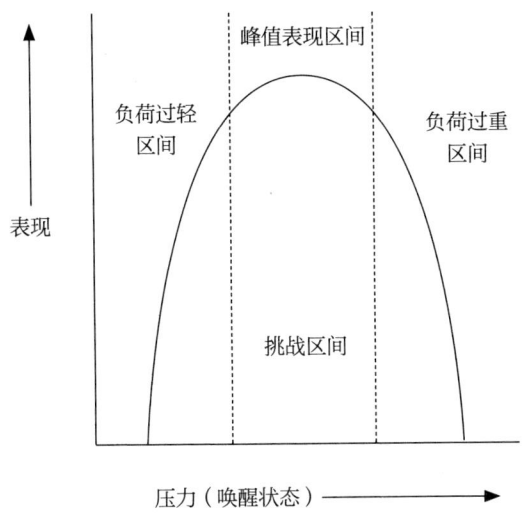

图 1　倒 U 形曲线

这明显证明了压力对我们的身心健康至关重要。同样的现象也存在于多个职业中,如战斗机飞行员、工程师、医护人员、警察等;还存在于许多日常活动中,如体育锻炼、发表公共演讲,甚至参与体重管理计划,等等。

这种现象无处不在,因此倒 U 形曲线开始在神经科学、心理学和医学中得到普遍认可,并得以不断发展、强化和广泛应用。

该曲线的右侧表示压力带来的负面影响。当承受过多压力时,我们会负荷过重,感到难以组织想法和掌控局势,还可能想要屏蔽并逃离压力源。这是一种非常自然的反应。这个过程被脑科学家称为"向下降格":面对威胁,大脑会采取保护性的神经抑制机制,将思维从认知、反思和创造性的区域转移到以生存为导向的原始区域。

相反,该曲线的左侧表示处在无聊、麻木和缺乏动力的状态。在这个状态中的人并非屏蔽一切,而是完全松懈了,停止了学习和成长。

如果我们在婴儿时期经历过多"负荷过轻"的情况，未来的认知表现就会受到影响。

我们在两者之间会感受到一个最佳平衡点，即心理学家所称的"良性压力"。[5]

从将压力视为挑战而不是威胁的那一刻起，我们便开始从左侧或右侧的低水平表现区间进入中间的峰值表现区间，即经历顿悟时刻后进入向上突围的状态。

心态、创新、目标

在经历顿悟时刻时，大脑会进入更高层次的认知过程，推动我们提出新想法，找到新的关联和解决方案。

你可能会说："啊，需求才是发明之母！"虽然这确实是向上突围的一部分，但并不全面且常常具有误导性。有很多证据和经验都表明，在大多数情况下，由迫切需求引发的压力，反而会导致我们循规蹈矩，而不是大胆创新。面对压力，大多数人倾向于选择安全的、经过验证的方法。更准确（也不那么文绉绉）的说法可能是："需求可以推动发明创造，但必须满足一些特定条件和基本要素。"

通过《向上突围》，我们可以了解如何变压力为挑战，化危机为创新。本书将带着各位读者环游世界，了解各行各业人士如何到达并利用向上突围的最佳平衡点。

我们将了解到这些人将需求转化为发明创造的底层模式：他们是如何处理和利用压力的？他们是如何通过创新应对危机的？

需求可以刺激我们采取行动，是顿悟的催化剂。但我发现，充分利用需求要满足三个要素。只有具备这些要素，才能完成向上突围。

这三个要素同样适用于家长管理每周预算，办公室员工应对职场压力，以及救灾人员应对战区工作的情境。我甚至还借助它们来深入理解自己8岁那年在驳船上的行为。

回想一下你在工作中经历的有益压力，你可能会记得，突然有那么一瞬间，你感到或许可以利用这些压力，把它们当作挑战，而不是威胁。

在我的记忆中，士兵手里晃动的香烟让我意识到，尽管我们截然不同（他们意味着士兵、武装、控制），但也有相似之处——他们也会害怕。

那晃动的香烟让我灵光一闪，转变了心态，将令人痛苦的威胁转变为令人振奋的挑战。正如我们将看到的，当威胁被重新评估为挑战时，我们会重新评估整个形势及其局限性，以及会出现的可能性。

这样的顿悟时刻能打开向上突围的认知和情感之门。但我们还需要在此基础上克服更多挑战，也就是要利用在压力下产生的创新想法和方法。

当年，与我聊天的士兵在上船时根本不会想到会与流离失所的孩子有任何互动。就某种程度而言，那是战前时代一次纯粹的交流。在聊天中的某个时刻，我们开始从不同的角度看待各自的处境，看到了同为人类、同处一个空间、同在安全之所的处境。因此，整个事情发生了意外的转变。

此外，要实现向上突围，变压力为挑战，化危机为创新，还需要有共同的目标。

我和士兵完全来自两个不同的世界。他们训练有素、经验丰富，必须服从军令，在内战的前线冲锋陷阵。我还是个小孩，天真无邪，来自对立的种族。士兵的侄子让我们建立了联系：我们的年龄和身高接近，或许也同样顽皮。

回首当年，他阻止同伴在我面前抽烟，就是共同目标的第一步：都认识到要保护我的安全。然后，我们一起谈笑风生，建立了共同的安全感，接着又将这种安全感传递给驳船上的每个人。

以上就是向上突围的三大要素：心态、创新和目标。[6]

我相信自己在儿童时期就经历了几次向上突围，这些时刻是我成长过程中刻骨铭心的记忆。其中大多数都是寻常的情况，比如家里没人，我自学了骑自行车；打败哥哥们在学校遇到的霸凌者。在这些事迹中，那艘驳船上的经历是如此鲜明，是我在孩童时为数不多的能够记得当时的想法和感受的时刻。我并非在迷雾中想起这段久远的经历，而是能够清晰地捕捉和描绘这段记忆。

在斯里兰卡的冲突中求生和逃难的童年经历一直笼罩着我，还影响了我的一些重要人生决策。20 岁出头时，我曾与最好的朋友一起穿越印度，在路途中，我碰到了来自斯里兰卡的难民，他们和我的家族在 20 年前几乎同时离开了斯里兰卡，但他们依旧生活在金奈市郊贫民窟的锡皮屋里。这让我意识到，我们全家尽管经历了逃离战争、背井离乡的苦难，但又是多么幸运。

我陷入了极度的沮丧，但最终，我意识到我们尽管在逃离中受到了伤害，但仍有必要努力去帮助那些与我们家当年的处境相似的人。自那时起的三年间，我重新进行了职业规划，投身到冲突解决和灾害应对中。

现在，我与红十字会、联合国和无国界医生等组织合作，为这些组织提供咨询建议已经有 20 年之久。我致力于在极端事件的国际响应中注入创新和创造力。

在此期间，我前往全球多个发生了灾难的地方，包括：发生海啸的印度洋和日本；遭受地震的巴基斯坦、海地和尼泊尔；被飓风攻击的孟加拉国和缅甸；受到洪水袭击的印度尼西亚；受冲突影响的加沙地带、苏丹、刚果民主共和国、阿富汗、叙利亚和乌克兰；流行病蔓延的海地和西非，以及受冠状病毒影响的其他地区。

与许多危机应对领域的从业者一样，我从中学习到：极端事件拓宽了可能性的界限。这些事件固然会造成巨大的损失和不可名状的心碎，但在破坏和毁灭之中，我一次又一次地见证了不同类型的人展现出的心态、创新和目标，这推动他们去做更多的事情，拯救更多的生命，让更多地区得以重建。在撰写本书时，我超越了危机应对的范围，考察了各种不同的背景。从军事到航空航天，从体育运动到艺术，在人类奋斗的每一个领域，我都看到了深刻转变所需的相同要素和顿悟时刻。

以下是近年来最有名的向上突围的事例之一。

萨利机长的顿悟时刻

2009 年 1 月 15 日美国东部时间 15 点 24 分，纽约拉瓜迪亚机场的塔台调度员批准全美航空 1549 号航班从 4 号跑道起飞。[7] 这架由切斯利·萨伦伯格（萨利）机长驾驶的空中客车 A320 在起飞后朝东北方向飞行。大约 2 分钟后，在 3 200 英尺① 左右的高度，副机长杰夫·斯基尔斯注意到右侧的天空中飞来了一大群鸟。

---

① 1 英尺约为 0.3 米。——编者注

在 15 点 27 分，雷达显示飞机被撞击（事后发现是一群大雁）。在驾驶舱内，挡风玻璃染上了深褐色的血，整个机舱内回荡着巨大的撞击声。

以下是从驾驶舱记录仪的转录文稿中摘录的内容，描述了撞击后 60 秒内发生的事情，以及我对萨利机长出现顿悟时刻的解释。[8] 飞机的呼号是 Cactus 1549（对话中提到的 1529 或 1539 是口误）。

塔台调度员 #1：Cactus 1549，左转 270 度。

切斯利·萨伦伯格：啊，这是，嗯，这里是 Cactus 1539。我们被鸟撞了。两台引擎都失去了推力。我们正在转回拉瓜迪亚。

塔台调度员 #1：好的。是的，你需要返回拉瓜迪亚。左转 220 度。

切斯利·萨伦伯格：220 度。

塔台调度员 #1：塔台，停止起飞操作。我们有紧急折返的飞机。

塔台调度员 #2：是谁？

塔台调度员 #1：1529，他——啊——被鸟撞了。所有引擎都失去了推力。他在紧急返回。

塔台调度员 #2：Cactus 1529，哪台引擎？

塔台调度员 #1：他说两台引擎都失去了推力。

塔台调度员 #2：明白了。

塔台调度员 #1：Cactus 1529，如果可以，你能否尝试在 13 号跑道降落？

切斯利·萨伦伯格：做不到。

塔台调度员 #1：好吧，Cactus 1549，左转到 31 号跑道。

切斯利·萨伦伯格：做不到。

塔台调度员 #1：你想试试去泰特伯勒（机场）吗？

切斯利·萨伦伯格：好的。

塔台调度员 #1：Cactus 1529，右转 280 度。你可以在泰特伯勒 1 号跑道降落。

切斯利·萨伦伯格：我们做不到。

塔台调度员 #1：好吧，你想在泰特伯勒的哪条跑道降落？

顿悟时刻来了！

切斯利·萨伦伯格：我们要在哈得孙河上降落。

塔台调度员 #1：抱歉，再说一遍，Cactus……Cactus 1549 的雷达失联……

塔台调度员 #3：我不太确定。但我想他说的是要在哈得孙河上降落。

在雷达失联后，萨伦伯格和塔台调度员之间没有进一步的通信。15 点 30 分，1549 号航班在哈得孙河降落，这被誉为航空史上最成功的水上迫降。在进行所有交叉检查，以及迅速疏散乘客到飞机机翼上后，萨伦伯格机长在机舱内来回检查了两次，确保没有人留在机舱里。

关于萨伦伯格和那大约三分半里发生的事情，我们看到了很多报道和他本人的描述。在获救后，他接受了无数次采访，有一次，他提到了"对结果产生重大影响"的三个因素。[9]

> 在遇到惊人的意外时，我的身体做出了强烈的初始生理反应。我在头几秒内就意识到了意外的发生。我的血压和脉搏飙升。压力让我的感知视野变得狭窄，这具有一定的破坏性，干扰了我的思维过程。

首先，萨伦伯格机长马上采取行动让自己平静下来，进入了迎接挑战的心态，全然不顾身体发出的"这是威胁！"的尖叫声。

（我必须）迫使自己冷静下来。我们学会从内心某处唤出一种专业的冷静，与其说这是冷静，不如说是自律，它让我们的思维变得清晰，专注于手头的任务……这很难做到，需要付出巨大的努力。

在另一次采访中[10]，他谈到了当时的自信心：

我知道自己能找到办法。尽管这个意外事件从未在具体的训练中出现过，但是我相信可以从职业生涯的培训和经验中迅速找到方法，然后进行调整。

其次，他做的是寻找解决问题的创新方法：

我们突然面临着人生中的大挑战……一个前所未有的挑战……从我们遭到鸟击到失去引擎推力，再到迫降，我们只有208秒，不到三分半的时间去解决从未遇到的问题……

尽管我们从未专门受过这方面的培训，但基于所受过的培训和经验，我（必须）迅速提取现有知识，并以一种新的方式应用这些知识来解决问题。

再次，他必须绝对专注于目标：

我必须让工作量可控。我只选择做最重要的事情，而且要做得非常好。然后，我迫使自己忽略没时间做的其他事情，否则我可能会分散注意力。

他在另一次采访中做了详细说明[11]:

> 我们必须有清醒的头脑……永不放弃，始终充分利用所有的资源努力解决问题，以某种方式改善局面。总会有其他行动方案可能会稍微增加成功的概率。所以，在阅读驾驶舱语音记录仪的转录文本时，你可能会发现，在着陆之前，我对杰夫说："有什么想法吗？"有些人认为这是一种轻率的行为——当然不是。杰夫在那种情况下完全理解我在问什么，那就是："我已经绞尽脑汁思考了所有可能有用的方法。你有没有想到我们可以做的能稍微增加成功概率的其他事？"他的回答是否定的。尽管他的回答看似非常随意，但是他并非接受了可能的命运。我们一直在竭尽所能地拯救每一条生命，一直到最后。他之所以那样回答，是因为在那个时候，他明白我们已经尽了最大的努力。

萨伦伯格认为以上三点对迫降事件产生了最大的影响。他的描述完整而有力地证实了向上突围的三个基本要素。

《向上突围》的内容和撰写本书的缘由

我基于自身的直接经验和广泛研究写下本书，目的在于向大家展示如何能发现和理解向上突围并学会驾驭它。

我见证了人们如何实现向上突围，我与这些人共事，为他们做到向上突围而感到振奋。我也曾是向上突围团队的一员，还帮助和指导过其他人。

本书接下来将提到各种完成向上突围的人，对其中的很多人而言，本书中的向上突围时刻也是他们人生中的巅峰时刻。他们在个人生活和职业生涯中取得的成功塑造了其思考自我、人生和工作的方式，同时也对周围的人产生了连带影响。有些人甚至尝试将这个过程变成可重复进行的实践。

我想要通过本书来记录我的所见所闻，分享我有幸了解到的那些不可思议的人和事迹，包括处于全世界最艰难境况中的那些人。

我描绘他们如何进行向上突围的事迹，不仅是为了向他们的成就致敬，还希望并相信了解他们的经历，有助于你踏上自己的向上突围之路。我学到的有关如何重复向上突围的过程的内容，全都记录在本书中，希望能从此将偶然发生的事件转变为大家都能学习和发展的技能。

这就是本书的内容。我撰写本书是因为越来越确信，这些想法和原则与生活中面临各种挑战、各行各业的人息息相关。在这个危机重重的时代，我们不仅要生存，还要不断成长，这就需要在个体和集体层面实现向上突围，拥抱新的工作和生活方式。

亚伯拉罕·林肯有一句名言："过去的静态教条并不足以应对风雨飘摇的当下。现状困难重重，我们必须与时俱进。面对新局势，我们必须转变想法和行动，我们必须解放自我。"[12] 这段话十分接近《向上突围》所阐述的核心奥义。

创意学者米哈里·契克森米哈赖在其有关幸福心理学的经典著作《心流——最优体验心理学》中敏锐地观察到："在我们可以学到的所有美德中，最有用、对生存最重要、最可能提高生活质量的能力，就是将逆境转化为愉悦的挑战的能力。我们如果能够欣赏这个品质，就意味着我们能够注意到拥有这个能力的人，从而有机会在需要时效仿他们。"[13]

在探讨和记录压力与表现、危机与创新的相互关系的过程中，我希望本书能够作为一份实践指南，供大家探索米哈里提到的基本美德、特质和能力，并认真思考和关注展现出这些品质的杰出人物。

本书共分为两个部分：第一部分详细描述了向上突围的三大要素——心态、创新和目标；第二部分描述了我发现的六种向上突围的人格，将有助于大家了解自己以及其他人的人格。

有人认为压力会对表现和创新产生负面影响，而我在本书中的基本目标是对这种假设发起挑战，展示最极端的条件下实则存在着更多的机会。在此过程中，我会提出有必要做出的两个改变。

首先，我想普及一个观点：将压力转化为挑战是我们都拥有的能力，我们都可以学习并不断改进该能力。

其次，我希望让大家了解可以运用该能力的更多情境和环境。

为了达到以上两个目的，我想从一架损坏的钢琴谈起。

第一章
向上突围的心态：让蝴蝶编队飞行

逆境中流淌的钢琴独奏

1975年1月24日星期五，科隆歌剧院座无虚席，主舞台上摆着一架钢琴，坐在钢琴前的是基思·贾勒特。[1]那天的演奏给听众留下了深刻的印象。现场的一名听众在三十年后回忆："我记得有个人在台上，旁边只有一架乐器，这在当时并不常见。"从他的口吻可以明显听出，他对演奏者独自在台上表演的场景感到诧异。这个场景有一种巨大的反差感，因为一般来说，在歌剧院里举办音乐会，台上应该会有一群演奏者和歌唱者，而不是只有一个人演奏。

这场演奏在音乐史上留下了浓墨重彩的一笔。要知道，在这之前，音乐会可是在准备阶段就状况百出，差点儿就泡汤了。直到演出当天下午早些时候，贾勒特与他的制作人兼巡演经理曼弗雷德·艾彻才抵达科隆。在那之前，为了参加在欧洲即兴音乐会巡回演出的第一站，两人在路上已经连续奔波了好几天。贾勒特还因为背部出了问题得佩戴支撑架，而且他有好多天没睡过好觉了。然而，糟心的事远不止于此。

这其实是科隆歌剧院有史以来首次举办和录制爵士音乐会。贾勒特在抵达后发现，由于黄金时段要用来演出传统歌剧，他的演奏被安排到了晚上 11 点开始的深夜场。更糟的是，演出合同里指定的钢琴没有出现在会场。

贾勒特听说与他同辈的音乐家中最近已经有人在德国用一架非常特殊的三角钢琴来演奏，他要求在会场使用这架特殊的钢琴。然而，在音乐会发起人薇拉·布兰德斯向歌剧院提出要求后，剧院管理层没有给出令人满意的回应。他们压根儿没有订购钢琴，却告诉布兰德斯说已经有钢琴了。有是有，但那是架小型的三角钢琴，又破旧又走调，踏板也有问题。布兰德斯在后来提及此事时说，这架钢琴尺寸不对，听起来像电子羽管键琴。"人人都知道，贾勒特是完美主义者，拥有完美音准的他对乐器非常挑剔，根本接受不了这架钢琴。"[2]

一开始，贾勒特和艾彻拒绝演出。但禁不住布兰德斯苦苦哀求，再加上音响师和录音设备都已经准备就绪，两人还是妥协了。在演出前的紧要关头，当地一位钢琴调音师及时赶来，试着通过调试来提高乐器的演奏质量。他们做了一些小修补，但还是没有解决高音区和低音区的琴键故障与踏板损坏的问题。无奈之下，贾勒特得用中音区的琴键演奏，而且为了让整个音乐厅里的所有观众都能听到声音，他还要加大弹奏力气。

雪上加霜的是，去吃饭的时候，餐馆迟迟没有招待他们，贾勒特什么都没吃上，空着肚子就回歌剧院演出了。到演奏开始时，已经非常晚了。不过，还是有 1 400 名左右的听众到场，座无虚席。贾勒特走上台，坐下来，在短暂停顿后，开始了演奏。布兰德斯在描述当时的场景时说："在弹出第一个音符的那一刻，所有人都感受到了神奇的魅力。"

《科隆音乐会》这张专辑录制了贾勒特在面临各种限制时的精湛演出，用艾彻的话来说："他之所以采用那样的演奏方式，也许恰恰是因为那架钢琴不够好。因为他没办法爱上钢琴的声音，所以用了其他的演绎方式。"[3] 还有一名听众是这样评价这场演奏会的：

> 从内在看，他紧紧掌控一切，而从表面看，他借由演奏纵情释放激情……他毫不退缩的态度立刻吸引了听众……他的左手几乎像是在沉思一样……节奏感惊人……他用右手绽放出美妙的旋律，不断向外延伸……你不知道会被带到哪里，他就像朋友一样，带着你踏上未知的私人旅行。[4]

我的家人朋友都知道，我不是很擅长音乐，但即使没有怎么经过音乐的熏陶，我也能从《科隆音乐会》中感受到不一样的地方。大多数摇滚、流行、古典或爵士作品从开头、中间段落到结尾，一般呈线性展开，但贾勒特的演奏似乎是围绕不同的旋律片段展开的。我能想到的最相似的音乐是印度宗教节日上音乐家演奏的拉格，这种音乐形式颇有节奏感，在表演时，塔布拉鼓手会进入狂喜状态，脸仰起，眼睛后翻，听众只能看到演奏者的眼白。

贾勒特的演奏也给人带来同样的感觉，所以不难理解为什么听众会一下子被吸引。诺贝尔文学奖得主托妮·莫里森是出了名的爵士乐迷，她曾说："喜悦感和满足感不是来自旋律本身，而是来自听众能否辨别出旋律何时浮出水面，何时隐藏起来，何时销声匿迹，何时回归原位……如同贾勒特奏出的共鸣、暗流、转折和主题。"[5]

禅宗的信徒中流传着一个假设的哲理问题："一人即兴演奏，能发出怎样的声音?"这张专辑被视为对这个问题的绝妙回答。[6]

《科隆音乐会》距今已经40多年,它成为基思·贾勒特职业生涯的代表作。他借此跻身爵士乐界最伟大的音乐家之列,并在全球乐迷中声名鹊起。这张专辑没有被大肆宣传,84分钟的录制不过花了500美元的成本,但它凭借良好的口碑,成为有史以来最畅销的爵士独奏专辑和最受欢迎的钢琴专辑。

《科隆音乐会》给音乐史留下了宝贵的乐曲,演奏者在面临压力时的表现,更是堪称教科书级水准。许多评论家都站在自己的角度,对贾勒特当晚的成就发表过评价,而我想强调的则是他所经历的过程。一个精疲力竭的音乐家出现在音乐厅,面对一架坏的钢琴,开始了一场惊艳听众和世人的演奏,这个过程中发生了什么?

答案就在本章的标题中:心态。我想通过贾勒特自己的话来探索他那天晚上的心态,解释"向上突围"如何造就了这场让人惊叹的演奏以及他随后的艺术和音乐生涯。不仅如此,我还想展示:贾勒特的经历能给面临压力的人带来哪些启发。在开始之前,我会首先介绍有关充分利用压力的最新科学思维,以及这种思维与"向上突围"的首个要素之间的关系。

从威胁到挑战

一旦处于压力状况,则意味着我们在以下方面遇到风险:资源、关系、绩效或声誉,即重要的事面临危机。[7]为了控制风险,我们可能会问自己这样一些问题:

这个状况跟我有什么关系？

这是积极或良性的吗？

这个状况是否会导致我遭受伤害或损失？

我能够应对这个状况吗？

  思考这些问题的过程被心理学家称为压力评估。我们会基于在某个状况中的所见、所闻及所感、自我评价、过去遇到相似状况时的记忆来做压力评估。

  没有人会专门列出自己在某个时刻经历的具体压力，然后在电子表格上对照自己的资源和能力——进行分析。虽然研究表明，我们可以通过练习从而更加深思熟虑和有意识地进行压力评估，但在大多数情况下，压力评估都是非常主观的，而且会在我们的潜意识中不知不觉地进行。但不管怎样评估，我们都会得出结论：压力对我们来说不是威胁，就是挑战。

  威胁是指我们认为无法处理的压力，认为自己没有资源应对这个状况。我们一旦将某个状况视为威胁，就会做好自我防卫的准备，也就是经典的"战斗—逃跑—冻结"反应。

  威胁状态会引发一连串生理反应：心跳加快，导致血管以为身体会受到伤害，从而开始收缩。这是人类进化过程中形成的本能，因为一旦受伤，血管收缩能减少流血致死的风险。这样一来，流向大脑的血液就会减少，从而削弱我们保持专注的能力，同时血压会上升。此时，皮质醇（应激激素）从大脑进入血液，导致血糖水平提高。

  这有助于为预期的战斗或逃跑反应提供能量，但同时也会增加焦虑感，通常会引发许多关于恐惧的回忆。面对威胁，我们倾向于关注消极的一面（即我们的幸福或自尊可能受到的伤害），这不是因为我们不相信自己能够成功，而是为了生存和避险。

一般来说，我们只会在当下受到短暂的困扰。但如果我们总是将压力视为威胁，但凡遇到类似交通堵塞和赶工作进度的事情都如此，以上所说的身体变化可能就不会在短期内消失，反而会持续下去。也就是说，血压和心率会一直保持在高位，血管长时间保持收缩，皮质醇水平居高不下。这是十分危险的，长此以往，会导致慢性问题，比如增加发生溃疡、心血管疾病、免疫系统紊乱和心理健康问题的风险。

1998年，美国开展了一项大规模的长期研究，调查了数千名成年人的压力水平（即他们承受的具体压力水平）和他们对压力的看法（即认为压力对健康的危害程度）。[8] 研究人员在2000年再次对受访者进行评估，得出了一个惊人的结果。高水平的压力导致死亡风险增加43%，但只适用于认为压力有害的受访者，认为压力无害的受访者的死亡风险没有那么高。据估计，自这项研究开展以来的8年中，有18.2万美国人之所以死亡，是因为他们认为压力对健康有害。也就是说，每年因此而死亡的人数达到2万人以上。基于这个数据，对压力的消极看法成为美国第15大死因，比艾滋病毒/艾滋病、蓄意杀人和皮肤癌造成的死亡人数还多。

然而，我们越来越清楚地看到，威胁只是我们面对压力时的一种极端状态。[9] 与之相反的一种状态是心理学家所称的挑战状态，它由潜在的压力状况引发。在这种状态下，我们认为自己完全可以或差不多可以处理所有压力，因为我们在经过评估后发现，有资源来满足甚至超出需求。

将某种状况视为挑战时，我们会专注于积极的一面：成功时能获得哪些奖励或个人成长。这会引发心理学家所称的良性压力：一种有利于提高注意力、准确性和协调性的压力。

一直到最近，挑战状态与威胁状态才被加以区分，原因在于这两种状态引发的很多明显的生理特征都十分相似。例如，两者都会导致心率升高，都会导致皮质醇的分泌，但挑战状态下的心率会更稳、更快。处于挑战状态时，我们预期自己会成功，血液流动会增加，血压实际上是下降的。更多血液从心脏流出，促使更多氧气和能量流向身体。但与威胁状态不同的是，在挑战状态下，会有更多血液流向大脑，从而提高我们的警觉和注意力。在挑战状态下，身体不会产生大量皮质醇，也就是说，与威胁状态相比，皮质醇的释放水平较低：不是喝一大杯，而是喝一口，刚好能给你带来能量。尽管与威胁状态在表面上有相似的生理状况，但在挑战状态下，身体的运转机制完全不一样，更类似于在做有氧运动时产生的愉悦感。

挑战状态产生的长期影响也完全不同于威胁状态。通过分析那些面对压力时更可能做出挑战反应的人，许多长期和深入的研究发现，免疫系统功能、心血管健康、衰老，甚至脑部的发育和脑容量之间有很强的正相关关系。例如，美国史上持续时间最长的流行病学研究之一弗雷明汉心脏研究发现，面对压力时做出挑战反应的人在其一生中拥有更大的脑容量：随着年龄的增长，他们的大脑萎缩程度更低。

大多数时候，我们在面临压力时处于绝对威胁和绝对挑战之间的某个位置。换言之，在大多数状况下，我们同时会有威胁感和挑战感，重要的是这两种状态之间的比例和平衡。而且，我们的状态不是固定的，会根据我们的感知、态度和知识水平而变。我们每个人都可以进行调整，让自己处于挑战状态中。

面对压力时产生的各种挑战和威胁反应，对我们了解人在压力之下的表现十分重要。我研究了各种高风险状况下的挑战状态，这些研究表明，我们是处于挑战状态还是威胁状态，会对我们的表现造成极大的影响。

我们可以从创伤医学中找到最有说服力的例子。[10] 在一项研究中，研究人员观察了急诊医生和外科医生在一系列抢救演习中的状态，其中，有的场景比其他场景更性命攸关。研究人员记录了医生们在演习前后的心态，以及在整个演习过程中的皮质醇和压力水平。结果显而易见：将抢救任务视为威胁的参与者，其皮质醇水平更高，压力更大；相比之下，认为该任务是挑战的人则没有这些反应。考虑到医生面对压力时的反应会影响其表现，这个研究在培训和支持创伤外科医师方面具有关键性意义。创伤医学与压力下的表现之间有着重大关联，我将在之后的章节中详细讨论。

医生的经历表明，挑战状态既有生理基础，也有心理基础。

从对压力评估过程和挑战-威胁模型的研究中，我们可以了解人在应对压力时，心理和生理反应发生的先后顺序。也就是说，我们会主观评估某件事情是威胁还是挑战，而这样的评估会引发生理变化。这一发现尤为重要。

这与我们通常的认知不同。我们一般认为，大脑是硬件，思想是软件，硬件会影响软件。换句话说，我们会以为：大脑由身体驱动。但实际上，压力评估会改变我们的身体机能。也就是说，我们的认知会改变身体发生的化学反应，而不是反过来受到身体的影响。

心理学家伊恩·罗伯逊曾是一名神经科学家，他证明了我们对高压的实时重新评估会大大影响大脑的化学构成。[11] 为此，他根据挑战和威胁状态以及倒 U 形曲线指出[12]：

心理上面对的各种挑战，包括适度的压力在内，会增加大脑中的去甲肾上腺素（NA）水平。如果去甲肾上腺素保持在"最佳平衡点"附近，不仅可以改善大脑的认知功能，还可以促进大脑形成新连接，生成新的脑细胞……适度的压力会给情绪、认知和身体带来积极的影响，但这取决于我们能恰当地开展认知评估，并由此引导身体达到最佳的兴奋程度。由此看来，有些逆境是人生中必不可少的经历，可以帮助自己培养应对压力的习惯，而且将压力适度评估为挑战的过程还能优化大脑中的去甲肾上腺素水平。在倒 U 形压力曲线中，压力过多或过少都会产生不利的影响，该曲线与关键的大脑神经递质（如去甲肾上腺素）的倒 U 形特性有关。鉴于去甲肾上腺素本身就是"战斗或逃跑"压力反应中的关键元素，这种关联并不让人意外。

这是一种心态转换的过程。哈佛商学院团队的研究表明，这种转换的共同点是将焦虑和痛苦转化为积极和令人兴奋的良性压力，而不是把注意力放在可能会出错上。[13] 这使我们能够坚持下去，避免压力对认知、记忆、信心和整体表现造成常见的不利影响。

要让不同的人在压力下做出非凡的事情，在整个过程中，不可或缺的一部分是转换心态。这是每一次向上突围的核心所在，它为我们提供了顿悟时刻背后的科学解释。

研究表明，就跟萨利机长一样，飞行员在经历转换的过程后，能更好地利用飞行数据，并能更安全地着陆；外科医生在手术中能更好地集中注意力和实施精细的操作；商业人士在相互竞争时会表现更好，并能达成更好的交易；高尔夫球员推杆更加完美，篮球运动员传球更精准，学生考试成绩更高，音乐家也会有更出色的表现。[14]

说到这里，让我们再次回到 1975 年 1 月科隆的那个晚上，彼时的基思·贾勒特感到筋疲力尽、饥肠辘辘。

我要做

在众人抵达科隆歌剧院时，贾勒特和艾彻的第一反应是：不该去演奏。即使想要演奏，也做不到。他们权衡当时的状况后得出了肯定会失败的结论，不演奏是个很理性的决定，因为他们想不到坚持演奏有什么好处。贾勒特不但饿得要死，还受到背痛折磨，乐器也处于无法演奏的状态。以上是贾勒特的压力评估过程，评估结果是：他处于威胁状态，似乎不会得到什么好结果，反而会失去很多。但后来的事带来了转机。我们来听听贾勒特在决定不退缩，而是去演奏时的心路历程：

> 我只记得从餐厅灰溜溜地回来之后，瞥到了坐在那里的工程师，他们将一切准备就绪，把设备放在一旁等着。我冒出了一个念头："我要演奏。"我还记得从后台走到台上时，我把拳头举到空中，看着曼弗雷德说："加油！"[15]

这是贾勒特的顿悟时刻：看着工程师拿着设备等待，他决定要去演奏。这一刻，他向上突围到挑战的状态。他采用拳头上举的姿势也很有效，那象征着对逆境的反抗和有力回击。

根据压力心理学家阿莉娅·克拉姆的说法："在感到压力时，如果能够刻意转变心态，甚至比自然产生的积极看法更有力量。"[16] 想象一下，你即将在台上发表演讲。与其想着你可能会被楼梯绊倒，舌头打结，或者没有及时把笑料说出来，不如把注意力集中在你的优势上：你站在舞台中央时的兴奋感，你对演讲所做的充分准备，等等。运动心理学家非常了解这种重新评估压力的机制，他们会用各种方法帮助顶级运动员停止与胃里的蝴蝶做斗争①，让蝴蝶编队飞行。[17]

在上台后，贾勒特感觉到一股轻松愉快的凝聚感，用他的话来说就是"接下来很有意思，我感受到每位听众之所以来这里，不过是为了获得美好的体验，想到这一点，我开始放松演奏"。这种感受在现场演奏者中很常见，与听众产生共鸣，一起在某个时刻获得截然不同的新体验，能让演奏者感到振奋。当然，有宗教或精神寄托的人可能也非常熟悉这种感觉。贾勒特曾说，听众心照不宣地投入其中，"非常接近我心中那种情感交融的境界"。除此之外，他感受到听众想要的是"美妙体验"，这让他能够更轻松地开始演奏。这是一种非常积极的心态，表明贾勒特已经从威胁状态转变到挑战状态。

转变心态很有必要，但还不够，因为这改变不了他要弹奏破损钢琴的事实。"对于这架钢琴，我当时被迫采用新的方式演奏。不知怎的，我觉得必须发挥出这个乐器的所有特质。我觉得，'我必须要做。我不在乎钢琴的声音是怎么样的。我只是要去弹奏而已。'我确实做到了。"[18] 显然，我们可以再次从中感觉到他直面挑战的状态。

后来，贾勒特与《科隆音乐会》专辑划清界限，他甚至说过，恨不得将那 350 万张唱片全部踩碎。不管怎样，这次经历明显开创了他的即兴音乐会生涯。时隔 40 多年，也就是 2017 年，贾勒特在接受采访时描述了自己是怎么遵循惯性，在听众面前坐下来，将手移到原本

---

① "与胃里的蝴蝶做斗争"引申自英语习语 have butterflies (in one's stomach)，指（做某事前）心慌、紧张，就像胃里有很多蝴蝶在飞一样。——译者注

不打算弹奏的琴键上的：

> 发现钢琴有缺陷后，我要做的实际上比弹奏完美的钢琴时还要多，这不是什么坏事。听众可以听到我探索琴键上的各个音符如何跳跃……我在摸索琴键的各个音区有什么样的效果。[19]

在科隆的时候，贾勒特不得不一直使用钢琴的中音区，用左手和右手来弥补踏板在音质、音色和延音方面的不足。在弹奏破损钢琴的中间部分时，贾勒特的表现处于耶基斯-多德森倒 U 形曲线中的顶点。一旦进入这个状态，他就必须尽一切可能去保持。用他的话来说："要做到这一点需要付出很多努力，需要实时投入，没有调整的时间，需要紧绷着神经，时刻警惕可能发生的任何状况。"[20]

在后来的演奏生涯中，贾勒特游刃有余地掌控了这种状态。[21] 正如一位乐评人所说："在瞬时演奏出绝对清朗的声音，每次演奏都独一无二、不可复制，已经成了他的标志。"从那个顿悟时刻起，贾勒特就养成了重塑压力的习惯："我知道，我成功扭转了一些有害的心态，比如，总是想要消除人生中的压力的心态。但实际上，如果人生没有了压力，那就称不上人生了。"[22]

基思·贾勒特在科隆的演出是"我要做"的一个绝佳示范。他没有像英国无处不在的海报上所说的"保持冷静，继续前行"，他的信念是"振作起来，做出人意料的事，然后继续保持"。

此外，正如萨利机长的"208 秒生死迫降"一样，科隆音乐会的故事展示了向上突围的要素：心态、创新和目标。这三大要素在持续 66 分钟的演奏会上相互交融，为后人所铭记。建议去听听这张专辑。

那贾勒特是怎么继续保持状态的？我们又该怎么做到这一点呢？

压力心态和逆境的力量

基思·贾勒特那晚在科隆的经历，以及重新评估挑战状态和压力的过程，展示了向上突围的第一个重要步骤：有力地在威胁和挑战状态之间进行切换。通过这个事例，我们也能以全新有效的方式理解此前有关向上突围的一些生动例子，包括我在斯里兰卡的驳船上的经历。

无论是萨利机长在哈得孙河迫降的例子，还是贾勒特弹奏破损钢琴的故事，都是很特殊的情况，而且都在他们的计划之外。但这样的时刻可以对行为产生持久的影响。那么，贾勒特是如何将偶然的行为化作习惯的？

贾勒特练就了能够感受每架钢琴缺陷的技能，并借此获得更好的表现。我们也能像他一样，可以将偶然发生的向上突围的事件作为刻意练习的起点，从而建立有利于向上突围的心态。

这种心态在斯坦福大学教授卡罗尔·德韦克的畅销书《终身成长》中也有描述。[23] 卡罗尔发现，有的人在面对稍微超过能力范围的问题时有着独特的心态（思维），即成长型思维，这种思维是指我们能够在舒适区之外采取行动，告诉自己"只是现在没有解决问题而已"。卡罗尔认为，成长型思维是能够在艰难时期取得成功的关键所在，也是所有刻意练习的核心。

研究压力的心理学家采纳了她的观点，并基于这个观点发展了压力心态的理论。压力评估是即时的评估过程，它评估了我们在应对某个状况时拥有哪些资源；压力心态则是指同时从短期和长期的视角，根据我们对压力的看法和过往面对压力时的表现，来评估某个状况。

有的人倾向于这样的心态：压力可以促进表现、效率、学习和成长。事实证明，如果有这样的心态，我们在面对压力时产生的生理反应会更适度，皮质醇释放水平会更低。这也会带来心理上的影响。例如，我们将更可能通过社交关系处理压力，即更愿意寻求支持和反馈。贾勒特就是在感受到听众的巨大期望后受到了鼓舞。

比如说，你可能会有一种心态：你认为压力有促进作用，但同时又对隆重的公开演讲活动感到非常紧张。这种心态会促使你勤加练习，去试讲，并请同事和朋友帮忙。如果事情进展顺利，还可能会促使你在下次出现类似活动时以更积极的态度去评估状况。

还有的人可能更倾向于这样的心态：认为压力会对自己的表现、发展和健康产生破坏性的影响。在这种心态下，你如果要准备发表演讲，则可能会逃避所有准备工作，拖到最后一刻才行动，你会过度紧张，不想与任何人诉说自己的恐惧，并最终决定在当天临阵退缩，以身体不适为由退出演讲。

以上两种心态我都经历过，而且恰巧都涉及公开演讲。初入职场时，我对在会议上发言感到非常紧张。即使是 8 个人左右的非正式交流会议，我也能听到自己"砰砰砰"的心跳声直穿耳膜。我当时非常害羞，毫无自信心，以至于常在会上僵住不动。有时，我在会议前身体僵得厉害，得由上司来替我发言。记得有一次，我紧张得要命，甚至不惜用嗓子哑的借口来逃避演讲。那是在我 20 岁出头的时候。到 30 多岁，由于下了不少苦功和勤加练习，我对在数百人的会议上做主旨演讲早就习以为常。

这表明压力心态不是固定的，也就是说，我们的倾向并非一成不变。在决定如何处理不同状况时，压力心态无疑起着关键作用。心态是建立在信念之上的，并不针对具体情况，而是反映我们当前拥有的理念和人生经验。心态既影响上文所述的压力评估过程，也反过来受到压力评估的影响。

纵览有关压力心态的研究，向上突围的实践者可以从中获得三点启示。首先，意料之中的是，压力有害的心态更加普遍，无论性别、年龄和种族背景差异，大多数人无条件认为压力对自己不利。

其次，尽管如此，我们仍然可以改变面对压力的态度和心态。无论面对什么问题和议题，都有证据证明我们能够转向压力有利的观点。我们可以通过不同的方法做到：尝试更好地了解面临的压力，寻求他人对我们表现的反馈，咨询有过相同经历的导师。这些都有助于重构我们对潜在威胁的看法，我在公开演讲上的经历就是力证。

最后，如果能够建立压力有利的心态，则更有可能在各种情况下表现得更好。这不仅经过了积极心理学的证明，还有生物化学和生理学的证据可以佐证。实验表明，无论是工作面试还是分组解决问题，峰值表现都与皮质醇水平有关，此时的皮质醇水平不高不低，处于向上突围曲线中的最佳平衡点。这不仅关乎表现，还关乎健康。比起把压力视为威胁的人，认为压力有利的人的寿命可能会更长。

基思·贾勒特说"如果人生没有了压力，那就称不上人生了"，就是对压力有利心态最精辟的一个总结。

为进一步说明以上三点，我将引用针对大学生和奥运会选手这两个不同群体的研究结果。通过研究这两个群体处于截然不同但有挑战性的场景时所呈现的压力心态，我们可以发现压力心态的力量。

毫无疑问，大学生在某些方面享受着优待。但是，这个群体却是社会中压力最大的群体之一。根据心理健康问题、精神崩溃和自杀率等多个指标，在发达国家 18~25 岁的群体中，大学生是最脆弱的群体之一。

有一项针对澳大利亚各大顶尖大学学生的研究想要看看这种压力能否通过训练和学习来应对。[24] 在明确数百名学生的现有压力心态后，研究人员让他们通过一系列冥想和画面想象，来建立压力有利的心态。

有些场景与学生的经历直接相关（如参加考试、在同学面前演讲），还有一些则更普遍。在这些场景中，研究人员要求学生们想象达到峰值表现时的状态，即克服恐惧并在心中预演成功的样子。

这项研究背后的理论是：心理想象是进行排练和建立心理状态的有效手段，并且会反过来影响行为。与通过观察或模拟学习一样，视觉化的心理排练可以刺激与所想象画面相关的神经网络，让我们在现实生活中遇到类似情况时能直接加以运用。

课程结束后，研究人员经评估发现了两个重要变化。第一，相当高比例的学生已经转向压力有利的心态。第二，学生的总体痛苦和焦虑水平有所下降，最终，学生在研究期间的学习成绩和总体幸福感都有了积极改变。研究对一开始抱着压力有害心态的学生产生了更明显的积极效果。

我们可以从英国高水平体育机构 UK Sport 的研究中，了解到压力心态的长远影响。[25] 运动科学家和心理学家一直都知道克服困境对竞技水平至关重要，UK Sport 所做的就是研究这一课题：克服困境的过程在让顶尖运动员脱颖而出的过程中，具体发挥了哪些作用。它选择了 32 名在国际赛事中代表英国的知名优秀运动员，其中一半是顶尖运动员，他们在奥运会等世界体育赛事中摘得多枚奖牌。该机构挖掘了每个运动员的大量数据：他们从小到大的训练时间、从事其他运动的时间，甚至是故乡的规模大小。它还将这些数据与运动员及家人、教练和同伴的深入采访相结合，并进行了分析。

背后的数据量十分惊人，仅仅是采访记录材料就有近万页，超过 240 万字（几乎是莎士比亚全集的 3 倍）。要分析这些数据，就必须使用人工智能工具，这些工具受过模式识别训练，可以识别多个不同变量之间的关联度和关系强度。

这些研究对有志于研究表现、运动和心理学的所有人来说都是一座宝库。其中，最吸引人的是哪些因素决定了顶尖运动员与优秀运动员之间的差异。研究得出了7种可充分证明的因素。近一半的因素与顶尖高手如何应对逆境和压力直接相关。

所有顶尖运动员都在早期生活中经历过创伤或逆境，这些经历与他们后来的积极运动生涯紧密相连，证明了创伤后成长对未来职业发展的影响。

年复一年，他们在竞技水平上遭受着更多的重大挫折，特别是在表现出接近职业巅峰的竞技水平后，往往会遭受重大挫折。

顶尖运动员在高水平的锦标赛中承受着高度的压力和焦虑，但他们还有一种心态，研究人员称之为"反恐惧症"。它是面对压力时的一种反应，有这种心态的人不会恐惧地逃避，而是积极找到恐惧的根源，并渴望去克服根源问题。这就是我们之前所说的挑战心态。所有的顶尖高手都会受到高压环境的吸引，有意识地去应对甚至喜欢上这样的环境，他们能在竞争激烈的环境中茁壮发展。顶尖高手不回避压力或焦虑，他们有自己直面压力的方法。

总体结论非常惊人：在所有条件相同的情况下，如果运动员在成长过程中经历过逆境，并成功应对过挫折和压力，则会形成一种压力心态，使他们比没有经历过逆境的人更有竞争优势。整体来看，顶尖运动员应对压力和逆境的方式是促使他们成功的最重要因素。

这不是说逆境就应该被视为好事，也不是说运动员为了提高竞技水平，应该故意处在极端的压力和紧张中。这样的结论有违道德，而且可能会被滥用，造成有害影响。我们可以从某些奥运会选手的训练机制，特别是女子体操的训练中看到这种有害影响。

但这给运动员的发展带来了一些合理的启发，而且适用范围更广：

"重要的是要鼓励他们积极投入具有挑战性的环境中，借此来提高竞技水平。"也就是说，可以让他们处于适当的、循序渐进的压力下。就像基思·贾勒特在面对有缺陷的陌生钢琴时相信自己能够发挥出它的作用那样，我们都要意识到，压力心态会影响我们对压力的反应，也应该学习如何切换到压力有利的心态。

生命的主控开关

你能憋气多长时间？大多数人最多可以坚持几分钟。憋气时，我们会有强烈的本能想去吸气，这种本能并非由缺氧引发，而是由于我们未能呼气，体内二氧化碳含量提高所致。

有人专门研究了如何克服这一点。憋气的世界纪录超过 24 分钟，这个令人咋舌的数字由一名自由潜水员在 2021 年创造。[26] 他是一名极限运动员，能够在没有设备的情况下，只用一口气就潜到惊人的深度。这相当于观看一集情景喜剧《老友记》时全程憋气，还要额外加两分钟。

我的自由潜水初体验是在英国公共游泳池这样乏味的地方完成的。当时，我试着去憋气，一直到膈肌收缩，达到科学家所说的挣扎阶段，然后大大松一口气。我第一次坚持了大约 25 秒。多次尝试后，也只是在此基础上获得了微小的进步。到底是什么造成了我与自由潜水员之间的差异？

许多关于自由潜水的研究都主要关注潜水员的生理层面。人们认为他们的卓越成就得益于利用哺乳动物的潜水反射，即生命的主控开关。[27] 这种条件反射会在进入水中时启动，能够改变大脑和肺部的功能，保护我们不在深水中受到水压的影响。正是由于主控开关的存在，潜水员能够承受水压并存活下来。要知道，在陆地上承受这样的压力可是相当危险的。自由潜水员正是利用潜水反射，以惊人的努力不断突破潜水深度。不过，我在业余时间练习潜水时，曾与自由潜水员交流，他们认为这项运动最大的挑战不是身体机能，而是心理素质，这恰恰是该运动能够获得显著发展的主要原因。

竞技自由潜水员已经验证了这一点，针对他们的研究表明，心理可能确实比身体素质更能决定成败。成功的潜水员特别善于处理挣扎阶段。在这个阶段，他们采用的技巧包括各种重估压力的方法，如上文中提到的处于高压状态下的学生所用的画面想象方法、奥运会选手所使用的反恐惧症方法等。

面对这些情况时，关键在于预测和换个角度看待每次潜水时遭受的压力，这些压力都是不可避免的。潜水员卡塔琳娜·林采尼奥娃描述了自己所采用的技巧：

> 在进行画面想象时，我会想象整个潜水的过程，我在每一秒的每一步行动是什么。在现实生活中，一次下潜到 90 米大约需要 3 分钟。在画面想象中，我可能需要 1 个小时才能完成这个过程。我可以在脑海中做 100 次这样的潜水，为不同的情况做准备。通过这个方法，我可以发现让我感到有压力的地方，然后想办法处理这种情绪。[28]

有越来越多的研究和实践与自由潜水员的这些经验不谋而合，人们给这种方法取了个绝妙的名称——压力免疫。[29] 压力免疫的原理类似于生物医学中的疫苗接种：适度暴露在逆境中，可以帮助个人建立适当的心态来应对未来的压力。压力免疫包括：

- 个人和团体的压力训练与测试；
- 通过模拟和场景设置，全面接触关键事件；
- 评估和判断挑战，并在受控和安全的环境中应对这些挑战；
- 在学习和集体反思中重点关注遇到的挫折和失败。

有关人类进化生物学的研究表明，我们从很小的时候就开始通过对抗游戏进行压力免疫。[30] 在通常情况下，这样的游戏会去模拟一些较严肃的竞争性行为，但也会有某种形式的合作，这种玩耍更安全、更愉快。针对不同文化背景的儿童的研究表明，对个人和社会发展而言，对抗游戏最重要的作用是迫使参与者小心监控自己和同伴的行动，确保能够相互帮助。

在此过程中，小朋友们一起设定和探索边界（即对于不适、痛苦、社会规范等的承受能力），这非常有助于他们在未来面对压力时采取积极的应对方法。对抗游戏不仅能带来乐趣，还是一种有关如何面对意外状况的训练，有助于他们在长大成为青少年和成年人时培养压力有利的心态和抗压能力。小时候的这种游戏实际上能够帮助我们在长大后应对意外情况。

这让我想起本书开篇所述的经历，还有在我成长的过程中，在内战最激烈的时候，我是如何以不同的游戏方式度过艰难时期的。[31] 当时，我记得家里的大人听着广播，想要了解全国各地的状况。广播员在播报有人被硬塞到二手车轮胎中，然后被大火活活烧死。当时的我在桌下玩小贝壳，收音机就在桌上。我的叔叔站在收音机旁，开始放声大哭。要知道，他可是我当时的认知中最高大、最强壮的人。然后祖母关掉收音机，让其他大人把我和弟弟带出房间。我继续在房间外玩着贝壳。我清楚地记得当时的想法：只要有这些贝壳，而且我能够玩它们，我就会没事的。

在之后的几周、几个月和几年里，一直到我们全家人幸运地逃离战争，玩游戏就如同在我周围设了一层保护罩。这是我个人对现实的一种幻想式逃避。只要足够努力，一切都可以变成游戏。晚上，要在坏人来放火烧城镇之前，悄悄从房子里逃跑？那就玩"保持安静"的游戏。因为心爱的宠物可能会吠叫，不得不把它留在家里？那就玩"猜猜我家小狗今天在做什么"的游戏。为了不让自己和家人留下脚印，必须连续几个小时在发臭的泥滩上行走？那就玩"看看鞋子能在泥地里坚持走多久而不陷进去"的游戏。与武装士兵一起乘坐驳船，在大人惊恐的反对中决定与士兵交朋友？那就玩"猜猜士兵允许我拿着枪多长时间"的游戏。正是通过游戏，我得以摆脱可怕的处境。玩游戏为我解释了所面临的处境并建立了秩序。我并不是说这种应对机制能够或应该有助于解决所有人的创伤性经历。就如同奥运会选手也有他们的方法一样，这是适用于我自己的"创伤后成长"过程：利用战争带来的创伤刺激想象力，逃离现实，进入一个游戏世界，从中获得安全感。

如果要我总结本章中关于向上突围的重点内容，我想强调一点：评估和重估压力的能力、压力有利的心态和压力免疫并非天生的，也不是一成不变的。我们需要通过学习、练习和改进，才能充分利用积极的压力心态。在科隆音乐会之前，基思·贾勒特的所有巡演都是即兴演奏的，每一场都独一无二。可以说，他从很多方面都在为意外情况做准备。只是科隆的状况触发了他在这次音乐会中无与伦比的表现。从这个角度来看，这个故事反映的不仅仅是面对压力时的一次表现，还呼应了一句古老的格言：机遇总是垂青有准备的人。这种准备不仅仅是为了应对艰难的挑战，例如：在歌剧院弹奏破损的钢琴，在奥运会上赢得金牌，或在没有设备的情况下潜到创纪录的水下深度。内科和外科医生其实每天都在做这样的练习和准备，飞行员、商务人士、办公室职员、压力过大的学生，甚至玩耍的孩子，莫不如是。

两度获得超级碗冠军的四分卫伊莱·曼宁曾被问到是否天生就知道如何应对压力。他的回答完美展现了向上突围的心态。他说："不，这是因为我在各种不同的场景下练习了成千上万次……面对压力，我从不去想是否会失败，只会想到我过去取得的所有成功。"[32]

第二章
压力下的创新：优秀者的"不同凡想"

紧要关头

拉斯维加斯规模最大、赌注最高的博彩游戏每年只举办数次。这个游戏耗资数十亿美元，不设任何赌台，也没有荷官、卡牌或骰子，灯光却异常璀璨夺目。[1]

在游戏之夜，如果从远处观看天空，这座城市仿佛流星雨的发射场，星星在夜空中沿着超自然的轨迹快速射出。继续观察下去，你就会看到每一颗星星返航，一颗接一颗，直到天际线再次被这座赌城的璀璨光辉照亮。

当然，这些不是流星，这个游戏中也没有任何赌徒（至少明面上没有）。这里是位于城市东北边缘的内利斯空军基地，我们看到的也许是世界上最严肃的游戏：美国空军的红旗空对空作战训练计划。在每一次红旗军演中，红军与蓝军会开着战斗机在空中长期交战。红军是假想敌，蓝军则由美国及其军事盟国的人员组成。模拟演习包括各种攻击、侦察工作、空中升降和加油操作。

演习的规模之大令人叹为观止。在一年的演习中，红旗任务使用了 500 架飞机，飞行超过 2 万架次，有 5 000 名机组成员和 1.4 万名支持与维修人员参与。所有演习都在内华达州沙漠的一个封锁区进行，该区的区域面积相当于瑞士国土面积的一半。

开展演习需要一年的准备时间，演习则持续数周，白天夜晚都在进行。一位英国高级军事领导人称之为"不上战场就能获得的最佳真实训练"。[2] 它的核心是由数字靶子和传感器组成的计算机系统，这意味着实际上不需要发射任何武器，相当于一场前所未有的激光枪战。

红旗军演本身就已经备受瞩目，但我之所以提到它，是因为在参与过演习的军人中，最著名的一位正是切斯利·萨伦伯格机长。萨利机长是美国的英雄，因操控一架受到撞击的飞机迫降哈得孙河而家喻户晓。在迫降事件发生的 30 多年前，萨利机长正是内利斯空军基地的红旗任务负责人。[3]

引言中提到，萨利机长的经历符合向上突围的三大要素，本章将着重探讨压力下的创新这个要素。萨利机长和他的机组人员在那一瞬间所面临的紧急状况，即外科医生所说的紧要关头。在手术台上，紧要关头是指动脉瘤破裂、大脑肿胀或肿瘤大出血等时刻。在这种即将发生灾难的时刻，生与死取决于外科医生的经验、知识储备和决策能力。[4] 在面临如此严峻的手术难题时，处于巨大压力之下的许多医生往往会坚持采用已知的现有方式，有的则不会这样做。用同样的原则分析 1549 号航班，你就会发现：萨利机长显然属于后者。面对如此压力，到底该如何解决前所未有的问题？在本章，我想要探讨他这么做的原因和方法，以及我们可以怎么效仿。

在纽约那次紧急迫降事件之前，切斯利·萨伦伯格的飞行生涯堪称典范。[5] 他 16 岁就学会了驾驶飞机。在美国空军学院学习期间，他的飞行时长创了纪录。在毕业那一年，他获得了"杰出飞行学员"的称号。20 岁时，他已经是一名飞行教员。退役后，萨利机长成了民航飞行员、教员，美国民航飞行员协会的安全主席，美国国家运输安全委员会和美国空军常驻事故调查员。

萨利机长精通高空空气动力学、生理学、飞机机械、导航功能等多个领域，并且对各大重大飞行事故了如指掌，包括事故地点、事故原因和从中吸取的教训，以及如何基于这些知识设计飞机与制定政策、程序和培训等多个方面。在决定将飞机降落在河上时，萨利机长很清楚他必须做什么和不该做什么。在军队中驾驶滑翔机的经验，练就了他对无引擎飞机的操纵技能。他发表过关于管理机组人员的文章，知道该如何团结整个团队。他还知道，曾有飞机航班在印度洋迫降后粉身碎骨，机上无人生还。他清楚地知道如果采用类似的降落方式将意味着什么。在 1 月寒冷的天气里，他所面临的选择可谓是对其专业知识的极限考验。

跟上一章中的基思·贾勒特一样，萨利机长没有遵循惯例，而是尝试突破自我，考虑所有可能的选择，尝试使用新方法来解决从未碰到的问题，并且第一次就成功了。

萨利机长在内利斯红旗军演中连续多年担任指挥官。他将驾驶战斗机的时光生动地描述为："就像服用了兴奋剂在三维空间里驾驶 F1 赛车一样。"[6] 显然，除了飞行的快感，他还非常重视解决问题时所需的严谨性和纪律性。

在每一次演习中完成执飞后，萨利机长都要参与开诚布公的讨论，复盘哪里做得好，哪里做得不够，以及如何能够改进。这是模拟演习，是战争游戏，但重点在于实践和从中吸取经验教训。他多年来一直秉持着这样的严谨性,他说:"任何担任过军事飞行员的人都会养成自律和勤奋的习惯。这是我们对待工作的态度,对我们来说不仅是职业,也是使命的召唤。如果你响应了召唤,就能成为持续的终身学习者,不断追求卓越,不断尝试让下一次飞行比前一次做得更好。"

萨利机长接受的红旗军演和其他军事训练,为他应对紧要关头做好了充分准备。

跟更为有名的美国海军攻击战斗机战术教练科目(TOPGUN)一样,红旗军演的开展源于美国在越南战争期间尽人皆知的惨败空战。[7]

在多次交锋中,美军面对的是表面看起来更弱、装备更差的敌人,但他们的损失极为惨重。具体而言,战斗机飞行员成功的衡量标准是被击落的敌机与美军飞机之间的比率,这也被称为交换率。美方在这场战争中的这个数字低得可怕,有时甚至降到了 1 以下,这意味着敌军击落的飞机数多于美军击落的数量。尽管军队里的不同部门对这次战争有不同的评估结果,但大家一致认可:需要改进美国战斗机飞行员的战斗训练。

美军推出的 TOPGUN 和红旗军演计划都旨在回归根本,加强对空战操控的基础能力。TOPGUN 致力于培训教员更好地指导中队实施战术,这也是 1986 年电影《壮志凌云》的基本背景。

红旗军演则致力于让飞行员在真实可控的环境中首次接触战斗机。美国空军注意到,在前 10 次战斗任务中,飞行员的学习曲线最为陡峭,战斗机最有可能被击落。因此,美国空军决定通过大规模的重复演习,定期模拟最危险的任务。

这些演习的重点不是培养飞行员成为特立独行的勇士,不是孤身出击以赢取胜利,而是致力于让他们不断练习、相互协作和从练习中吸取经验。

巧的是，萨利机长本人发表过一篇关于重大飞机事故的文章，并在文章中预见到自己未来的杰出成就，这篇文章由他与美国国家航空航天局（NASA）的科学家共同撰写，早于哈得孙河迫降事件10年。[8]在这篇文章中，他和同事发现，发生灾难最常见的原因之一是计划延续错误。在超过75%的灾难中，飞行员往往没有考虑所有选择，不去思考当前所面临的是全新挑战，而是坚持采用有限的方法。计划延续错误可归咎于组织和社会因素，这些因素导致了飞行员和周围其他人之间的矛盾。比如，翻开1549号航班的记录，我们就可以明显看出，对于萨利机长声称"我们要在哈得孙河迫降"，塔台调度员当时是非常困惑的。

萨利机长向上突围的事迹完美展示了什么是压力下的创新。接下来的章节会深入探讨它的定义，它如何发挥作用，以及我们如何能够在这方面做得更好。但我在这里想要传达的重要信息是，尽管有各种关于创新思维的迷思和误解，但实际上，创新思维可以通过练习和自律做到，我们每个人都能学会。不信？接下来我会用回形针的实验来证明。

吉尔福德和发散思维的研究

回形针有多少种用途？请思考几分钟，可以列一份清单，把答案写下来。

有的答案非常简单直接。比如，你可以基于回形针的现有功能和设计，用它来夹东西：夹现金、花茎或其他东西；密封食品袋的袋口；用作廉价的书签；用来在树上挂圣诞饰品。回形针的基本功能非常明确，所以很少有人意识到这个简单的物理配件是电子邮件附件的统一符号。

其他答案可能涉及改变回形针的用途，将它作为工具使用。比如：把它掰直，做成方便的清洁工具，用来清洁指甲缝；用它疏通堵塞的调料瓶或排水管；用它重置电子设备；用它撬锁；在显微镜下用它移动物品。如果受伤打了石膏，想挠痒时，我们还可以用回形针精确抓挠。此外，我们可以在儿童聚会后用回形针来刺破气球，或打开颜料管。

更具创新性的用途包括：用回形针来做记号，如沾上墨水写字，或沾点儿颜料来进行艺术创造，等等；用来制作珠宝、服装、机器和家具；可以把大量回形针放进罐子里，制成打击乐器；可以将它熔化用来制造新的金属物品；甚至可以在秘密的战时行动中将它作为编码通信工具使用（如果不信，可以搜索一下"回形针行动"）。

列清单的过程其实相当于在做替代性用途测试，这是评估创新思维的公认方法之一。[9] 大多数人都会首先想到回形针的各种既定用途。不过，根据多项综合研究得出的结果，大多数人平均在得出 9 个常规答案之后，想法就会开始变得更有创意并脱离常规。

本章的后面部分会继续探讨替代性用途测试及其变体给我们带来的一些启发。现在，我先来解释其起源，这可以从战斗机飞行员的事例中找到答案。

可能让人惊讶的是，创新在科学界中其实是较新的研究主题。在 1950 年之前，人们认为创新非常模糊和主观，针对这个主题的系统性研究非常少，而且侧重于著名的艺术或科学天才（莫扎特、简·奥斯汀和居里夫人等），倾向于研究创新背后的内在特质。当时，理解人类行为的主流理论是巴甫洛夫条件反射。大家认为，去研究这个模糊的领域与主流理论格格不入，而且与当时根据智商测试来评估智力的体系相矛盾。

1950年以后，关于创新的研究项目、企业实验室和研究人员的数量激增。创新不再被视为一种特质，而是实现创新思维的过程。此外，人们不再认为只有特殊的少数人能够拥有创新，普罗大众在解决各种各样的问题或执行任务中都能够利用创新。因此，创新可以后天习得，每个人都可以掌握，它也作为一门学科和一种行为开始在大众中普及。

这个转变主要归功于心理学界的"知识巨人"J. P. 吉尔福德以及他在第二次世界大战期间和战后的贡献。[10] 吉尔福德是美国空军首席心理学家，他曾负责监督空军的一系列改革，包括飞行员的选拔、训练和职业发展模式，并建立了一套行之有效的方法。萨利机长的职业生涯也受益于这套方法，尤其是在1549号航班迫降事件中。

在二战之前，飞行员的选拔以体能测试结果和智商水平为标准。但随着战争的不断升级、飞行技术的发展和战斗情况的日益复杂，空军高层有一个困惑：智商水平似乎并不能决定飞行员最终能否存活。面对紧急情况，十分聪明的飞行员往往只会照本宣科，即使飞行准则中没有提供解决问题的方法，他们也会生搬硬套。

相比之下，不那么聪明的飞行员可能会采取大胆而冒险的行动并存活下来。作为当时著名的学者，吉尔福德被任命为空军的心理研究主任，负责开发创新测试，用于选拔飞行员、投弹手和领航员。美国空军请他帮忙，找出聪明、有能力的飞行员无法处理战斗中出现的意外状况的原因，比如战斗机被击中和损坏的情况。

在受到委派之初，吉尔福德开发了一套系统来选拔飞行员，包含测试、评分系统和个人面试等流程。[11] 此外，空军委派了另一位没有任何心理学背景的退役飞行员参与选拔。吉尔福德并不信任这名飞行员。结果，他和该名退役飞行员挑选了不同的候选人。奇怪的是，在一段时间后的工作评审中，吉尔福德挑选的飞行员与退役飞行员挑选的人相比，被击落毙命的人数更多。

后来，吉尔福德坦言，他对导致这么多飞行员送死而难过不已，甚至还想过自杀。但他没有这么做，而是决定搞清楚为什么退役军官所选的飞行员的表现要比他挑选的人更出色：

> 这位退役飞行员说，他问了所有飞行员候选人一个问题："在德国上空飞行时，如果遭到德国防空部队的炮火轰击，你会怎么做？"他淘汰了所有回答"我会飞得更高"的候选人，反而挑选了违反飞行准则的人，比如那些回答"我不知道，可能我会俯冲""我会按之字形前进""我会转圈，掉头避开火力"的人。这些候选人的回答全都是错误的。对于遵循飞行准则的飞行员，敌军其实很容易预测他们的行为……问题在于，因为德国人清楚地知道飞行员遭遇炮火会飞得更高，他们会让战斗机盘旋在云端，随时准备击落美国飞行员。换句话说，那些有创新、不按准则行事的飞行员，会比那些可能更聪明但局限于规则的飞行员的存活率更高。

吉尔福德基于这个经验开发了一套测试方法，用于评估候选人能否在压力下通过不同的方式进行出人意料的创造性思考，然后从中选择那些最有可能随机应变并提出奇妙方法的飞行员。后来，他用发散思维来描述成功的战斗机飞行员。相比之下，失败飞行员拥有的是聚合思维。

聚合思维是指寻找最有效的方法来解决问题。[12] 拥有这种思维方式的人通常会采取既定的方法来解决新问题。很多测试，比如选择题、标准化测试、测验、拼写测试等，因为只有一个答案是正确的，所以需要有聚合思维。在吉尔福德之前，智商测试是评估飞行员的主要方法。现在，智商测试最为人诟病的地方在于，这样的测试几乎完全侧重于聚合思维能力。这也是计划延续错误如此普遍的原因。

与此相反，发散思维是指为了产生创造性的想法而去探索多种可能解决方案的思维方式。拥有这种思维方式的人，即便问题有既定的解决方案，通常也会去寻找新方法。

吉尔福德开发了一整套结构化的测试和评估方式来识别聚合思维。但他最著名的测试是针对发散思维的替代性用途测试，即回形针用途测试，这套测试方法至今仍被广泛使用。吉尔福德认为，此前的测试全都在考察候选人的回答是否正确，把战斗机飞行员送上了绝路。为了弥补这个缺陷，他专门设计了新的测试方法。

回想一下你刚才列出的回形针用途。请尽量遏制批判自己的冲动，因为这个测试并不是为了评判对错，而是为了挖掘你思考问题的方式。如果使用得当，你可以借助这个测试提升创新，而不是证明自己的创新。

如果你想评估自己是否拥有创造性思维，不妨参考吉尔福德和同事制定的以下标准。[13]

流畅性：你所能想到的回形针用途总数。产生的想法越多，则越有可能想出原创和有用的点子。

变通性：产生了哪些不同类别的想法。可以评估你从不同角度看问题的能力，以及重构所处理问题的能力。

原创性：想法脱离常规的程度。这里的常规是指将回形针用于固定东西。罕见、不寻常或新颖的想法数量越多，就越有可能得出真正原创的解决方法。

精细性：提出想法之后的细节。考虑得越周全，就越有可能付诸实践，并能在实际运用中经受住考验。

避免"过早下结论"：保持开放心态的能力。花足够长的时间思考各种可能的选择，从而在心理上迈向创新思维。

事实证明，以上每项标准都与战斗机飞行员常常面临的生死决定息息相关。

吉尔福德的同事主持的研究表明，王牌战斗机飞行员不仅能想出更多的应对方案（流畅性），而且有更多类与众不同的想法（变通性），他们的思维也具有想象力（原创性）。[14] 此外，他们发散思维的特点是"专注于目标，努力程度极高"（精细性和避免"过早下结论"）。换句话说，他们不仅能采取创新的行动，而且非常严谨。也许，萨利机长及其机组人员和乘客之所以能够成功迫降，也是源于这套思维方式。

如何在紧要关头表现出发散思维呢？对现状的评估至关重要。上一章提到，如果我们将压力视为挑战而不是威胁，则更有可能取得出色表现。研究进一步表明：如果能够视压力为挑战，也更有可能表现出发散思维，因为处于挑战状态意味着我们更愿意去探索各种可能性。

如果能够以积极的方式看待压力，则可以拓宽和提升我们的思维能力，持续产生新想法，并促使我们不断采取更多的创新行动。

在萨利机长的场景中，显而易见的应对方式是换条跑道降落。大多数人，特别是在权威机构下达指令的情况下，都会将选择范围缩小到与既有解决方法趋同的方法，但萨利机长并没有这样做。鸟击是意外，机长的决定却绝非偶然。正如他自己所说，他一生都在接受各种训练，包括飞行、模拟演习和重大事故分析方面的训练。在迫降当天，他不过是将之前从这些实践中获得的经验加以实施。

鸟击无疑给萨利机长带来了极端的压力。我们来回顾一下他是如何克服的：他迫使自己走出威胁状态，进入挑战状态。进入这种状态后，他迅速探索各种可行的方案，同时排除不可行的方案。在这个探索过程中，我们的个人倾向和背景起着重要作用。有些人在面对某些压力时，渴望能尽快下结论。所有人其实都倾向于尽快排除替代方案，赶紧实施看似正确的答案。然而，有些人由于天性或后天培养，并不那么急于提前下结论。因此，在衡量其他新选择时，他们更能够将我们对确定性的渴望抛到一边。

基于20世纪90年代在NASA的工作经历，萨利机长十分了解上述心态。实质上，过早下结论和计划延续错误指的是同一种决策偏见，只是表述方式不同而已。

有意愿去探索和不急于过早下结论是支撑发散思维的两大能力并相互关联，这已经在许多不同的领域得到反复证实。在二战后关于创新的众多研究中，一项有名的研究分析了当时一些顶尖的建筑师，试图从中了解最有创意者与最缺乏创意者之间的区别。[15]其中，有两个因素非常突出，而且恰好与萨利机长的行为一致。

跟萨利机长一样，最有创意的建筑师更善于发挥知识的作用："学识渊博的人……不但了解各种事实，而且能够发挥知识的作用，以创造性的方式控制自己的想象。"他们还能够积极练习不对新想法先入为主和推迟做决定。

从科学的角度来看，替代性用途测试和相关的发散思维评估方法非常有效：这类评估有助于解释和预测紧要关头发挥的创新，并取得了显著的成功。[16]它们和智商测试一样严谨（不同的是，在战争期间，智商测试一直困扰着吉尔福德)。时间已经证明,这类评估几乎比所有其他行为心理学测试更可靠和有效。在那个寒冷的1月,萨利机长的行动就是最好的力证。这种简单的评估也对应了爱因斯坦的名言:"想象力比知识更重要。"

爱因斯坦可能还会特别补充一句:想象力并非一成不变。不同于智商测试,发散思维测试的结果并非固定不变,测试结果可以预估我们的创造潜力,但这种潜力不是固定的,反而会随着时间的推移和练习不断变化。无论最初在发散思维方面的表现如何,我们都可以做得更好。

在此,我想先来总结一下。我们观察到的向上突围现象不仅存在于过去,吉尔福德对压力下创新思维的第一手分析,包括向上突围者在空战的高压环境下展现出的发散思维(萨利机长正是在这样的环境中成长的),也从根本上改变了我们对创新的定义以及如何加强创新的看法。

在我关于向上突围的所有研究中,最触动我的是,我强烈地感觉到,我不是向上突围的创造者,而是发现者。

二战后,吉尔福德被任命为美国心理学会主席,并在1950年发表了主题为"创新"的就职演讲。[17]在演讲中,他阐述了美国空军的一些经验教训。他将创新定义为思维发散的能力,并主张应该对创新开展更多研究,他认为这是二战后的美国和全球进步的根基,特别是考虑到一触即发的冷战,开展这样的研究十分重要。在演讲结束后,针对这个主题的研究和实验室激增,吉尔福德成为公认的"现代创新之父"。也许,他的研究给我们传达的最重要的信息是:我们每个人都有潜力成为创造者,并且可以不断提高创新。

认为自己没有创新的人,也许会对这个结论感到惊讶,部分原因在于近年来人们对科学的一个重大误读和误解。为了解这个案例,我们得把目光从心理学转向神经科学，即从思想转向大脑。

通往创造性大脑的曲折之路

战争虽然给许多人的生活蒙上了长期的阴影，但黑暗中仍透着一丝光明。1962 年，一位叫威廉·詹金斯的二战前伞兵来到加利福尼亚的一家医院，主诉患了近 20 年的严重癫痫开始恶化。[18] 詹金斯曾在法国上空跳伞进入敌军防线，在与一名德国士兵徒手搏斗时被枪托击中头部。为了治病，他在战后四处求医，但总是收效甚微。最终，他找到了上述医院的一位年轻的神经外科医生。这位医生提出实施一项大胆新颖的手术，詹金斯同意了。在治疗过程中，他作为主要受试者参与的研究获得了诺贝尔奖，使他无意中成为神经科学界炙手可热的超级明星。现代科学最广为流传的一种迷思其实也起源于他的故事。

创新思维从何而来，又是如何扎根于大脑的？我相信，所有人都会下意识地想到 20 世纪 80 年代流行的左 / 右脑说法。多年来，人们普遍认为主导我们思维方式的大脑一侧决定了我们的技能、偏好，甚至是个性。这就是神经科学家所说的大脑半球模型，该理论认为创新和情感由右脑控制，理性思维和逻辑思考则由左脑控制。

很多人都听说过这样的描述，连我们自己也会这么说：某人是左脑型或右脑型思维者，因此"不擅长某些领域"，或者"你是右脑型思维者，还想要做好年度报表？别勉强了""你是左脑型思维者，想要制订一个完美的营销设计方案？不好意思，你要完了"。

以上说法可谓是无稽之谈。这样的观点现在已经被推翻，而且其实从未真正得到科学的验证。但是这个迷思仍然普遍存在。不过，我们往往可以通过探究一个谎言的来源，来获得一些重要的真相。

吉尔福德的研究在心理学、行为科学和当时刚兴起的神经科学界掀起了一场革命。当时，神经科学家想要了解大脑中的哪个部分控制聚合思维，哪个部分控制发散思维。20世纪60年代，加州理工学院的罗杰·斯佩里和迈克尔·加扎尼加开展了一系列著名的实验。[19]

问题来了。虽然斯佩里和加扎尼加确实通过实验确定了某些大脑模式，但他们的研究对象都非常特殊，都是癫痫患者。这些患者由于接受过一种大胆的手术，大脑被分成两个独立的个体，因此他们也被称作裂脑人。

切断左右脑之间的连接看起来极端且残忍，这也是事实。20世纪40年代，为了治疗严重癫痫，纽约首次进行了这样的实验。当时的医生们认为，切断胼胝体，可以建立神经"防火带"，防止导致癫痫发作的异常信号从大脑一个半球扩散至另一个半球并让身体变得虚弱。

但手术结果并不是很乐观。有的患者虽然身体状况有所改善，但这并不足以推广这项手术。直到1962年，为了缓解威廉·詹金斯的癫痫发作，该手术才再次进行。手术后，詹金斯癫痫发作的频率、强度和持续时间都有明显改善。但该手术也导致他的思维方式和行为发生了一些奇怪的变化。这些变化被斯佩里和当时还在读研究生的加扎尼加通过观察和实验记录了下来。

他们最著名的一个实验与语言和视觉推理有关。在实验中，詹金斯需要在看到任何图像时按下按钮。研究人员在他的双眼前闪过不同的刺激，这些刺激将被传递至对应的大脑部分并由这部分大脑进行处理（即左眼会将看到的信息传递至右脑，反之亦然）。每次在右眼（对应左脑）接收到刺激后，詹金斯就会按下按钮，并能够清楚地描述他在屏幕上看到的图像。但在左眼（对应右脑）接收刺激时，詹金斯会说他什么也没看到。不过，他的左手却会按下按钮，这表明他其实看到了图像。研究人员让他左手拿着一支笔，图像在左眼前闪现时，詹金斯说他什么也没看到，但他却能用左手画出所看到的图像。也就是说，他的左脑和右脑实际上不知道对方在经历什么或做什么。

从20世纪60年代到70年代，通过对詹金斯和一小群其他裂脑人进行观察和实验，斯佩里、加扎尼加和同事们证明了，某些认知功能是偏侧化的，即这些功能由大脑的某一侧主导。裂脑人大脑的左右侧分别有着独特的功能。例如，左脑在语言、数字处理和逻辑推理方面发挥更大的作用；右脑则更注重视觉，在直觉式决策方面发挥更大的作用。他们还得出结论，20世纪40年代接受手术的患者左右脑之间的连接并未被充分切断，这是他们的癫痫没有得到改善和在手术后认知能力没有变化的原因。

这个小组得出的研究结果引起了公众和创新产业的注意，启发了大量专注于利用大脑创造性的一面的书籍、课程和辅导方法。例如，贝蒂·艾德华在1979年出版的《用右脑绘画》是有史以来最畅销的艺术类指导图书，作者直接将这本书归功于詹金斯的绘画实验。她说[20]：

> 矛盾的是，学习绘画就是要学习如何从左脑思维转向右脑思维。接受绘画训练的人需要这么做，这种可以随意转换思维模式的能力对于整体思维能力，特别是创造性地解决问题有着重要的影响。

还有一本有关创新的励志畅销书是朱莉娅·卡梅伦的《唤醒创作力》。[21] 这本书于20世纪90年代出版，以生动的拟人手法进一步阐述了如何利用大脑的创造性：

我们内心都住着一个完美主义者并深受其害。他是让人讨厌的批评者，总是对我们的内在和外在进行批评；他是审查员，住在我们的左脑……这个审查员就像毒蛇，是发出嘶嘶声音的卑鄙生物……"逻辑脑"担任审查员这个角色；"艺术脑"则是发明家，是我们的孩子……我们整个的创造性大脑……则负责指示"逻辑脑"靠边站，让"艺术脑"发挥作用。

实际上，斯佩里和加扎尼加对裂脑人的研究得出的结论并非如此，而且他们只是针对裂脑人，没有对健康人士的大脑一概而论。他们发现，大脑不像一台单独的计算机，由特定的硬件负责特定的任务。相反，大脑的运作方式更像由许多电缆连接的计算机网络。[22] 比起大脑中独立运作的各个部分，大脑活跃区域之间的联系同等重要，甚至更加重要。其实，有关裂脑人的研究真正向我们展示的是，在不损害大脑特定部分的情况下，断开很大一部分网络的连接带来了怎样的影响。

在断开大脑网络连接的情况下，大脑确实存在着强烈的偏侧化，导致不同的功能由大脑的不同侧面控制。对大脑左右侧之间能够完好连接的幸运儿来说，大脑偏侧化并不明显，而且完全没有必要出现偏侧化。凭借这项研究，斯佩里成了1981年诺贝尔生理学或医学奖得主之一。

可悲的是，有关左／右脑区别的错误看法仍然存在，而且可能祸害无穷。我曾担任经济合作与发展组织的顾问，该组织总部设在巴黎。[23] 我负责为该组织提供有关创造力和创新问题的建议。在此期间，我参与了一个致力于研究大脑和学习的重大项目。我发现，教育专家有很多关于大脑的错误观念。这些有关神经学的迷思没有经过严谨的科学事实证明，却对教育实践产生了极其不利的影响。在这些迷思中，最广为流传的要数有关左/右脑的观点。

2012年，在英国和荷兰开展的相关研究中，91%的受访英国教师和86%的受访荷兰教师认为，学生之间存在的个体差异是由左脑和右脑思维的差异导致的。[24]考虑到教师在鼓励和支持学生学习方面扮演的重要角色，这样的看法对学生的成长和学习、他们所付出的努力，以及在学习新学科时的自信心水平，都产生了巨大的影响。不仅是教师持有这种观点，在专业领域，大家也纷纷给自己贴上缺乏创新的标签，并且在很多情况下都认为创新与视觉艺术相关。这种观点和背后带来的影响让人不禁扼腕叹息，因为这与吉尔福德关于发散思维和创新研究的意图与成果完全背道而驰。

幸运的是，2010年之后，科学界开始为此正名。吉尔福德的观点被证明无论是在21世纪还是20世纪中期，都有同样的意义。借助功能性磁共振成像（fMRI）等技术的发展，人们能够直接实时分析大脑在多种不同环境和场景下的运作方式。虽然这样的技术最初仅应用在正式的医疗场景中，但随着数字革命的发展，脑成像工具和技术的成本大幅下降，便携性也越来越高。现在，从投资银行的交易员到F1赛车手，再到面临紧急状况的外科医生，在各种环境和场景下都能运用这种技术。由于这些最新的技术的发展，我们现在对于大脑在执行各种不同任务时的运作方式，比以前也有了更多的了解。

为避免在21世纪重蹈有关左/右脑说法的覆辙，我们所做的很多努力不是简单地从大脑成像的结果推断出相关的表现，而是致力于根据强有力的科学得出结论。借助基于连接组的预测模型，我们可以系统地追踪大脑网络性能与更高级别的行为之间的联系。这种方法采用了密集的数据，首先，独立分析个人行为特征；其次，让他们接受一系列试验，去执行不同类型的任务或解决不同问题，并实时监测他们的大脑活动；最后，分析大脑网络活动中涉及哪些行为和决策模式。

对我们来说特别重要的一点是，研究人员越来越多地关注受试者在进行原创性和新颖的思考时的大脑情况，特别是人们在进行吉尔福德的替代性用途测试及其众多变体时的大脑活动。其中，哈佛大学的研究人员分析了受试者在替代性用途测试期间的大脑活动，并发现大脑中有三个系统对原创性思维最为重要：想象力系统、显著性系统和执行系统。[25]

想象力系统是头脑风暴和幻想等创造性活动中不可或缺的一部分。该系统负责控制心理模拟，还负责控制社会认知，如我们的共情能力，或在特定社会场景中的反应。它与探索和投入新颖的想法、事物及场景有关。

显著性系统负责监测内部和外部刺激，包括我们自己内部的意识流，以及在感知四周所发生的事情时引发的外部信息流。该系统负责接收不断轰炸我们的大量感官信息，然后选择应该注意和忽略哪些信息。它参与决定哪些内部或外部信息对解决手头的问题最为重要。此外，它发挥的另一个重要作用是能在各神经系统之间切换，并且对让我们持续保持专注力和意志力至关重要。

执行系统负责聚焦、解读信息，以及促进大脑决策区域之间的沟通。该系统与我们将想法付诸实践有关，也与精准性、临界灵敏度和对不同观点及受众的认知有关。

以上每个系统都在我们思考的过程中发挥着独特的作用。那么，在执行需要发散思维的任务时，大脑中发生了什么？有人可能会认为，在这个过程中，想象力系统最重要。但就跟有些人对裂脑人的理解一样，这种解读过于简单化了。实际上，有证据表明，重要的反而是这些系统之间相互作用的质量和本质。研究人员在检查替代性用途测试者的大脑功能后发现，没有一个系统能单独决定人的发散思维。

回想一下你对回形针用途测试的回答。一开始，你很可能会想到回形针的传统用途，在想出几个用途之后，可能会产生更创新的想法。事实上，大脑扫描已经证明了这一点。通过扫描，我们最初会看到想象力系统与显著性系统之间的耦合，但这种耦合不是固定的。然后，想象力系统与执行系统耦合，随后想象力系统和显著性系统再度耦合。也就是说，我们的大脑在产生和评估想法之间不断进行动态切换。

与上一章中基思·贾勒特的经历相似，在音乐家创作新作品时，这三个系统之间会产生以下相互作用：

> 在创作中，最初是想象力系统更加活跃，能够唤起情绪反应和感官处理，为产生新音乐主题提供灵感。不过，大脑构思了创造性乐曲的雏形后，"显著性系统"会让你把注意力转移到"执行系统"，帮助你记住这段稍纵即逝的旋律，并专注于谱写出真正的乐曲。[26]

你可能感受过火力全开的状态，如果要用生物学来解释就是：大脑的三个系统都在发挥作用，让我们充满能量和兴奋感。三个系统加起来覆盖了大脑的80%，这是一个非常理想的比例（顺便一提，有一种流行的神经迷思认为，我们对大脑的利用率只有10%）。事实证明，在发散思维上得分较高的人，能够以各种各样的方式充分利用整个大脑，而不是只固定使用大脑的任何一侧。

在很多情况下，对许多人而言，这三个系统在开展工作时通常是相互对立的。事实也证明，很多人出于习惯或懒惰，会在做决策时更依赖部分网络的相互作用，而不触及其他网络。随着时间的推移，他们就会更倾向于使用其中一个或两个系统，甚至养成根深蒂固的习惯。

执行发散思维任务时，这三个系统内的各个区域产生连接。要产生创新思维，就需要想象力系统（负责头脑风暴）、显著性系统（负责监控内部与外部环境和学习）、执行系统（负责决策和细节）之间产生连接，而且这种连接是不断切换的。这三个系统之间的连接以及互动速度，可以很好地衡量一个人在发散思维方面的表现。如果一个人在几个系统之间有更多连接，则更可能跳出思维定势，思考新的解决方案和可能性。此外，他们更可能采取成体系的方法利用这三个系统以及确定其优先次序。

最高效的发散思维者明显能够同时利用这三个系统，而且在这方面能比其他人更高效。在测试中，得出最多创新答案的参与者，对三个系统的利用效率也更高，他们的大脑能够以更少的步骤横跨不同的系统，而创新思维较弱的人则需要更多步骤。

基于连接组的预测模型表明，这些神经连接是决策能力和决策风格发生变化的基础。我们将在第二部分讲述，向上突围者的技能与这三个系统之间的密切关系。

2018年，哈佛关于发散思维神经科学网络的研究被《美国国家科学院院刊》接受并发表，为打破左/右脑迷思画上完满的句号。[27]巧合的是，评审和接受该论文的编辑委员会成员之一是迈克尔·加扎尼加，他曾与罗杰·斯佩里一起对裂脑人威廉·詹金斯进行左/右脑的初始实验。

正如我们的偏好和习惯并非固定不变一样，支撑它们的神经网络亦然。吉尔福德始终坚信可以逐步培养创造能力。后来，这个理念在行为层面和神经结构层面都得到了证实。在相关研究中，吉尔福德的理念和方法再次发挥了核心作用。

在中国，有研究人员通过纵向研究来探索支撑创新思维的大脑功能和结构如何随时间变化。[28] 研究人员先是通过替代性用途测试筛选受试者，确保在实验开始时，所有受试者都呈现极为相似的发散思维能力和神经模式。

然后，受试者被分为两组，其中一组在一个月内接受了 20 次发散思维训练。在每次持续 30 分钟的课程中，每个人都受邀参加了替代性用途测试以及其他认知训练模拟（如改进一组特定的产品，或探索不同社交情境的含义）。研究人员分别分析了受试者在接受任务期间和之后的大脑活动。另一组则作为对照组，在课程结束时接受对比分析。

短短一个月内，仅仅是使用简单的发散思维技巧，实验组就在思维的流畅性和原创性方面有明显改善。与对照组相比，他们能产生更多想法，想法也更加新颖。不过，更引人注目的是，实验组在神经系统方面也表现出明显的结构和功能变化。我们可以通过训练加强神经可塑性，这不是什么新发现。例如，出租车司机在接受训练后能够提高空间识别能力。但以上实验不仅表明创新可以习得，而且我们可以通过大脑灰质观察到切实的学习结果，不过能同时证明这两点的研究不多。在这个研究中，我们可以观察到，实验组在上述三个神经系统中的每一个都表现出变化：不仅是运作方式发生变化，三个系统彼此之间的连接也有所变化。

我们在上一章了解到，对压力的感知如何触发相应的生理反应。创新思维也是如此：思维方式可以改变大脑的生理结构。这种改变并非简单改变大脑的化学成分，而是更加根本的改变，它会直接影响神经结构和功能。研究人员还发现，受试者对压力的评估和大脑整个网络的工作表现之间存在联系。对照本书第一部分"引言"中的图 1，处于最佳唤醒状态的受试者在面对压力时处于挑战状态，与处于负荷过轻或过重状态的人相比,前者更有可能让整个大脑积极参与压力应对,也更可能想出更多的原创想法。

那么,为什么这些发现没有在社会中得到广泛认可和充分利用?为什么关于左/右脑的迷思反而更加持久和普遍,而更有力、更真实的科学结论却仅仅局限在学术界?

我在人道主义工作方面的个人和专业经验表明,发散思维遇到的最大问题是:大多数机构不仅不奖励,反而积极打压这种思维。讽刺的是,背后的罪魁祸首之一正是现代的教育体制。

学习没人知道怎么做的事情

我的儿子科比与学校的关系非常微妙。科比很有想法、学习刻苦,深受老师喜爱。虽然他热爱学习,也喜欢和同学一起玩,但他内心不时会有一种挫败感。有一次,他跟我说:"学校只教学生一些大家知道怎么做的事,那该到哪里学习没人知道怎么做的事情?"

这个问题无疑会让切斯利·萨伦伯格机长这样的向上突围者会心一笑,也吸引着世界各地的教育工作者,其中包括著名的创新演讲者兼倡导者——已故的肯·罗宾逊爵士。他在家喻户晓的 TED 演讲"学校会扼杀创新吗?"中,强调了发散思维是创新的基本能力。[29] 他提到吉尔福德的替代性用途测试和回形针,描述了一组儿童从幼儿园到高中的发散思维水平随时间变化的情况:

5 岁时,对于回形针的不同用途,98% 的儿童的回答数量达到了天才水平。

5年后，他们10岁，处于天才水平的儿童已经下降到30%。

又过了5年，拥有发散思维的天才人数进一步下降至12%。

还有一批毫不相关的覆盖范围更大的28万个成年人接受了同样的测试，他们中只有2%的人能在发散思维方面达到天才水平。

你可能会和我一样惊呼："怎么会这样？"

罗宾逊强有力地论证了发散思维能力有惊人的下降，主要是因为教育扼杀了儿童的创新。他指出，传统教育模式就像是流水线上的传送带，建立在"问题的答案只有一个，就在书的最后，但不能偷看"的原则之上。

正如我的儿子科比印证的那样，教学一般倾向于教授按部就班的机械性任务，而非鼓励学生以复杂和创造性的方式解决问题。可以说，我们在教育中扼杀了创新。

有些人，尤其是教师，可能会对这种说法感到愤愤不平。诚然，教师会在课堂上鼓励孩子以开放和创造性的方式思考，并且毫无疑问，他们会自然而然地采用各种方法和技巧来指导学生思考。问题不在于学生无法接触发散思维方式，而在于各种方法"杂糅在一起"，这是罗宾逊所引用的创新研究的主导者乔治·兰德的原话。[30] 因此，对应左/右脑的迷思，我们往往被教育要在数学、语法和语言方面使用聚合思维，在艺术、设计和戏剧等方面使用发散思维。结果，我们的大脑会过于分散，无法充分发挥发散能力："大脑中的神经元会相互竞争，脑袋就像是在与自己打架一样。"

不过，我们不该因此而感到灰心。如前文所述，我们可以去学习发散思维，也可以在之后不断重新学习。许多研究表明，儿童和成年人都可以通过多种方法培养发散思维能力。

在学校中，我们可以采用非常简单有效的方法。[31] 在一项研究中，教师需要每天给小学生提出发散思维方面的挑战，包括没有对错之分的开放性问题，有意要求学生以更开放的方式思考各种情况。在为期两个月的实验前后，研究人员分别进行了替代性用途测试，并找出了同一时间段内所有班级中展现出的发散思维的例子。

研究发现，使用发散思维工具的班级在两个月的时间里提出的创意想法要多 10 倍。在替代性用途测试的每个指标（变通性、原创性等）上，他们也比对照组班级表现得更好。结论是："年幼的孩子在反复接触需要发散思维的情境时，创新思维能力显著提升。"

对成年人的研究发现，认知模拟有助于发展创新思维能力。在中国的一项研究中，只需要一个月的训练，受试者的行为和神经水平就会发生改变。另外，有其他模拟更多地在真实世界而非实验室开展。

例如，参与了即兴戏剧课程的青少年和成年人的发散思维水平会随着时间的推移而显著提高："即兴表演可促使人们寻找创造性和随机应变的解决方案，因此可以帮助我们以更多元的方式思考，甚至打破根深蒂固的行为模式。"[32]

听起来还不错。但是，如果面临前面向上突围者所遇到的那类紧要关头，发散思维如何才能真正发挥作用？事实上，很多发散思维实验都专注于把受试者放在各种不同的限制条件下，去评估他们在压力下的表现。比如，在澳大利亚，消防员和其他紧急救援专家被要求思考应对灾难的新方法并将其写在白纸上。然后，他们会面临一些实际的限制条件，包括各种资源和环境限制。[33] 在这种情况下，他们提出的创意答案数量增加了 10 倍。

还有一项研究则针对截然不同的专业环境：研究人员评估了一家谷类食品制造公司的员工在面对不同时间压力时的创造性。[34] 经过对近 200 名员工的观察，他们发现，在一定的压力范围内，员工原创想法的数量和质量随着压力的增加而增加。

我们在此前了解到，压力与表现之间的关系呈倒 U 形曲线。与此相似的是，员工在经受适度的时间压力时，能够表现出较高的创新，但需要考虑两个额外因素。

首先，个体需要在压力下接纳新体验，即不断追求极为新颖的陌生体验。在这种情况下，如果受试者认为压力可促进表现，则更可能提出新颖的解决方案，而且数量更多。正如萨利机长和机组成员致力于让每次飞行都比上一次更好一样。

其次，在同伴和上级鼓励创新思维的情况下，倒 U 形曲线尤为明显。能否在压力下展现原创能力不仅取决于个人，还受到社会环境的影响。具体而言，这取决于周围的人是否将原创性视为挑战中理所当然和重要的部分。比如，贾勒特就是在科隆听众的期待下受到鼓舞从而发挥出色表现的，还有激励你去学习和探索的各位老师。如果身边的人提供充分的原创空间，我们则更容易出现顿悟时刻。

社会鼓励不仅可以让我们在面对压力时更具原创力，还可以帮助我们更有效地应对压力。一项针对巴尔的摩约翰斯·霍普金斯医院住院医师的研究显示，团队的学习行为（包括医生同事收集信息、反思经历、分享知识和产生新思路的方式）不仅会影响团队在高压下的表现，还能够显著降低团队成员的倦怠程度。

考虑上述因素，再回到我儿子遭遇的挫折上，我们不禁要问，真正重视创新的学校是什么样子的？肯·罗宾逊在评估多个发达国家面临的挑战后，撰写了一篇关于创造性学校的论文。[35] 他指出，政界人士陷入了应试教育的泥潭。观察家将此描述为"一条充斥着测试和评估，违背教育初衷的死胡同"。[36] 在这样的环境中，学校成了培育聚合思维的温床。

这与吉尔福德半个世纪前发现的问题如出一辙，跟最初筛选战斗机飞行员的测试一样，学校教给学生的不是如何生存和发展，反而导致学生不断承受挫折。

罗宾逊的观点与吉尔福德的相似，他主张学校应该提供个性化学习机会，认识到才智是多种多样的，要根据不同的学习速度调整教学进度，允许学生发展兴趣和优势，采取不同的评估模式，并在评估时给予评估者更多的信任和自主权。换句话说，学校需要花更多时间去提升能力而不是证明能力。正如罗宾逊所说，创造性的学校要做的是"教会孩子运用天生的创新和创业才能，这些才能可以在全球面临不可预测的未来时成为他们的保护盾"。

接下来，在本章的最后一部分，我想把目光放到人类遥远的过去，向大家展示这些宝贵的才能为什么对生存至关重要。

涂有红色颜料的洞穴

在人类已知的历史中，南非好望角激发着我们的想象力。它是无数探险家的终极梦想，是幻影，是难以逾越的障碍，并最终成为我们通往现代航海之旅的一道风景线。

这个地方也在人类史前时代中扮演着重要角色。如今，世界住满了人，有数百万物种在人类的影响下濒临灭绝。你可能难以想象：人类一度也是濒临灭绝的物种。每个人体内携带的基因揭示了我们从何而来。我们遍布地球，人数众多，但遗传基因差距却微乎其微，远远不如数量更少、活动区域更小的物种。人类整个物种的基因差距甚至不如在非洲中部某条河两岸居住的黑猩猩部落。[37]

考古学家认为这种遗传瓶颈与约 20 万年前至 12.5 万年前持续存在的冰期有关。[38] 这是一场刻在我们基因中的气候灾难。在这个时期，人类数量急剧下降，从一万多人降至仅数百人。考虑到现代人的基因差距较小，我们似乎有理由认为，人类主要的祖先群体在非洲某个地区存活了下来，然后向外延伸，并在移居过程中不断与其他群体混合。

这就不得不提到非洲大陆最南端之一的开普植物区了。这个地方优美而崎岖，岩石和植被在此互相争夺地盘：岩石在这一头占尽优势，植被在另一方盘踞生根。在汹涌的印度洋上方，茂盛的植物攀附悬崖而生。实际上，这片狭窄的土地面积虽小，但有着最为丰富的植物多样性。让人惊叹的是，这里虽然不到非洲大陆面积的 1%，却拥有全球 20% 的植物物种。悬崖上还有众多大洞穴，布隆伯斯洞穴便是其中之一。在这个不为人知的洞穴中，考古学家的两个发现让我们认识到了南非之角在人类发展史中的重要位置。越来越多的人认为，这里是人类早期的共同祖先最有可能居住的家园。它也被视为人间的新伊甸园：创新思维的诞生地。

从解剖学的角度来看，现代人类早在 20 万年前就已经生活在非洲。但是，人类现代的心智能力是什么时候形成的？这个问题直到最近才成为人们激烈争论的话题。考古学家在布隆伯斯洞穴和类似洞穴中发现了早期人类生活的痕迹，这个发现帮助我们解决但同时也颠覆了这个争论。

很多人知道早期洞穴壁画大部分是在欧洲被发现的。这些壁画可以追溯至约 4 万年前。有一系列的发现都是同一时期的作品，而且全部位于欧洲。考古学家一直认为这些壁画标志着具有认知能力的早期现代人类的出现。这样的标志还包括工艺品标准化、制作刀片的技术、加工过的骨骼、个人饰品、结构化的居住空间以及艺术和象征性图像的出现。

这种以欧洲为中心的考古学观点被布隆伯斯洞穴的史前居民推翻了。[39] 这里的居民从 7 万年前开始就使用石头、木头和贝壳制作复合武器——比考古学家先前认为的要早 3 万年。10 万年前，洞穴居民制作的工具明显可以使用火源加热并可以通过磨砺变得更加锋利，这比欧洲记录的证据要早 6 万年。这里还发现了烧焦的植被痕迹，表明这里的远古狩猎采集者已经发现可以通过清理土地来促进食用根茎生长，比农业革命的发生要早 8 万年。还有非常有力的证据表明他们会去捕食贝类和钓鱼。

居住在布隆伯斯洞穴及周边地区的人为我们留下了清晰的证据，展示了早期人类拥有象征性思维和学习能力。2018 年，以克里斯托弗·亨希尔伍德为首的考古团队在布隆伯斯洞穴进行了挖掘，他们发现了目前已知的最早人类绘画——一幅赭石岩画，比欧洲洞穴艺术至少早了 4 万年。[40] 研究人员经过鉴定后认定，该洞穴的穿孔鸵鸟蛋是人类最早的首饰，那里的居民还会将洞穴的墙壁涂成红色。对这些文物及其演变的研究表明，早期人类使用的符号，无论是贝壳上的雕刻、岩石上的雕刻还是绘画，都会随着时间的推移变得越来越复杂："它们有着越来越明显的特征，越来越易于记忆、可复制，彰显个性风格，还展示着人类的意图。"[41]

洞穴居民使用的工具表明了他们能够理解材料的特性和各种材料的组合方式，其手艺表明了他们具备规划能力。更让人印象深刻的是他们获取天然食物的方式——捕鱼和沿海觅食。这需要充分了解潮汐，并基于月运周期来计划和组织前往危险的沿海水域捕鱼。

洞穴居民还使用艺术和装饰品以及赭石涂刷洞穴墙壁，这展示了符号推理能力。他们很重视群体身份认同，其行为与身份相互影响，会以各种新颖的方式表达自己。他们不仅创造了一种生活方式，还创造了一种集体的意义感。正是这种超前的智慧和群体身份认同在很大程度让这个物种得以生存。

由于以上有关布隆伯斯洞穴居民的考古发现，有关人类何时发展出复杂认知能力的证据至少比此前的认知"向前推了2万或3万年"，我们对人类思维发展的过程也有了更多的了解。

接下来要解决的问题是：人类是怎么发展出思维的？原因是什么？有证据表明，饮食习惯是非常重要的催化剂。开普植物区的植物多样性提供了一个思路：这里的地下芽植物（即将能量储存在地下结构的植物）比世界上任何其他地方都要多。布隆伯斯洞穴的居民恰好生活在世界上最大的根茎植物群落中。根茎植物富含能量，能在恶劣的环境条件下存活。此外，这类植物的纤维含量较低，更易于儿童消化。海鲜也是非常好的营养来源，能提供发展思维所需的重要脂肪酸。正如亨希尔伍德的一位同事所说："（营养）是推动进化的力量……使人类发展出更多的认知意识，更快速建立联系，让大脑运转更快、更聪明。"[42]

外部压力催化了这种饮食习惯和大脑神经发展。环境变化虽然曾经导致人类的发展受限，但也为人类提供了适应和改变的机会。通过研究非洲南部沿海地区的人口，研究人员发现了一种受文化驱动的适应模式，它使布隆伯斯人和像他们一样的人能够利用不断变化的新生态位[①]。布隆伯斯人之所以能够掌握复杂的技术和象征手法，与他们能够以新方式适应不断变化的环境条件息息相关。

有趣的是，考古记录显示，他们的行为与所面临的环境压力变化

---

① 生态位是指生物在生物群落生态系统中的作用和地位，以及与栖息、食物、天敌等多种环境因子的关系。参考资料来源：全国科学技术名词审定委员会. 微生物学名词[M].2版.北京：科学出版社，2012.——译者注

相呼应。具体来说，在干旱化严重的时期，他们能以更灵活的适应方式取代复杂的方法，使群体能够利用更广泛的生态位。出现新生态位时，他们并非创造出全新的方法，而是最早采用了考古学家所称的文化适应方式，即"以新方式利用现有技能、技术和想法"。[43]这相当于史前版本的替代性用途测试：他们在应对环境压力时采取了发散思维。可以说，布隆伯斯人是最早的向上突围者。

大部分史前考古学都离不开各种猜测和巧合，但这次的考古发现却有更确凿的证据。为准确理解洞穴中存在过的种种实践活动对布隆伯斯人产生的影响，考古学家试图利用现有的物理证据推导出神经学上的发现。在一组显著的实验中，他们让现代受试者接触布隆伯斯人的视觉和符号产品（绘画、工具和工艺），同时使用功能性磁共振成像仪测量大脑活动。[44]在接触布隆伯斯的制品和工艺时，现代人使用的脑部区域与发散思维测试中涉及的脑部区域相同。

研究人员推断，布隆伯斯人是证明大脑具备强化的执行功能最早的证据。[45]这些功能包括创新思维、复杂的目标导向行为、灵活解决问题的能力、任务切换的能力、反应抑制能力以及远距离或长期规划能力。亨希尔伍德认为，这些研究表明人类早期的祖先不仅仅是幸存者，还是经历了活跃创新期的一个群体。

在我看来，如同早期的美索不达米亚、9世纪的巴格达、15世纪的佛罗伦萨、19世纪的英格兰或20世纪的加利福尼亚一样，我们应该将布隆伯斯视为孕育了人类创新的重要之地。它是认知革命的诞生地，这场革命对人类未来产生的影响甚至大于农业革命、工业革命或数字革命。

不过，如果这真的是现代人类拥有认知的最早证据（可通过符号行为、复杂技术和发散思维证明），为什么我们反而倾向于将东非视为人类的摇篮呢？对人类遗骸进行的最新跨洲遗传分析表明，尽管布隆伯斯的冰川避难所确实是人类发展出这些特征的地方，但考古记录表明，从7万年前开始，人类开始从非洲南部向东部迁徙，随后引发了人类在世界其他地方的迅速扩张。[46] 此外，有证据表明，源自南非洞穴的文化创新实际上触发了人类的扩张之旅。所以，如果说东非是现代人类的摇篮，那么非洲南部则是现代人类诞生之地。

布隆伯斯人的创造潜力传承给了如今活着的每个人。我们都能够将压力和困境转化为创造的驱动力。压力，甚至是灾难，可以是推动创新的力量。压力帮助我们在冰期生存，使我们进化成为现代人类。自那以来，全球的向上突围者也用同样的方法来应对压力和困境，这些方法不仅可以用来面对巨大的压力，还能用于日常生活。

最后，我想引用吉尔福德的话来结束这一章："只要活着，就意味着面临问题，解决问题意味着我们能够以创造性的方式不断成长。"[47]

第三章
目标的强大之处：永远夺不走的力量

动乱中闪烁的光芒

1972年7月21日下午，北爱尔兰贝尔法斯特天气宜人。彼时，皇家维多利亚医院急诊室护士长凯特·奥汉隆正与同事一起在医院对面的一家美发沙龙烫发。[1]

下午2:10，一枚炸弹突然在史密斯菲尔德公交车站爆炸。接着，不到90分钟内，贝尔法斯特市内相继发生19次炸弹爆炸。接二连三的爆炸造成越来越严重的伤害，市中心弥漫着滚滚浓烟，尖叫声不绝于耳。这些炸弹攻击的目标似乎是随机的，停在路边的汽车、出租车公司总部、火车站站台、公交站、酒店大堂、购物区、银行、桥梁和加油站，全都未能幸免。

在听到第一声爆炸后，奥汉隆护士长和同事湿漉漉的头发上还卷着卷发棒，她们顾不上这些，立即跑向医院。几分钟后，第一批受伤者被送到医院。伤者的伤势之严重，连有多年一线工作经验的奥汉隆护士长都措手不及。此外，很多人惨死街头，人体残骸甚至被装到塑料袋里运到医院，堆放在走廊推车上。这就是当时惨烈的"血腥星期五"事件。

那段时期，北爱尔兰陷入了宗派冲突，这个时期被称为北爱尔兰动乱①，1972年是冲突最为严重的一年，有500人被杀害，2万多人受伤。大部分伤亡发生在贝尔法斯特最大的医院——市西的皇家维多利亚医院1英里②范围内。在上文提到的大爆炸当天，有130人受重伤，9人死亡。爆炸事件中超过一半的伤者都由奥汉隆护士长负责护理。

大多数人认为爆炸事件由临时爱尔兰共和军（IRA）发起，而且针对的是无辜平民，这导致原本对临时爱尔兰共和军抱有同情的民众瞬间转变了态度。这不是北爱尔兰遭受的第一次打击。就在"血腥星期五"之前6个月，英国伞兵队的"血腥星期日"杀戮事件就已震惊整个北爱尔兰，民众对英国军队的信任降至历史最低点。贝尔法斯特还没有从那次打击中走出来，又遭到了临时爱尔兰共和军发起的这次爆炸袭击事件。那一刻，贝尔法斯特人似乎陷入了孤立无援的绝境中。

其实他们并非完全孤立无援。

爆炸事件后，贝尔法斯特一家广受欢迎的小报将皇家维多利亚医院描述为"处于冲突的中心……一家非同寻常的医院"。这家报纸之所以这么说，是因为卷入这场棘手冲突的各方都十分信任这个机构，这

---

① 北爱尔兰动乱，也称为北爱尔兰冲突，是大概从1968年到1998年在北爱尔兰发生的暴力宗派冲突事件，冲突双方包括保皇派和共和派，前者希望北爱尔兰留在英国，后者则希望北爱尔兰并入爱尔兰共和国。在1998年达成和平解决办法之前，冲突造成约3 600人死亡，3万多人受伤。参考资料来源：britannica.com/event/The-Troubles-Northern-Ireland-history。——译者注

② 1英里约为1.6千米。——编者注

是极为罕见的。个中原因，我们可以从奥汉隆护士长的自传中略窥一二：

> 有一天，中枪的伤者被送进医院，与此同时，朝他开枪的人也进了医院。冲突双方是谁对我们来说不重要，无论是谁，只要进了医院大门，身份就是患者……我们只想了解伤情，对政治毫无兴趣。[2]

皇家维多利亚医院的员工坚定不移地履行着人道主义使命，在残酷的冲突面前，他们维护着自己的人性、价值观和独立性，对所有人都做到了一视同仁。

这家医院不仅彰显了人道主义，还成了创伤医学创新的中心，实施分级诊疗，采用预防被炸伤者肺萎陷的工具、新型夹板，甚至将牙科技术与重症颅脑手术相结合。这些方法至今仍然在全球的急诊室和战区中使用，包括阿富汗、伊拉克和叙利亚等地的冲突区域。

他们不仅在冲突中表现出色，还因为冲突而迸发出蓬勃的创新。BBC报道，皇家维多利亚医院的许多从业者"在应对'血腥星期五'和同类事件时处在高压的状态之下，他们在这样的状态下开创了前所未有的技术和流程，并因此享誉全球"。[3]

要知道，3年前，也就是1969年，皇家维多利亚医院鲜有医护人员处理过枪伤。有护士表示，在动乱时期开始之前，在急诊室的轮班非常轻松，通常只需医学生来负责。

当时，英国国家医疗服务体系（NHS）并未准备好应对严重的长期暴力冲突。大规模的急救准备主要针对工业和交通事故，或者洪水等自然灾害造成的伤情。

反观同一时期贝尔法斯特的其他医院，它们没有像皇家维多利亚医院那样有着蓬勃的创新精神和创造力。尽管面临着创伤、破坏和复杂的政治局面，奥汉隆护士长和同事们依旧在黑暗的动乱时期散发出璀璨光芒。皇家维多利亚医院是怎么做到的？是什么使得这里如此耀眼？

危机是最深刻的课堂

我们已经从前两章了解到，将压力视为挑战而不是威胁的心态有助于应对压力，在面对前所未有的新问题时还可以采用创新思维。除此之外，向上突围的第三个关键因素是目标感。这也是贝尔法斯特皇家维多利亚医院的医护人员在面对压力和困境时，取得非凡成就的原因所在。

哈佛大学历史学家南希·科恩研究过全球100多名领导者，包括亚伯拉罕·林肯等政治领袖、蕾切尔·卡森等道德领袖、探险家欧内斯特·沙克尔顿等行动派领袖、星巴克霍华德·舒尔茨等商业领袖。[4] 她研究的所有领导者都面对过边界情境，即类似于第二章中萨利伯格机长在紧要关头的经历。在应对这些情境的过程中，他们能够在动荡之中向前迈进，再迈出下一步。

在一次采访中，科恩深入描述了这一点：

> 许多经历过重大挑战的人都会意识到，所有逆境、混乱和不确定性，甚至是接近绝望的时刻，都蕴含着意义，让我能够一窥自己未来可以成为怎样的人。[5]

那么，逆境和压力蕴含的意义具体是什么？科恩对那些经过危机锤炼的领导者进行深入调查后发现，目标感是真正重要的因素。[6] 实质上，目标感意味着三个方面：

（1）明确目标、价值观和原则。这不但可为行动提供指引，也有助于更加坚定我们追求这些目标的决心和毅力，并有助于克服对目标可能无法实现的恐惧和焦虑。

（2）在目标范围内，重新审视和重新厘定所面临的问题，并有意识地采用实验性方法来制订可能的解决方案。

（3）基于共同的爱好、相互信任和团结精神将大家凝聚在一起，共同实现目标。

目标感这个词在大众心理学或管理学中会与自救联想在一起（我承认自己也曾有这样的想法），但实际并非如此。越来越多的证据表明，目标感会对我们的人生产生超出预期的深远影响。它也是向上突围的三个关键要素之一。

最初从科学的角度研究何为目标／意义的是维克多·弗兰克尔。[7] 他是一名精神病学家，也是大屠杀的幸存者。弗兰克尔不仅亲身经历了奥斯威辛集中营的可怕场景，还承受着孕妻、双亲和兄弟被杀害之痛。尽管遭受了惨痛的打击，他在被关押期间还是志愿充当了狱友的心理治疗师。

弗兰克尔是怎么做到在如此艰难的境况中拥有强大的情感和精神力量，还能够为周围的人提供心理支持的？他在之后的反思中得出了一个重要结论，总结了人处于这样的境况乃至在整个人生中真正需要的是什么："实际上，我们需要的不是没有任何紧张感的状态，而是能为了值得追求的目标去努力和奋斗；不是不惜一切代价释放紧张感，而是追求等待被实现的潜在意义。"

这恰恰是对倒 U 形曲线的完美注解：我们既不想要无聊（没有紧张感的状态），也不想要它的反面（不惜一切代价释放紧张感），而是需要处在中间的向上突围区域——去努力和奋斗。在我看来，对目标感最好的定义是"追求等待被实现的潜在意义"。

即使是在最机械化的环境中，目标感也有着重要的意义，这个观点得到了广泛的认可。20 世纪 90 年代，美国国会图书馆将弗兰克尔的著作《活出生命的意义》列为美国最有影响力的十大书籍之一。[8]

多年来，有大量累积的实证研究支持了弗兰克尔的观点。医学研究证明，目标感更强，有助于我们变得更长寿、更快乐、更健康。拥有人生目标可降低急性和慢性疾病的发生率。1995 年起开展的美国中年调查发现，在 10 年的时间里，目标感更强的人（即在人生中找到了意义和方向的人），身体承受的生理压力要低得多。[9] 该结论可通过多个指标来证明，包括心脏健康、体重指数（BMI）、新陈代谢、胆固醇、血糖和皮质醇水平。目标感也与认知表现、幸福和快乐的提升息息相关。另一项针对 7 000 名受试者的研究发现，在 60 岁人群中，拥有人生目标的人的死亡率显然更低。[10] 目标感还可以推动向上突围所需的其他要素：许多研究表明，目标感是我们在面对压力时建立和保持挑战心态的基础，也是追求原创和创造性思维的基础。

有证据表明，目标感在压力应对中发挥着重要作用，这不仅局限于个人，还适用于群体和组织。在全球研究创新的学者中，哈佛大学的特蕾莎·阿马比尔是最有影响力的人之一。[11] 在过去的 40 多年中，她对我们看待创新及其促成因素和约束因素的方式产生了深远的影响。

阿马比尔将创新定义为"产生新颖和有用的想法或解决方案"，并对激发和扼杀创新的条件展开了大量研究。[12] 她发现，在社会环境和压力的相互作用中，出现了 4 种明显的模式，如图 2 所示[13]：

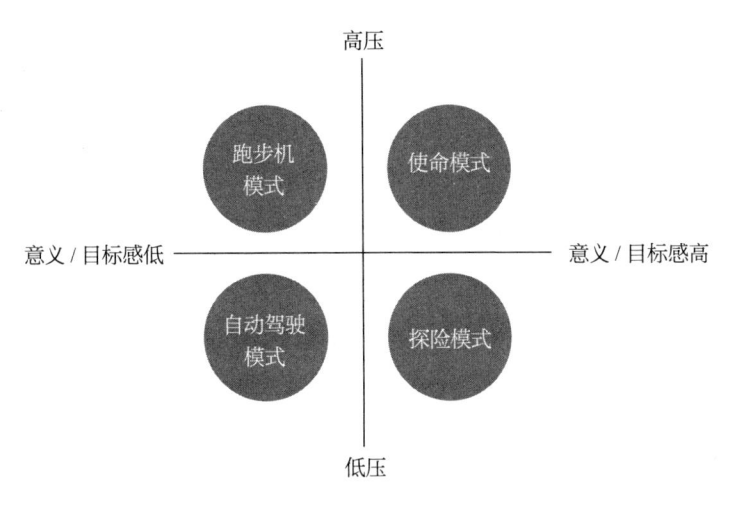

图 2　阿马比尔的 4 种模式

（1）自动驾驶模式：团队在低压条件下工作，意义/目标感较低。

（2）跑步机模式：团队在高压条件下工作，意义/目标感较低。

（3）探险模式：团队在低压条件下工作，意义/目标感较高。

（4）使命模式：团队在高压条件下工作，意义/目标感较高。

阿马比尔认为，激发创新的理想环境是探险类的工作。但正如上一章所示，我们无法选择何时需要创新。她发现，在无法避免压力的情况下，灌输有意义的目标可以激发创新，使人产生紧迫感，意识到他们的工作紧急而有必要。正如她所说："面对如同被枪指着的巨大压力时，我们通常束手无策。但如果想要创新，我们就必须学会躲避子弹。"

皇家维多利亚医院的急救人员在动乱时期的卓越成就引人深思：面对一系列复杂多变的挑战，一支由不同成员组成的团队是怎么创造出一套完整而创新的应对方法，救死扶伤，捍卫人道主义，同时还影响了全世界的？归根结底，皇家维多利亚医院的医护团队拥有的目标感是使他们脱颖而出的重要因素。

无论患者的政治立场如何，无论他们是施暴者还是受害者，奥汉隆护士长都坚决为他们提供一视同仁的治疗。她总是告诉下属，要尽力做到最好，如果旧方法行不通，那就采取新做法。她经常说："设想被推进手术室的是你的家人，难道你不希望他们接受全世界最好的治疗吗？"这种目标驱动的创新具有很大的感染力，而且不只是奥汉隆，这家医院的幸运之处还在于其他医护人员也秉持着同样的理念。

这个事件充分说明了在经历可怕事件时，重要的是团队能够团结一致，共同展现人道精神。除此之外，这个事件也反映了整个医护团队思考和工作的方式。

在北爱尔兰动乱时期，发生了一场对NHS及更大范围的急诊科人员配置的持久争论。在英国，几乎没有急诊科是由资深医生领导和参与的，皇家维多利亚医院急诊科的主管威廉·拉瑟福德是鲜有的例外之一。他坚持要将急诊医学视为正式的专业领域。当首批急诊顾问职位在NHS内试行时，他还是最早担任该职位的人员之一。后来，他还与其他作者合著了英国第一本关于急诊医学的重点教材。拉瑟福德秉持着一个重要的理念：不断寻找提高患者护理水平的方法。[14]

在拉瑟福德主管急诊科期间，包括北爱尔兰动乱时期在内，他撰写和合著了至少47篇学术与医学论文。尽管面临持续不断的危机，他仍然能够投身于科学研究，这是非常了不起的："他在论文中提到了动乱期间，他的科室负责治疗的一些伤员，包括爆炸、枪伤和橡胶子弹造成的伤害。"拉瑟福德制订的灾难应对计划在"血腥星期五"挽救了很多人的性命并广受认可，后来在整个英国被广泛采用。此外，支撑医院整个体系的根基是护理方面的进步。顽强的奥汉隆护士长领导着护士团队在最复杂多变的危机中提供了支持以及分级诊疗管理，也受到了极大的赞誉。

除了拥有过硬的技术，更重要的是全体人员的集体心态。在奥汉隆护士长的自传中，专门有一整章的篇幅涉及应对压力。她写道："我们当时没有心理辅导，靠的是齐心协力来应对问题。搬运工、内勤人员、护士、医生和顾问会相互交流，凝聚着强大的团队精神。"

拥有共同的目标不仅有助于鼓舞士气，还大大推动了创新。皇家维多利亚医院会定期举办跨学科、跨层级的交流会议。在一次常规会议中，资深神经外科医生与一名正畸医师偶然进行了一次讨论。讨论越来越深入，最终诞生了钛合金颅骨成形术的治疗方法，这种治疗方法借鉴了牙科的方法，采用精炼纯金属迅速修复因子弹和弹丸外伤严重受损的患者颅骨。这是脑损伤治疗领域的一项显著成就，其中一个原型后来还作为展品在伦敦科学博物馆永久展出。

如南希·科恩所描述的知名领导者一样，皇家维多利亚医院的领导者（凯特·奥汉隆、威廉·拉瑟福德等）也为身边的人灌输了目标感。在目标感的驱使下，该医院的急诊科短短几年间就从一个只处理日常事故、寂寂无名的科室，跃升为全球领先的冲突创伤治疗科室。

他们之所以能取得这样的成就，不是因为发起或主导了变革，而是为变革创造了条件，并且以身作则，为变革做出了示范。

拉瑟福德曾说，管理这个科室很简单："对每个人爱护有加，倾听每个人的意见，有疑问的话，那就听奥汉隆护士长的。"[15]

这些举措与美国领导力专家梅格·惠特利的研究吻合。她认为："在充满不确定的动乱时代，我们需要的不是更多的命令和控制，而是能更好地发挥每个人的才智，让他们参与解决挑战和危机。"

据奥汉隆护士长自己的说法，她只有两次采取了另类的方法来安抚自己和团队。其中一次是在1971年，贝尔法斯特知名酒吧

McGurk's 发生了爆炸，医院心理学家建议她与另一名护士共同服用安定药片来稳定情绪。但服用后，她们的心理状态没有受到任何影响，所以她们后来再也没有这么做。

还有一次，一群女人闯进皇家维多利亚医院，她们的丈夫是附近朗凯什拘留中心的囚犯，她们之所以闯进医院，是因为误以为身为囚犯的丈夫发生了骚乱，并有重伤者被送到了皇家维多利亚医院。在这次事件中，奥汉隆护士长和同事把自己关到储物室里，互相传着一瓶威士忌来喝，直到风暴过去。

对危机中铸就的领导者进行分析后，科恩发现，许多领导者会借助一些"小工具、行为和策略来渡过危机"。[16]亚伯拉罕·林肯会说一些粗俗的笑话和唱歌，激进的环保主义者蕾切尔·卡森会撸猫以得到安慰。在皇家维多利亚医院，大家有着共同的目标，有彼此为依靠，偶尔还会有威士忌。

遗憾的是，其他人在压力之下得出的大多数策略和成果永远不可能达到这家医院的高度。很多公司和组织甚至连尝试都不愿意。即使尝试了，很多管理者也会不知不觉破坏团队成员的工作。有很多破坏方式是可以预见的：轻视初级团队工作的重要性；频繁的人员调动导致员工失去归属感，工作永远无法完成；频繁更改目标，导致员工白做工；不与团队保持沟通，不告知他们优先事项和思路的变化。即使是在环境最好的时候，如此糟糕的管理方式也可能会让人难以接受，更别提在面对压力和危机时这种管理方式的害处了。

糟糕的管理者带来的压力实际上可能会比援助人员应对灾难和战争的压力更大。[17]在很大程度上，这样的管理者认同伟人假设论。他们通过命令和控制管理他人，试图扮演指挥和下达命令的角色。他们认为自己是天选之子，注定要对世界产生影响。相比之下，优秀的管理者，即那些能够在成败之际发挥关键作用的人，他们能被人铭记，往往不是因为他们做了什么，而是因为他们能够让人信服，以及为他人提供了发挥能力和战胜危机的空间。对灾难应对者的研究表明，在正确的领导方式下，严重的危机可以为日后的创伤后成长打下基础。

现在，让我们来看目标感在一组特殊群体——残疾人——中发挥的作用，亘古亘今，这群人在潜移默化地利用目标感来改变世界。

创新的生活技能大师

问题：小儿麻痹症（脊髓灰质炎）的疗法、触摸屏、电动牙刷和打字机有什么共同之处？

答案：它们的存在全都归功于残疾人为克服自身限制所做的努力。

历史上最具标志性的向上突围者之一是美国总统富兰克林·D. 罗斯福。[18] 他有一句标志性的口号："我们唯一所恐惧的就是恐惧本身。"可以说，是罗斯福将向上突围的思潮带到了整个国家，但这不仅仅是因为他与生俱来的领导能力和影响力。20 世纪 20 年代初期，39 岁的他由于小儿麻痹症下半身瘫痪。经过多年治疗，罗斯福学会了在铁支架的支撑下短距离行走，尽管如此，他得一边拄着拐杖，另一边由其他人来扶着才能行走。为了改善小儿麻痹症的预防措施和治疗方法，罗斯福终身都致力于开展宣传活动和筹款，并在后来创立了美国国家小儿麻痹症基金会。

最初，该基金会由富有的捐助者提供资金支持，但这些资金根本无法满足巨大的需求。在 20 世纪 30 年代的大萧条中，小儿麻痹症对美国儿童造成的影响越来越严重，罗斯福呼吁广大民众通过捐赠硬币来支持美国畸形儿基金会（March of Dimes①），他说：

> 能够完全掌控肌肉力量的幸运儿自然无法理解，对因小儿麻痹症而瘫痪的人来说，即使是稍微减轻这种无力感，也会有十分重大的意义。这决定了患者是必须要在生活中完全依赖他人还是可以自理。一般人很难想象达到这样的效果到底需要多大的耐心、时间和费用，但对患者来说，这样的效果很重要。[19]

公众认真回应了他的深切呼吁，短时间内就向白宫捐赠了近300万枚10美分的硬币。这个筹款活动为日后的许多健康领域的筹款活动树立了榜样，而且美国小儿麻痹症基金会还在20世纪40年代为研发铁肺（人工呼吸器）直接提供资助，又在50年代资助了第一支有效小儿麻痹症疫苗的研发。

长期以来，残疾人一直在变革性创新中发挥着核心作用，但人们常误以为他们只是推动这些创新的灵感来源，而不是积极的参与者。正如残疾人权利倡导者利兹·杰克逊所说，实际上，残疾人"是创意十足的生活技能大师。因为要被迫应对与身体格格不入的世界，他们终其一生都在不断培养下意识的创新"。[20]

生活技能是指找到不起眼而巧妙的方法来解决问题或做一件事情。生活技能大师"富有技巧和创新，并能适度地运用和调整现有的建议及方案"。[21] 许多残疾人要在生活中被迫进行技能改进："他们通常是出色的问题解决者，因为不得不这么做。"[22] 大量研究表明，人们会采

---

① Dime 又有10美分硬币的意思。——编者注

用各种巧妙的个性化方法，按自己的方式解决生活中由身体障碍造成的现实、社会和政治问题。

其中最核心的是目标感。许多患有残疾的创新者在做出努力时，往往有一种坚定的信念：虽然其他人可能认为残疾是负面的，并且是伤害性的，但残疾也可以成为积极变革的源泉。罗斯福也不例外。为了缅怀他，人们在华盛顿哥伦比亚特区罗斯福纪念园的入口处建了一座雕像，刻画了他坐在轮椅上的形象，用于纪念他为美国国家残疾人组织的筹款所做出的贡献。雕像上刻着其妻子埃莉诺的一句话："富兰克林的疾病使他拥有了前所未有的力量和勇气。他不得不重新思考生活的基本方式，并学到了最重要的一课：无限的耐心和永不止息的坚持。"[23]

这堂"最重要的一课"反复出现在有关残疾人如何克服自身障碍的研究中。例如，对意大利年轻截瘫患者（他们通常因意外失去四肢功能）的研究表明，尽管意外事故带来了落差感，但是仍有很大一部分人认为这反而为他们提供了非常明确的目标和清晰的使命感，这样的目标源于他们学习适应和克服障碍的过程。[24]其中一位年轻受访者表示：

> 变得半身不遂后，我好像获得了重生。我不得不从零开始，用不同的方式学习曾经知道的一切……这需要决心、意志力和耐心……我希望未来不断改进，不断突破残疾带来的限制……每个人都必须有一个目标……我的人生目标就是不断改进。[25]

在残疾人发起的生活技能运动中，这些改进意味着需要花时间重新思考现有的工具和方法，让它们更易于使用、获取，也更实用。[26]残疾人在不断寻找解决问题的方法，在设法满足个人需求、追求和能力方面，展现了惊人的创新。

比如，有人因为手部不灵活而无法付款，他无法捏紧信用卡，去使用刷卡机。于是，他尝试在旧卡片的一个角上钻了一个小孔，然后把钓鱼线穿过去。这样一来，他只需把食指插到线圈中，就能把信用卡固定在食指和拇指之间，完成刷卡购物的操作。还有人找到了将拐杖支架安装到自行车上的方法，这样一来，在骑行结束后，他/她就能丝滑地下车走路。

这些技巧可能看似使用范围小，实则可以迅速推广。患有关节炎的建筑师贝齐·法伯提出要设计出更称手的厨具。[27]为此，她和家人在1990年创办了OXO厨具公司，在一次展览会中展示了15种产品。虽然该公司于2004年以近3亿美元的价格被出售，但其理念依旧大力鼓励改善残疾人的生活质量："我们注意到一些点，注意到了大家的痛点和烦心事……我们看到了改善产品、改进流程或对日常生活有帮助的机会，并创造出能让一切变得更好的产品。"[28]

如果你在使用电子设备阅读本书，并且通过滑动操作来翻阅页面，那得好好感谢一位有创意的生活技能大师。约翰·伊莱亚斯是20世纪90年代的一位工程博士，他由于腕管综合征而遭受着严重的重复性劳损，学习和工作能力都受到了很大影响。[29]他与导师韦恩·韦斯特曼合作，一起研发了触摸屏技术的原型，并成立了FingerWorks公司。后来，FingerWorks于2005年被史蒂夫·乔布斯的苹果公司收购，伊莱亚斯和韦斯特曼成了苹果公司的高级工程师。他们的研发成果被2007年推出的第一款苹果手机触摸屏采用，彻底颠覆了人们阅读数字信息的方式。

法伯和伊莱亚斯等身有残疾的生活技能大师采用充满目标感和创新的方式来改善自己的生活，同时也为广大受众开辟了新的可能性。他们之所以获得如此大的成功，是因为他们提出的解决方案更便利、更高效或更低价，为之前被市场拒于门外的新用户群体敞开了大门。这些产品进入大众市场后，能让更多消费者享受到最初由残疾人为他们自己而设的好处。

有时，这些生活技能大师可以创造和变革一整个行业，比如触摸屏的案例。有时，创造可能仅针对小众市场，但依旧有着非凡的意义。例如，残疾人曾积极呼吁实施无障碍技术，如在电视节目、电影和社交媒体上添加字幕，这些技术如今已经十分普及。研究表明，为弱视的人和盲人提供更易于获取和便于阅读的信息，还能让少数族裔和年长者受益，因为比起听懂口头语言，阅读文字对他们来说可能更轻松。我就与母亲争论过一起看电视时是否应该打开字幕，由此可见字幕带来的影响。

更有效地利用创造能力意味着可以更好地满足残疾患者的需求，为他们提供机会。仅美国就有 6 100 万成年残疾人，这样的创造不仅能够对个人的生活质量产生巨大影响，还有着非常庞大的市场。此外，正如前几个案例所示，扩大残疾人生活技能的规模可以产生更广泛的变革效应。实质上，这些益处可以惠及更广泛的人群。残疾人更深入地参与创新，还将有助于弥合社会上仍然存在的"正常人和残疾人"之间的差距。有人认为残疾人与正常人不同，甚至不如正常人，这样的想法导致全球的残疾人面临歧视。

化目标为实际行动

2005 年，我在非洲南部的难民营中与一个出色的组织——非洲人道主义行动（AHA）一起合作。[30] 在我的灾难应对生涯中，我碰到过许多名不副实的"英雄"，但AHA这样真正的英雄组织却常被人忽视。1994年，非洲仍处在残酷和恐怖的卢旺达种族大屠杀的笼罩之下，AHA成立了，它的定位是黑人非政府组织，最初只是卢旺达首都基加利的一支医疗团队。在成立之初，AHA召集了来自7个非洲国家的医疗专业人员，在卢旺达各地开设卫生中心，成为首个在种族大屠杀期间运作的非洲本土非政府组织。

AHA前所未有地提供了全天候急救服务和日常门诊与住院护理服务。在卢旺达取得成功后，该组织逐渐发展为一个泛非组织，专门为全球最贫困的社区提供医疗援助。

当时让我感到震撼，在之后也一直让我铭记于心的，不仅仅是AHA所做的事情，更重要的是它在所有合作国家（包括安哥拉、刚果民主共和国、埃塞俄比亚、利比里亚、纳米比亚和赞比亚）中的运作方式。AHA每天都在做着看似不可能的决策：干旱过后，是该为纳米比亚偏僻的沙漠社区提供食物还是水呢？在预算削减一半的情况下，如何持续为苏丹的达尔富尔提供服务？在已经运作一个难民营的情况下，面对营地外忍饥挨饿和急需帮助的当地人，我们该怎么做？

我认识的很多外国援助人员一般会在夜晚去酒吧喝一杯，但AHA的工作人员没有这么做。每天晚上，他们都坐在一起谈论当天发生的事情，他们经历的起起落落、恐惧和希望，还有怎么做得更好。这样的分享时而让人热泪盈眶，时而笑声四溢，不管怎样，大家在分享结束后都不会像一开始那样忧心忡忡，甚至会有些不一样的想法。可以说，在如此极端的条件下，我身边的这帮人采取了新颖、原创和进取的方法来应对艰难的处境。这些向上突围的努力被我用原始的方式记录了下来（当时我也没有完全理解这些行为）。基于这些记录，我为该组织撰写了策略方案，让组织成员能更深入地学习，并在不同的国家进行分享。我也与更多的人分享了这些经验。

回头看来，AHA 之所以独一无二、难以复制，是因为这个组织中为流离失所的群体提供支持的许多工作人员本身就是难民。这些坚韧不拔的人道主义者恰好也是那些亲身经历过危机的人。

就像急救人员、危机中铸就的领导者和身患残疾的生活技能大师一样，难民也有克服逆境的能力。证据表明，这不是先天或遗传而来的品质。研究人员曾对在黎巴嫩的巴勒斯坦难民展开一项研究，对受访者进行了长达 15 个月的详细深入的访谈，专门研究其创业行为。[31] 研究发现，难民企业家的坚韧不拔并非天赐，而是通过时间、努力和目标磨炼而成的。最有韧性的难民通过参与创业行动培养出韧性，创业行动拓展并深化了他们的社交技能，也加深了他们与其他难民以及"难民接收国"黎巴嫩的人口融合。

如果更细致地分析难民们的坚韧性，我们可以得出与危机中铸就的领导者呼应的三个品质。

（1）有大致的目标，目标既要能实现道德和物质上的追求，又要切实可行。

（2）靠自己积极解决问题的行动力。

（3）通过多种方式制定集体行动的框架，营造归属感，并采取行动。

对最成功的人来说，他们不是简单地去设定某个目标，而是亲自构建目标感。创业活动的本质就在于此。创业和目标之间是相互促进、互为因果的关系。

管理学的学者在研究其他企业家后，也发现了创业和目标之间的相互作用。有很多研究表明，成功的企业家在欲望之火的驱使之下走向伟大。对加利福尼亚硅谷的天使投资者（即投资于初创企业家的高净值个体）进行的访谈发现，目标感（即在面对障碍时仍能保持激情、行动和精力）是最能激发他们投资兴趣的因素。[32]

研究人员向同一组投资者展示了多个不同的假设性投资机会，让其指出愿意投资每个机会的可能性。结果表明，拥有更强烈目标感的潜在企业家更有可能得到投资，而且，投资者自身具有越多的创业经验，就越重视潜在被投资者的目标感。这些投资者"深知在开设潜力公司的过程中存在许多不确定性，而那些在逆境面前永不妥协的人……最有可能克服这些不确定性"。

正如难民企业家的例子一样，这种目标感不应简单地被视为企业家拥有的一种品质，它还能触发情感和激励行动。企业家不是拥有目标，而是构建目标感，目标感是他们在从事符合自我身份认同和目标的活动时最真切的感受。

同样，深夜长谈对 AHA 团队来说不是实现目标的手段，而是培养目标感的方式。目标感和意义感会促进我们采取行动。这一点同样适用于皇家维多利亚医院的医护人员和身患残疾的生活技能大师，以及致力于应对全球突发公共卫生事件的团队和组织。

这在处于急救一线的外科医生身上也有所体现，他们承受着极大的压力，却有着非常高的职业满意度。

有的医院在长期危机中找到了培养员工韧性和增加福祉的方法，恰恰也体现了上述观点。纽约一项针对一线医疗工作者的调查显示，尽管疫情对人们的心理造成了巨大影响，但是近 2/3 的受访者称，他们也因此有了更强烈的目标感和意义感。

即使是在恶劣的经济气候下成立的初创企业，它们的成功也明显与目标感息息相关。

以上进一步证明了目标感的变革性力量,即使是在最特殊的情况下也不例外。正如维克多·弗兰克尔的研究表明:"让生活变得不堪忍受的从来都不是环境,而是缺乏意义和目标。"[33]

第四章
向上突围的力量：重复的作用

进展不顺的艰巨任务

有这么一位中国药学家，她没有博士学位，没有名气，也没有在国家级重要学术机构任职的经历，却摘得了 2015 年诺贝尔生理学或医学奖，她是怎么做到的？这个事件与"阿波罗 13 号"在那次失败的登月计划任务中成功带着宇航员返航十分相似。[1]

"阿波罗 13 号"的故事家喻户晓，甚至到了被神化的地步，而另一个故事却不为人知，迷雾重重。但这两个截然不同的事件都体现了向上突围的三大要素：心态、创新和目标。第四章将汇总向上突围的三个核心要素，说明它们是如何推动个人和团队在最不寻常的情况下做到与众不同的。

这两项成就都诞生于冷战的背景，分别来自应中美的国家领导人要求开展的研究项目。1960 年约翰·肯尼迪总统宣布的登月计划最有名，取得了非凡的成就。现在，英文中的登月计划（moon shot）还有

"艰巨任务"的含义,指代需要投入大量的时间和金钱以及创新技术与思维去解决的重大且艰巨的问题。[2] 同一时代进行的另一项艰巨任务则更加隐秘,但同样具有政治性。1967年,正值越南战争焦灼之际,越南军队人数因疟疾而锐减,越南请求中国帮助寻找治疗疟疾的方法。

另一头,美国国家航空航天局的"阿波罗13号"在执行第三次载人登月任务。就在任务开始56个小时后,氧气罐发生爆炸,整个飞船一半被炸毁,宇航员失去了提供推动力和生命支持的燃料,不得不在任务中重新进入登月舱,在里面度过了令人紧张的3天。随后,数千万人目睹了宇航员在南太平洋降落。但是,受到好莱坞精神和大众造神倾向的影响,人们对这个事件是如何发生的理解,很大程度上其实是不准确的。我研究并分析了相关资料,包括对宇航员的深入访谈资料,结果表明大众对这次营救活动存在一个重大误解。这些资料也更细致地解释了三名宇航员是如何成功返航的。

接下来,我会将三名宇航员成功获救的故事与中国药学家屠呦呦排除万难找到疟疾治疗方法的故事进行对比。在"阿波罗13号"事件发生的3年前,中国开始疟疾防治药物的筛选和研究。当时的越南士兵中流传着一句话:"我们不怕美帝国主义,但我们害怕疟疾。"与此同时,"帝国主义者"也未能免受疟疾的影响——美军因疟疾造成的伤亡是直接战斗伤亡的6倍。1965年,接近一半美军(约80万人)感染了疟疾。因此,应对疟疾成了开战双方的军事重点。

美军为此投入了大量资源。由沃尔特·里德国家军事医疗中心牵头的数千名科学家研究了所有可能的生物医学治疗方法,筛选了近25万种药物。在中国开展的项目则低调得多,投入的资源也逊色得多。1967年5月23日,约600名科学家为了该项目而齐聚一堂,"523"项目因此而得名。即使在中国政府内部,很多人也不了解这个项目,只知道"523"这个代号。

这支团队一方面要努力求存,避免因为技术、人力、组织和政治等多个层面的问题导致项目夭折。另一方面,他们要在全球疟疾最为肆虐的地区、在残酷的战争中,千方百计治疗人类历史上最古老、最多发的疾病之一。接下来,我们会从这两个与压力下的表现有关的故事中,了解到成功向上突围的基本原则。我还将展示向上突围这个概念的力量,借此向大家解读这些非凡事迹的本质。

心 态

我们在第一章了解到,切换为挑战心态可以帮助消除当下的压力并克服可能的限制。在电影《阿波罗13号》中,有这么一幕:一群人就是否可能完成任务展开了几分钟的争论,此时,飞行任务主管吉恩·克兰兹(埃德·哈里斯饰演)说道:"我们从未在太空中失去过任何美国人。在我的眼皮之下,我们也不会让任何人丧生,我们的选项里没有失败"。[3] 听了他的话,同事们都沉默不语,思忖着任务的艰巨性。后来,这句话成了电影的宣传语,还成了现实中克兰兹自传的书名。

然而,实际上并没有发生这样的场景。[4] 克兰兹的原话和大家的反应与电影的描述大相径庭。50年后,克兰兹根据记忆转述了当时说的话,这些话也可以通过飞行控制中心的记录印证,他真正说的是:"宇航员快要回家了。你们要坚信这一点。你们的人也要坚信这一点。我们必须做到。"这段话看似与电影中的差别不大,但现实中克兰兹说的话让团队进入了挑战状态。相比之下,电影中的台词更可能让人进入威胁状态。事实上,控制中心的团队甚至更进一步:他们没有花任何时间思考会出现灾难。值第二班的飞行任务主管格林·伦尼（他没有出现在电影中）后来强调了这一点："如果把时间花在考虑宇航员有可能死亡上，只会让出现这种结果的可能性加大。"[5]

把注意力放在不能失败上与专注于成功是不一样的。克兰兹真正说的话非但没有让团队沉默，反而点燃了整支队伍。克兰兹的三位副手之一回忆说："所有人开始议论纷纷，各抒己见。"[6]通过对这支团队的采访可以更详细地了解团队经历了什么。在采访中，其中一名成员弗雷德·海斯说："我从未觉得我们处于毫无希望的境地。我们从来没有过这种情绪。"[7]飞行任务主管杰拉尔德·格里芬提供了不同的视角："多年后，在飞行日志中翻看那次任务的情况时，我发现自己写的字难以辨认，当时真是太紧张了。那种兴奋感到现在都难以忘怀。"[8]

另一头，中国的"523"项目疟疾小组从一开始就面临不一样的限制。作为军事机密，该研究项目不得向外界透露，在科学杂志上发表相关文章更是不可能的。[9]因此，"523"项目之外的任何人都不知道这项任务，仿佛它根本不存在，但项目内部的气氛却十分活跃。根据由四位高级领导共同撰写的一份官方报告："'523'项目成为参加研究任务的科技队伍团结协作的巨大精神动力。"[10]

与此同时，在美国沃尔特·里德国家军事医疗中心的带领下，许多生物医学研究人员开展了工作。[11]四年间，他们共筛选了21.4万种化学物质，但都没有成功。相较之下，"523"项目的资源匮乏，根本无法与沃尔特中心投入的大量人力和财力抗衡。不过，"523"项目人员采取了大相径庭的研究方法。

按照原始的项目文件记载，"523"项目需要："远近结合、中西医结合……重在创新，统一计划、分工合作。"[12]

"523"项目有两个部分——由生物医学研究人员组成的小组和屠

呦呦的研究小组，后者的任务是研究中医。在开始寻找疟疾治疗方法之初，屠呦呦就已经知道沃尔特·里德研究所进行了大量试验，且都以失败告终。与美国的投入相比，当时的中国科学专业人员紧缺，研究设备过时，在药物研究方面也没有丰富的经验。对许多人来说，这可能意味着成功的希望非常渺茫。屠呦呦后来在提到她的工作时也表示，这是在资源匮乏的研究条件下开展的研究（这也体现了她低调、不张扬的性格）。

屠呦呦转而从神话般的中医创始人神农那里获取了灵感。传说中，神农生活在公元前3 000年左右，他发明了基础农耕，深谙草药的用法，并将这些知识传授给子民。

学过中医的人应该都知道，中医学始于神农为了解各种植物的药性而尝遍百草的传说故事。对屠呦呦来说，神农是动力和勇气的源泉。"神农尚可尝百草，我们为何不能？"[13]

"阿波罗13号"和"523"项目体现的关于心态的共同启示是，无论是个人还是集体，如果能够将问题视为挑战而不是威胁，都能够走得更远。[14]

我们选择以怎样的方式看待世界和所面临的问题，决定了我们应对压力、紧张和危机的方式，这可以推动向上突围。以上例子是改变世界的伟大故事，不过，正如此前的章节所示，我们也能够在日常生活中采用相同的原则。

创新思维

汤姆·汉克斯本人似乎也是典型的向上突围者，在电影《阿波罗

13号》中,由他饰演的吉姆·洛弗尔曾说:"我们在这种情况下真正发挥了技能和才干,在几乎肯定会发生灾难的情况下,宇航员安全返航……在所有阿波罗任务中(包括'阿波罗11号'),13号成了试飞员飞行的真正典范。"[15]

试飞员的任务是对实验飞行器、新生产和改装的飞行器执行飞行任务并实时评估,其间还要做出特定的动作。飞行包线是最早的试飞用语之一,意指飞机可以安全运行的速度范围以及内部和外部条件。试飞员帮助确立了新飞机和现有飞机的飞行包线,这也是突破极限的来源,该术语原意是指要将飞行器推向新的极限。它之所以演变为耳熟能详的俗语,得益于汤姆·沃尔夫在《太空先锋》一书中记录的美国飞行员(包括早期的宇航员)测试高速飞行器的故事。

回到"阿波罗13号"持续87个小时的返航危机。在这次危机中,为了突破极限,多个团队和领导轮番上阵。这既不是短跑,也不是马拉松,而是一场接力赛。NASA局长后来说:"这彰显了真正的团队合作精神:每个成员都知道该如何完成自己的任务,了解接替者可如何进行改进。"从某种意义上说,发散思维从一开始就融入了他们。正如一位宇航员所说:"我们从来没有陷入过死胡同,这种情况从未出现过,反而源源不断地出现了各种想法,大家跃跃欲试,提出各种可能的解决方案。"尽管许多人认为在救援任务中,是危机推动了大家即兴发挥,但在那87个小时中采取的许多行动,其实早在事故发生之前就已经进行了测试和模拟。

这场危机中展现了多种创新思维,不仅因为有很多人参与其中,还因为这支团队汇聚了各种不同的技能和风格。在电影《阿波罗13号》中,休斯敦任务指挥中心的克兰兹和航天器上的吉姆·洛弗尔是同类型的领导者,他们在电影中互相映衬,这要归功于二人拥有的共同特质：理性、激励他人和追求结果。但在现实中，是不同类型的两位领导者造就了这次的成功。一位是航天器技术专家克兰兹，他是负责初始阶段工作的最佳人选，因为在危机的初始阶段，每一秒都有设备出现故障，而且需要逐步进行重新配置来维持系统运转；另一位则是飞行动力学专家伦尼。用 NASA 局长的话来说，克兰兹出现在正确的时机，做出了快速的决定；在伦尼接手后，情况趋于稳定，他成了整个控制中心的定心丸，促使大家做出正确的决定。

克兰兹和伦尼的配合充分说明了多元化的重要性，这种多元化也体现在伦尼的具体领导方法中。耐人寻味的是，这些情节没有在电影中再现，任何对这个故事的主流重述也没有提及。

肯·马丁利是任务控制小组的成员，当初要不是因为体检不及格，他原本可以登上"阿波罗 13 号"飞船。他中肯地描述了格林·伦尼是如何发挥领导力，促使团队接受摆在眼前的新问题，然后采取与众不同的方法来解决问题的：

> 那时，他们在交接。格林·伦尼走进来，他展示了我见过的最有魅力的个人领导力。大家当时感到困惑，而不是混乱，成员们虽然都接受过严格的训练，但这个危机显然超出了他们的经验范围，而且是真切存在的，我们当时不清楚该怎么做。伦尼来了，跟他交班的克兰兹还没走。我的意思是上一班的人都还在，所以我们多了几个人，他们开始讨论。伦尼站了起来，用平静的方式处理问题。伦尼与克兰兹的说话方式非常不一样。克兰兹干脆利落，有时还很大声，而伦尼则安静惬意。他四处走动，向大家提问，我的感觉是，他的问题跟眼前的事情虽然有些关系，但不是特别重要的问题，他走遍了控制室，向每个人提问，等待他们回

答。突然，在那么一瞬间……我感觉，他问的是什么问题其实并不重要。这些问题可以让你把心思放在有用的事情上，然后一切都会迎刃而解。我们可以感觉到整个房间几乎都定下心来。大家虽然仍有各种情绪，但一下子，我们仿佛回到了接受训练时那支专注无比的队伍。[16]

回到疟疾项目上。就像阿波罗任务一样，疟疾项目其实也是一种接力赛，从两支团队间的思想交流和任务分担上就可以体现出来。大家清楚地知道，两个团队各司其职，但需要定期交流。[17] 第一支团队（生物医学团队）负责对可能的药物、植物和草药进行筛查，以化学方式分离植物中的特定活性成分，然后合成，进行试验。第二支团队即屠呦呦团队则有两项任务：筛查古代医学典籍和找出在中国各地使用的传统疗法，这些疗法往往受到严密保护。

他们分析了两千多种中草药制剂，其中 1/3 有潜在的抗疟特性。[18] 为了确保研究不中断，两个研究小组间相互分享研究结果。他们对提取物进行试验，并反馈相关信息，以便在进行更多基础研究时参考。得益于这种高度协作的方式，两个通常泾渭分明的医学领域之间不断进行交流，最终取得了进展。正是基于这样的协作，"523"项目将其相对于美国的大量投入所面临的劣势转化为优势。

屠呦呦及其团队在中国古代手稿中查阅可能有助于战胜疟疾的成分。《肘后备急方》历史悠久，他们从中发现了将甜艾蒿（又称黄花蒿或青蒿）用于治疗疟疾的记载。在南京地区开展的社区研究也证实了这一点，该研究发现这种植物可以用于预防和治疗疟疾，当地甚至还流传着与该植物用途相关的谚语。

虽然对最初的试验抱有很大期望，但植物学家煮沸草药，使用由此产生的混合物等尝试全都以失败告终。屠呦呦重新翻查典籍，发现了以下服药方法："青蒿一握，以水二升渍，绞取汁，尽服之。"她意识到，植物学家使用的萃取方法（即煮沸植物）可能是问题的根源。屠呦呦用乙醚进行了低温提取，果然取得了良好的抗疟效果。这个有效的活性成分就是后来大家熟知的青蒿素。

在确定青蒿素的有效性后，两支团队通力合作，确保了以创造性的方式不断调整，使得试验和合成过程能够克服诸多限制，取得成功。以下是官方的项目报告：

> （屠呦呦所在的）研究所在提取青蒿素上苗头很好，随后又遇到困难和挫折……云南省药物研究所起步虽晚，但进展顺利，接手之后又往前快跑。如果没有前后两个单位的参与并取得顺利的进展，青蒿素的研发可能夭折或至少要推迟若干年。[19]

这个例子表明，要完成向上突围，摆正心态后的下一步就是以创新的方式进行思考和采取行动，以全新的方式看待问题和付诸实践。不能像美国那样依赖既定的理解和方法，而要像最具创新的建筑师一样，"挑战已知的世界"，保持好奇心，勇往直前。改变我们的思维方式并不容易。但是，如果在压力之下转变思维方式，不仅能产生应对新问题的方法，还有助于在面对类似压力时加强我们的韧性和信心。

目标感

根据好莱坞对"阿波罗 13 号"救援期间任务控制中心的叙述，英勇的领袖至关重要，由飞行任务主管吉恩·克兰兹领导的精英团队起了关键作用。"我们的选项里没有失败"的豪言壮语体现了这一点。

在如此高风险的情况下，人们确实会倾向于采用命令—控制的工作方式。

现实中，克兰兹所做的其实是给年轻的团队成员放权，让他们全权负责自己的专业岗位。

他将自己的领导方法形容为："关键在于说服人们，大家拥有足够的聪明才智和敏锐度，作为团队，我们有能力应对不可能的情况并从中恢复过来。"[20] 授权和尊重团队的专业知识必不可少：这个任务控制中心会寻求团队的建议，但不会在事后推翻和批评这些建议。作为成员之一的肯·马丁利评价道：

> 我们没有分心的余地，没有政治操纵的余地。你的个性如何不会造成任何干扰。我不关心是谁提出了正确的答案，只要答案正确就行，无论是新来的还是退休的人，只要有解决问题的答案，都会得到认可和赞赏。这种工作氛围（在别处）并不常见。[21]

尽管进展较为缓慢，但抗疟研究团队也展现了类似的坚韧精神。正如其中4位高层领导者所撰写的"523"项目官方报告所载：

> 每个人都负有责任感，焕发出极高的工作热情，成员的聪明才智得到充分的发挥，不论是在城市里的实验室还是在山区农村的试验现场，大家团结一心，听从召唤，不畏艰险，排除种种困难……投入了自己的全部精力。[22]

到 1969 年，"523"项目团队已经研究了数千种潜在药物，但仍然一无所获。沃尔特·里德中心的工作也未能取得重大进展。就在这时，中国中医研究院受命加入"523"项目，屠呦呦被任命为中药抗疟组组长。

屠呦呦在"523"项目上的工作始于对海南进行的为期 4 个月的考察。当时，屠呦呦对当地儿童面临的困境动了恻隐之心。她后来说："我看到很多疟疾晚期的孩子，他们很快就死了。"对疟疾患者产生的同情和对抗疟事业的追求，让屠呦呦不得不牺牲自己的家庭。丈夫被下放到农村，作为女儿唯一监护人的她却不得不将孩子寄养在托儿所长达 6 个月，以至于从海南回来后，女儿已经不认识她了，甚至拒绝离开托儿所跟她回家。屠呦呦后来提到："工作是最重要的，我绝对愿意牺牲个人生活。"[23] 再次见到家人，是 3 年之后的事情了。

屠呦呦的坚韧精神与新药物化学合成的首席研究员周义清十分相似。后者亲身上过战场，与士兵们一起穿越过胡志明小道，在热带经历过枪林弹雨。周义清曾回忆，最让他困扰的是身患疟疾的士兵"乞求我拯救他们的生命……我却无能为力"。[24] 研究员们的这些经历让他们坚定信念：一定能找到治疗方法，必定会找到。

但即使已经确认了青蒿素并发现了它的积极效果，问题仍然存在。当时大多数制药实验室都关闭了，研究员们没有制药设备。屠呦呦团队不得不在家里使用缸、锅和盘子自行提取活性成分。由于缺乏适当的设备和通风条件，大家的健康开始受到影响，但他们没有放弃。屠呦呦在回忆这段时期时说："这是项目最具挑战性的阶段，非常辛苦和乏味，尤其是当你面对一个接一个的失败后。"[25]

最后，研究员们面临跟"阿波罗 13 号"任务一样的戏剧性关键时刻：青蒿素是否对人体无害仍然存疑。他们只剩下几周时间来确认，因为疟疾季节即将结束，如果无法于这段时间内在安全和符合伦理的情况下试验青蒿素，他们就必须再等待整整一年。于是，屠呦呦和两位同事写信请求所在机构允许给他们一周时间，在密切监督下自行试验青蒿素提取物。在证实不会产生不良反应后，他们将该药物用于感染了疟疾的海南工人身上。这些感染者的症状在短短两天内就消失了。这样的结果，足以说服大家开始投入精力去试验和合成青蒿素。屠呦呦后来说："我们渴望尽快为患者提供药物，这是我们真正的动力。"[26]

"阿波罗13号"任务和"523"项目都表明，前所未有的高压状况可以促使人产生共同的目标，培养坚持不懈的精神和韧劲。如第三章所示，要让人深度投入工作中，最重要的是给他们机会，让其可以在有意义的工作中取得进步。限制和挑战反而能帮助人们在工作中找到意义，并且产生责任感。这对个人来说意义非凡，人们会变得更投入，内在动力更强大，参与感更强。

"没有很意外"

"阿波罗13号"成功得救的故事家喻户晓，以至于在口口相传中染上了神话的色彩和不准确的地方。而屠呦呦的事迹何尝不值得准确地传播，让更多人知道呢？

就纯粹拯救了多少生命而言，两者没有可比性。阿波罗救援任务的结果是让三条生命获救，并且可能在紧急返航事件后拯救了更多人的职业生涯。人们从这个事件中吸取的经验对后来多个太空计划都产生了连锁式的影响。相比之下，2018年，全球有214亿人获得了基于青蒿素的疟疾治疗。[27] 得益于屠呦呦的发现，疟疾重症的死亡概率已从 1/5 下降到 1/10。根据伦敦卫生与热带医学院的数据，总死亡人数已经减少了 75% 以上。根据世界卫生组织的数据，以绝对数字计算，全球疟疾死亡人数已从 200 万降至 2017 年的 43.5 万人左右。[28] 放眼人类历史，很少有人（也许不超过 10 个）能名正言顺地称自己拯救了超过百万人的生命，屠呦呦就是这少数几个人之一。

2011 年，拉斯克基金会授予屠呦呦临床医学研究奖，将她发现的青蒿素疗法评价为"过去半个世纪中最重要的药物干预法"。[29] 2015 年，屠呦呦摘得诺贝尔生理学或医学奖，成为第一位获得诺贝尔科学类奖项的中国本土科学家，尽管她没有博士学位、医学学位或在中国以外的工作经验。

屠呦呦平时极为谦虚，但面对这个荣誉，她罕见地说道："有点儿出乎意料，不过也没有很意外。"[30]

心态、创新和目标有助于我们在压力下获得颠覆性的表现。这三个要素之间相互作用，形成了良性的向上突围循环。

我们从皇家维多利亚医院的例子中看到了向上突围，但贝尔法斯特的其他医院却无此踪迹。

我们在开普植物区上演的关于早期人类幸存和创新的精彩故事中看到了向上突围的迹象，而在其他未实现这种繁荣的早期人类群体中却迹象全无。

我们从某些企业家的行为及长期表现中看到了向上突围，但其他人却悄无声息。

我们还可以在自己的生活中，在与其他人的对比和各种经历中，看到向上突围的例子。

向上突围并非自然发生的，它是一系列重复的行为，随着时间的推移，会变成根深蒂固的习惯、思维和与人相处的方式，并最终演变为一种生活方式。

在第一部分，我为大家提供了一张向上突围的"地图"，供大家研究上面的"地形"，了解在这张"地图"上留下足迹的旅行者。

接下来，你会进一步了解到在关键的实践阶段会发生什么。

第二部分

向上突围的类型

引 言

在第一部分，我们了解到自人类出现以来就一直在向上突围。在这个过程中，我们总能找到克服和应对压力的方法。危机往往能够激励我们超越局限，克服习惯带来的惯性，承受质疑常规做法带来的压力以及突破根深蒂固的先例。正如我们所见，考古学家越来越认为这不仅是人类的重要特征，也是决定性特征。在过去，变压力为增长和变革的催化剂让人类得以发展，现在也是如此。

然而，虽然有大量证据和例子证明了这一点，但是很多人仍然生活在对压力的恐惧中。他们所做的不是去摆脱压力带来的阴影并不断成长，而是将压力视作威胁、恐惧和焦虑的源头。这不仅会适得其反，还是不健康的。我们应该也能够改变自己对压力的看法，采取"没有压力，就没有动力"的态度。本书第一部分已经阐述了向上突围背后的科学原理，它涉及神经科学、生理学、个体心理学和集体行为；解释了能让向上突围者从危机的深渊中产生动力的三个要素，即心态、创新和目标。

基思·贾勒特、萨利机长、贝尔法斯特皇家维多利亚医院医护人员等的经历深刻表明了向上突围的各个要素，以及支撑这些要素背后的科学和研究。"阿波罗13号"救援和发现了治疗疟疾方法的"523"项目也向我们展示了如何将这三个要素结合起来并发挥作用。

在第一部分中，我们还看到人们以不同的方式进行向上突围。没有放之四海而皆准的一套方法，而是因人而异，方式取决于每个人解决问题所具备的独特技能和风格。凯塔琳娜·林采尼奥娃花了数不清的时间来想象和完善每一次三分钟的潜水过程，一旦她打开主控开关，就可以开始向上突围。屠呦呦融合了传统医学与现代医学，（重新）发现了治疗疟疾的古老疗法。凯特·奥汉隆护士长的热情与价值观使她能够管理并引导周围的人发挥创新和能力，在长期的冲突中解决了看似不可能完成的任务。

以上例子其实只展示了向上突围的三种人格。接下来，我们将在第二部分探讨所有的六种人格。

第一种人格是挑战者，他们往往是擅长有建设性地去颠覆现状的人。罗莎·帕克斯和格蕾塔·通贝里作为抗议领袖就是典型的挑战者，在日常工作和人际关系中积极寻找新的工作或教学方法的人也是如此。

第二种人格是匠人，他们致力于研究社会、物理和工艺流程并进行试验。典型的例子是托马斯·爱迪生对电灯泡灯丝进行一万次试验后最终获得了成功，这是一个标志性的例子。匠人不仅仅是有创新的思考者，还是有创新的出色修补匠，不断地进行调整，戳戳这里，探探那里，致力于拆除、重建、测试和改进。匠人会把世界当作他们的实验室。

第三种人格是整合者，他们致力于将来自不同领域和方向的思想相融合。莱特兄弟"发现"飞机的方式就是整合型思维的完美例证，他们观察到了鸟类的飞行规律,并将之与自行车产业的创意结合。一些最重要的向上突围发生在不同领域、学科和部门的交汇之处,而整合者是能够轻松跨越这些领域的人。

第四种人格是连接者,他们致力于在不考虑社会等级的情况下在不同类型的人与人之间搭建桥梁和网络。连接者的能量来自结交新朋友以及弥合社会网络中的鸿沟。每次你跟别人说"太巧了"的时候,也许就归功于连接者。美国独立战争中的重要人物保罗·里维尔就是著名的连接者。

第五种人格是确证者,他们在证明新想法有效的过程中发挥着重要的作用。例如,天才数学家凯瑟琳·约翰逊带着对数据的渴望和对分析的兴趣,计算出第一次由美国宇航员执行的地球轨道、登月任务以及"阿波罗13号"宇航员的返航路径。这项任务十分重大,依赖于她采取严谨的方式对NASA航空工程师的猜测进行反复的测试。确证者致力于推动自己及他人产生逻辑和批判性思维。

第六种即最后一种人格是指挥者,他们致力于协调不同思维来实现变革。亚伯拉罕·林肯在整个职业生涯中展示了作为指挥者的能力,并利用自己独特的能力推动、催生了变革。他搭建的内阁的第一批成员可谓是彻头彻尾的"由互相敌对的个人组成的团队",是拥有不同观点的聪明人,他们不仅互相挑战,还挑战林肯。这其实是一种经典的指挥者策略。体育经理甚至学校教练通常也会采取相同的方式来搭建夺冠团队。指挥者能将具有不同技能和个性的人齐聚,实现共同的目标。

战争和灾难中采取的人道主义行动总是迷雾重重,同时又反映出人的本能。正是从这些行动中,我首次观察并记录了上述六种向上突围的人格。

在与我共事的人之中，有的人似乎能在面对充满压力的危机时变得更加强大，有的人则相反。但随着与形形色色的人一起开展灾难应对工作，我在经过大量观察之后了解到，这些不同的行事风格其实并非天生。通过练习并靠近六种人格中自己倾向的一种或多种人格，我们就可以在向上突围中做得更好。

就像历史上经过危机锤炼的领导者一样，我的同事在压力中逐渐形成了一些工作方式。随着时间推移，这些方式成为他们的习惯，并且可以重复进行。

早在深挖和确定向上突围背后的科学原理之前，我就已经研究并记录了向上突围的艺术，该艺术可将我们在压力之下的表现分为六类。

本书第二部分旨在实现两个目标。首先，我想讲述不同类型的人如何向上突围，不仅包括他们做的事情，还包括他们的感受，我会总结一些建议和技巧，来帮大家尝试以不同的方法实现向上突围。

我希望可以通过这些内容促进大家理解向上突围的艺术并进行内化：找到各自处在六大人格中的位置，思考我们的本能可能会偏好或习惯性地发展为哪种人格。我希望借此让读者认识到自己的优点并在此基础上不断发展。也许，我们还能在这个过程中消除一些盲点和偏见。

其次，在探讨这些人格以及它们在人类活动的方方面面和历史中的显现时，除了个体层面，我也希望带来更多的可能性，帮助我们通过向上突围的理念转变思考方式，以不同的方式解决生活、工作、社会乃至整个世界出现的问题。

第五章
挑战者：向上突围者如何改变规则

肯定有更好的办法

关于创新，最著名的一句话通常被认为出自亨利·福特之口。据说，他曾说："如果问消费者想要什么，他们只会想要一匹更快的马。"这句话载入了商业思维的史册，表达的是福特认为顾客和用户并不知道自己真正的需求，需要依赖颠覆性的领导者才能打破现状。

不过，极具讽刺意味的是，在过去50年的国际危机应对中，最具颠覆性的创新之一来源于创新者决定骑马而不是开车。

1985年夏天，一位叫作史蒂夫·科林斯的爱尔兰年轻医学生成功说服医学院批准他休学一年，去乌干达公共医疗部门实习。那年夏天，史蒂夫·科林斯的足迹遍布非洲各地。有一天，他到了苏丹西部边境达尔富尔地区，这个地方不久前全面爆发饥荒。几年后，他是这样描述那段经历的：

我意识到，不能在这场饥荒中袖手旁观。所以我前往难民营，主动为他们提供帮助。他们需要有人走访沙漠周围的村庄，我答应以步行的方式进行走访。于是，我开始穿越沙漠，第一天走了15英里才到达最近的村庄。[1]

每到一户家庭走访，科林斯都会获赠酸啤酒，由当地盛产的高粱谷物和海枣发酵而成。几个小时后，科林斯便在灼热的天气中醉倒了。在任何工作环境中喝醉都不太好，更不用说在撒哈拉沙漠边缘了，这可能会酿成以生命为代价的大错。幸运的是，科林斯的新上司找到了他并建议他骑马穿越沙漠。

科林斯改变了前往乌干达的方式。他花了9个月的时间骑马穿越了达尔富尔的村庄，竭尽所能地帮助当地社区度过困难重重的旱季。正如他后来所说："在苏丹，我意识到营养是一切的根基所在。如果孩子在2岁内未获得充足的营养，大脑就无法正常发育，人就无法获得学习的能力。"[2]更重要的是，他还了解到营养学在某些方面与我们通常所理解的知识大相径庭。科林斯之所以意识到这一点，不是因为经验丰富的同事或内容翔实的课本，而是因为他骑马了。

我想起了在斯里兰卡内战的深渊中告别祖母时的场景。我跟她说，到18岁，我要开着白色的路虎回来把她接走。只要与援助工作者打过交道，都知道这种汽车会让人产生的巨大联想。这不仅是一种交通工具，还象征着金钱和权威。科林斯骑马的举动表明他放弃了这样的象征。

有一天，我和科林斯在爱尔兰西南部科克城郊外的农场一起俯瞰山丘。他跟我说："穿着长袍，戴着帽子骑在马上，我就可以自然而然地与任何人交流，获得不同的视角。"从这些交流中，他了解到援助者对饥荒、面临的问题和解决方案有着固执的看法。"最突出的一点是，不论我们认为自己有多专业，只有从社区的角度看待问题，我们才能改善营养问题。"事实上，许多援助行为是强加在被援助者身上的。

后来，科林斯获得了医学学位，被派到牙买加实习。医院紧邻热带代谢研究小组，这是一家成立于20世纪50年代的机构。当时，在西印度群岛，5岁以下儿童的死亡率和营养不良率与撒哈拉以南的非洲部分地区一样高。科林斯在当地有了一些宝贵的人脉，并通过实地考察加深了对营养学的了解。几年后，也就是1992年，科林斯成为爱尔兰的非政府组织关注世界的志愿者，被派往索马里去应对有史以来最严重的饥荒。与20世纪80年代登上头条新闻的埃塞俄比亚饥荒不同的是，索马里不仅有儿童在饥荒中夭折，还有很多成年人失去了生命，没有人知道为什么。有人可能还记得，当年新闻报道和照片中展示的那些面黄肌瘦的人震惊了全世界——照片中的他们，只剩下皮包骨。

科林斯负责管理的专科医院专门治疗严重营养不良的成年人，这也是自第二次世界大战以及贝尔根-贝尔森和奥斯威辛集中营解放之后约40年来，全球首次建立这样的专科医院。建立专科医院是值得的。要知道，科林斯治疗的患者比贝尔根-贝尔森集中营解救的囚犯还要瘦20%，体重指数低于所有现存人类中所记录的最低水平。

现在听起来可能有点儿奇怪，但当时是1992年，大多数工作都没有普及计算机的使用。在一位朋友的建议之下，科林斯带着一台笔记本电脑来到索马里。他惊讶地发现，几乎没有关于当前事件的任何信息记录："营养中心的项目人员并未收集任何数据，而是忙于提供各种服务。这让我意识到，迟迟未有进展的主要原因就在于此，所以我开始收集所治疗的所有成年人的相关数据。"[3]

凭借牙买加热带代谢研究小组同事的技术和知识,科林斯收集、分析了数据,并使用这些数据改变了患者的饮食。最终,劳累的他甚至不得不为自己订购营养品以及糊状食物和配方。他钻研的数据法取得了成功,将死亡率从 3/4 降低到 1/5,尽管这个数据仍旧令人痛心,但情况已经有了根本性的进展。

他的成果没有被埋没。他随后在权威期刊《自然》上发表了论文,展示了康复的患者表现出了惊人的饥饿适应水平,他们的体重指数降至 $10kg/m^3$ 以下。[4] 为此,科林斯获得了英国女王伊丽莎白二世授予的国家荣誉。不到 30 岁的他,收到多个遭受饥荒的地方建立类似治疗中心的邀请。一夜之间,他成了专家。正如他所说:"实际上,我知道的只是一些皮毛,但其他人却是对此一无所知。"

随后,有一场危机愈演愈烈,并导致了悲剧。1996 年,利比里亚处在残酷的内战中,科林斯在那里建立了营养中心,吸引了众多急需帮助的家庭。但人数过多,因此他无法以所需的速度为每个需要帮助的人提供治疗,等候治疗的队伍越来越长,这些人甚至在科林斯的营养中心周围建立了非正式的居住点。尽管科林斯在建立医院时进行了必要的水质测试,但医院周围的简陋救援棚屋缺乏设施来确保安全和卫生。霍乱疫情暴发,在医院周边扎营的这些人开始生病甚至死亡。接着,医院一名员工也染了病,将霍乱传播给了患者。死去的人越来越多。有一个小女孩喝了被感染的治疗用牛奶,病情非常严重。尽管绝望的科林斯不顾呕吐物和感染风险,对她进行了人工呼吸,最终还是没能把她从鬼门关拉回来。

科林斯不免感到极度沮丧和愧疚。他由于极度内疚和创伤后应激障碍陷入了抑郁,花了好几个月才恢复过来。他曾跟我说:"我应该是熟知这一切的专家才对,但我搞砸了。"后来,他回到牙买加,买了一艘古老的海盗船，花了几个月的时间翻修，然后住了进去。这种休息和恢复十分有用，但总有一个想法萦绕在科林斯心头，那就是"肯定有更好的办法"。确实是有，我们会在本章后文中看到这个办法到底是什么。为了找到答案，科林斯不得不推翻了半个世纪以来的营养知识，与当时主导的援助机构唱反调，甚至开始质疑自己所学的专业知识。凭借在苏丹早期的经历和经验，他成了一名"挑战者"。

颠覆性的创新者

我们从第一部分了解到：面对压力时，在认知上有必要保持开放的心态。向上突围包括以下特征和行为的结合：重构压力的心态，拥抱创新和新颖的方法，以及有强烈的目标感。其根本在于利用压力，而非管理压力。我相信，向上突围是所有人都可以采用并有潜力实现的一种路径。不过，这是一条少有人走的路。其中一个原因在于，大多数人在面对压力、紧张状况和危机时，倾向于坚守已知的方法。

这一问题的部分原因可以用大脑的物理学和生物学，以及大脑有强化心理偏见的倾向来解释。我们的大脑平均使用约20W的电力，和普通白炽灯泡差不多。[5]虽然看似不多，但大脑作为一个约占体重2%的器官，却消耗了总能量的20%。大脑需要的能量这么多，并不意味着大脑贪得无厌。恰恰相反，我们的大脑一直在设法使用更少的能量和更高效的方式。为了实现这一点，它采取的一个主要方式是不断重复。

我们几乎有一半的行为是在复制过去的经验，而且我们不怎么关注这些行为是否理想或可取。[6]为了提高认知效率，我们采用各种各样的快捷方式行事。有时，这些快捷方式很有用，可以称为启发法。但是，它们有时可能只是习惯性的，更应该称为陷阱。

我们的社会在不断强化这种生物特质。毫无疑问，构成我们的不仅仅是湿软大脑中交织的神经元，事实证明，制度和规范会导致我们抗拒创新。在我们的认知中，违背规范不仅会降低效率，还难以被社会接受，所以"人类一般倾向于追求一致性和保持现状，而不是探索和采取新的行为"。[7]

社会团体的本质是协作，也就是要在具有可预测性和一致性的前提下开展工作，从而降低风险和尽可能减少错误。这一点无疑很重要，但新想法的产生往往与此背道而驰：新想法往往不可预测，具有风险，并且容易失败。尤其是在危机最为白热化的时候，有很多人往往会固执于"在错误的方向上努力做得更好"。即便我们也许已经意识到面临的问题不是钉子，但只要手握锤子，更容易也更省事的做法就是直接用现成的工具——锤子来解决所有的问题。认知效率和社会接受度都是我们可能会掉入的陷阱，虽然这能使我们看起来并非一无所知，却让我们无法逃离。

这就是挑战者对整个向上突围的过程如此重要的原因。通过回顾前文提到的向上突围过程中大脑的活动模式，我们了解到思维作为"软件"是如何影响大脑化学成分这个"硬件"的。我们还了解到大脑中有三个系统——支撑创新和同理心的想象力系统、促进感知和意志力的显著性系统、加强专注力和决策的执行系统，以及这三者在我们进行发散思考时是如何协作的。有证据表明，在挑战者的大脑中，这些是协同工作的。神经科学家格雷戈里·伯恩斯深入分析了从视觉艺术到科学等不同领域的挑战者的大脑。[8]他发现，挑战者最重要的特征是能发现或构思替代方案，他们不害怕社会的评价，或者说他们不介意被拒绝。挑战者是那些已经学会如何摆脱效率和社会接受度陷阱的人。

挑战者在遇到障碍时不仅不会放弃，还会寻找其他前进的途径。其向上突围结合了克服压力的心态与寻找其他思考方式和行动方式的创新，从这个意义来说，挑战者是整个向上突围过程的催化剂。他们是反对偶像崇拜者。

历史上，反对偶像崇拜者是指愿意将传统的偶像付之一炬，去设想新的可能性的人。这些偶像可以是实物，如《圣经·旧约》中被烧毁和破坏的假神或雕像，也可以是概念性或象征性的。我的同事玛吉·博登是萨塞克斯大学一位杰出的认知心理学家，她认为挑战者或颠覆性的创新者无惧于质疑游戏规则。[9]他们反而因为质疑变得更强大。他们会反复询问"为什么"，而不是一味遵循最省力的解决路径。比如，他们会设法调整现有规则，放弃旧规则或增设新规则。

那又是什么推动挑战者在面对压力时去改变规则呢？我们又可以从中学到什么呢？为了找到答案，我想从一项活动说起。它没有被载入创新的史册，是大多数人可能认为与创新最不相干的行为——日常通勤。

你上次尝试新鲜事是什么时候

全球有一半以上的人口住在大都市或大都市附近，如果你也是其中的一员，则有可能会持有某种交通卡。过去的交通卡是采用手写编码的一张卡片。而现在，很多交通卡是电子形式的，能够让你在城市之间甚至是整个国家以无接触的方式实现通行。这不仅更高效，还累积了大量的数据，可以用于不同层面的分析。你每次进出交通网络中的一个站点都能形成数据点，一进一出两个数据点就相当于完成一次完整的旅程。把这些数据当作一个整体，我们就拥有了一个日常数据宝库，可供我们去挖掘有关人类行为的秘密。你可能认为，出行数据无法揭示详细的情况。但实际上，智能交通卡的数据具有庞大、连续性和全面的特征，因此有着非常独特的价值。

只要找对了方向并使用合适的工具，我们就可以通过这些数据了解人们使用交通工具的方式和时间：流动的规律、首选的起点和目的地，以及不同出行者的行为，包括每日都需要通勤的上班族和不常使用交通工具的人。对我们而言最重要的是，通过这个大数据集，我们可以深入了解人类的习惯和选择，以及影响这些行为的因素。是记者蒂姆·哈特福德让我首次注意到了这些数据背后的潜力。[10]他曾记录了牛津大学自2016年以来开展的一项研究，该研究展示了突发事件对通勤者习惯的影响。

这项研究在规模及结果的精确度方面都可圈可点，它收集的数据涉及在2014年2月为期2天的伦敦地铁大罢工期间通勤者的应对方式。[11]在这两天，多个地铁站关闭，60%的通勤者无法进入他们平常乘车的车站，只有50%左右的人能够在平常的终点站出站。这意味着大部分通勤者得尝试和探索新路线。牛津大学的研究人员将该事件当作一次强迫性实验，他们很想了解这个实验带来的影响。

研究人员特别想研究罢工如何改变人类行为，以及罢工之后产生了哪些持续性的影响："待2月7日所有车站重新开放时，人们是否会重新采用原来的路线，还是说，会有一些人继续使用在紧急情况中挖掘的替代路线？"这个问题很重要，因为通勤者通常会认为出行本身是一个相对消极的行为，且许多人会将出行体验与整体的生活满意度相联系。因此，大家可能会假定伦敦地铁的用户实际上没有什么可以改进的：为了减少消极的影响，地铁罢工之前的通勤路线理应是最优化的。然而，实际却并非如此。

对于相当一部分通勤者来说，罢工事件促使他们开始尝试去做更多新颖、有趣和有用的事情。总的来说，几乎有6%的人找到了更好的上班路线。人们很好地适应了罢工带来的影响，在罢工期间，他们只比平常花了稍微长一点点的出行时间：在罢工日，平常需要30分钟的旅程平均需要32分钟完成。

研究人员在研究罢工对交通网络的整体影响时还有一个更吸引人的发现：在那次罢工中，伦敦所节约的成本超过了其因此而承受的经济损失。这归因于那些做实验的通勤者：有几千名通勤者成了挑战并改变原有行为的向上突围者。

这是为什么呢？在习惯心理学方面领先的研究人员温迪·伍德认为，我们不喜欢把太多精力放在思考上。[12] 上班路线之类的事情会变为一个习惯，我们甚至不会对此进行思考，不过是根据四周环境给予我们的提示做出反应罢了。这有点儿像巴甫洛夫的狗在听到铃声时流口水的状态，位置、时间、心情和人都是一种提示，触发我们采取自动的无意识行为。这些环境提示通常有助于保持现状，抓住了我们的注意力，自动引发习惯性的反应。在正常时期，即使很多人面临重要和高风险的情况，他们也往往不会尽可能地去探索和创新，而是依赖习惯和过去的经验来指导行动。用研究人员的话来说，通勤者"因为开展的探索过少而被困在次优决策中"。

但是，如果能改变这种提示系统，比如因罢工而改变，我们会被迫把更多的精力放在思考自己的行为上。正如哈特福德所总结的："有时候，阻碍我们前进的事情可能会促使我们环顾四周，去发现早就存在的更优路线。"[13] 用经济学来比喻的话，就相当于有10美元钞票掉在地上无人问津，通勤者在罢工的时候才注意到它的存在。

事实证明，通勤者不是唯一会在压力的驱使下进入挑战者思维状态的人。有研究习惯的心理学家在研究重大人生事件对行为的影响后发现，大的颠覆性事件可能会导致习惯变化。其中，有研究人员为近期搬家的 800 户家庭提供了减少碳足迹的新方法。研究发现，与早就定居的家庭相比，新迁入的家庭更有可能采纳新方法。

通勤研究人员还对荷兰警察的一次罢工进行了研究。[14]2015 年 8 月，由于荷兰警察罢工，警方未能派出警力到荷兰职业足球联赛的比赛中维护球迷秩序。有些比赛因此而取消，有的比赛则照常举办。令很多人惊讶的是，如期举办的比赛全都和平结束了。当局意识到，这样的活动未必需要警方到场，因此能够节约大量成本。研究人员感到困惑，为什么人总是在外部事件的施压下才会触发这些有益的变化？我认为向上突围过程至少可以为回答这个问题提供一个思路。但这背后其实还有另外一个值得探讨的问题：为什么只有约 6% 的人会在面临压力和限制时采取创新的解决方案？

原因显而易见：并非所有人都属于挑战者，并非所有人都能在面临压力时打破常规。这到底意味着什么？挑战者与普通人有何不同之处？认知心理学家加里·克莱因的研究可以给我们带来一些重要启发。[15] 他专门研究顺其自然的决策，这不是我们想要的决策方式，而是我们实际的决策方式。他用 10 年的时间收集了有关如何产生新想法的数据，也就是那种灵光一闪的顿悟时刻。他不仅关注创新的解决方案，还花了很大的心血来研究被他称为"双生情境"的情况：在这些情境中，有两个人拥有同等的信息和资源，可以说是一模一样的"双胞胎"，但其中一人有创新性的洞见并能充分利用这个洞见，而另一个人则未能做到。

克莱因引用美国紧急事故应对史上的一起著名事件生动阐述了这

一点。1949年8月，蒙大拿州海伦娜国家森林的曼恩峡谷发生大火。一群空降森林消防员带着设备跳到熊熊燃烧的区域中。最初，人们认为这是一场短暂的火灾，差不多到第二天上午10点就可以将火势控制住。但由于严重误算，消防员不但没有遏制住火势，反而陷入了危险之中——熊熊的野火扑向了他们。

灭火队队长瓦格纳·道奇在电光石火之间做出了一项激进的决定。他没有试图逃离在背后熊熊燃烧的大火，而是在干草地上开始点火。他点燃的火苗沿着山坡开始燃烧，反而为他开辟出一条安全的隔离带，因为这一带的植物被烧完，下方的大火扑上来时就没有植被可烧了。道奇随后扑灭自己所点的火源余烬，沿着余烬的方向匍匐而上，最终奇迹般地与周围肆虐的猛烈大火隔绝开来。但是，他的队员不愿意这么做，他们还是想设法逃离大火。除了有两人因找到了可以攀附的岩石而幸存，其余消防员全都葬身火海。

也就是说，那天的16名消防员中，只有约18%幸存。道奇因为自己采取的行动而成为少数幸存者之一。我不认为这是巧合。通勤者在被动中实现了按时上班，道奇则是在绝境中采取了创造性的行动从而得以幸存。他和那些通勤者都能够在压力下理解现状，进行检验，并重构想法。他们利用所掌握的知识和想象力改变了行事方式。

克莱因对需要在高压中做出决策的人（如消防员、医护人员、飞行员）进行的观察（这相当于开展数百个天然的向上突围实验），为我们提供了一些清晰的指引，让我们一窥挑战者与那些仍受限于认知效率和社会接受度的人群之间有何差异。

处于同一情境却未能像挑战者一样采取行动的人有以下共同点：解决问题时采取被动而非主动的方式，缺乏质疑精神或批判性思考，缺乏好奇心或探索精神，只停留在事情的表面。因此，他们可能会被有缺陷的现成理念困住。

挑战者也有一些共同点。他们在变化、冲突、混乱和挫折中进行了探索。在出错时,挑战者会深入探究错误、异常和问题,并将它们视为寻找新方法、改变局面的杠杆,而不是妄想局势能够顺应固有的理念发展。

挑战者能够以新视角思考问题。他们不仅会花更多时间揣摩替代的方法,让好奇心自由驰骋,思考巧合背后的机会,还会跟与自己不同的人建立联系,借此来寻求新视角。

挑战者能破釜沉舟,欣然接受在高压中产生的创新想法,并在这样的环境中不断成长。很多挑战者都会尝试在各种不同的情景中营造一种紧迫感,迫使自己去思考解决方案。他们会思考在需要立即采取行动的情况下,该将哪些因素考虑在内。

最后,需要强调的是,没有人会固定在那 6% 或 94% 的群体中。曾经墨守成规的人可以学习成为挑战者。任何团体、小组和组织也是如此。

有时,一些被迫的事也许能引导我们进行剧烈的改变,从而带来一系列全新的方法、思维方式、身份,甚至生活方式。我自己也曾处在这样的激流中:2013 年,我的体重接近 275 磅[①],沉迷垃圾食品,身体状态非常糟糕。3 岁的儿子开始称我为"胖爸爸"。这让我下定决心报名参加周末的健身训练营,彻底改变饮食和运动习惯。我在 3 年内减掉了近 1/3 的体重。由于遗传因素、年龄渐长和腹部赘肉,儿子现在会称我为"忽胖忽瘦的爸爸"。

另一个显著的例子不仅改变了一个行业,还改变了我们作为消费

---

① 1 磅约为 0.45 千克。——编者注

者的看法，甚至是我们的生活方式。那要从 1955 年说起。当时，瑞典一家小型邮购公司的 5 号员工吉利斯·伦德格伦面临一个难题。

何不把桌腿拆下来

伦德格伦的问题可不止一个。[16] 他的公司最近开始涉足一个传统的老牌行业，将产品范围从钢笔和裤袜扩展到了其他品类。该公司在早期取得了成功，但恰恰是这一点让它陷入了困境。那是因为，该公司致力于向无法负担体面产品的贫困农民销售商品，虽然这样的行为值得称道，但公司并未因此而受到认可。贸易协会指责其售价过低，公司受到了抵制，几乎没有供应商愿意为其供应或运送产品。

与这个大难题相比，公司遇到的另一个问题可能不值一提：为数不多仍然愿意向其供应货物的公司之一给伦德格伦送了一张最新款的桌子。他得把桌子送到公司的拍摄现场，以便在拍好后放到产品目录里。但不管怎么使劲，他都没能将桌子塞到车里。突然之间，他灵光乍现："何不把桌腿拆下来？"[17]

这个看似微不足道的决定改变了整个公司的命运，颠覆了瑞典的家具行业，甚至改变了现代的生活理念。说到这里，大家应该猜到这家公司就是全球最大的家具公司宜家。伦德格伦的灵感时刻就像是蝴蝶不经意间煽动的翅膀，引发了全球家具业的大变天。

但伦德格伦并非带领宜家踏上世界变革之路的挑战者。真正的挑战者是宜家的创始人兼首席执行官英格瓦·坎普拉德，宜家名称缩写的前半部分正是他的姓名缩写。是坎普拉德带领宜家进军家具业。他认识到，即使面临抵制，宜家仍可以通过降低成本与竞争对手抗衡，从而生存下去。而且，在组装和送货方面，也确实存在节约成本的空间。顺便说一下，伦德格伦属于向上突围者中的匠人，这会在下一章提到。

作为挑战者，坎普拉德从伦德格伦无意的行为中洞见了一个解决公司问题的方案：可以将组装和交付的成本转嫁给顾客，从而大幅降低成本。在短短几年间，宜家有一半的"生产"可以说是顾客亲自完成的。

时至今日，人们仍对宜家家具的低价感到吃惊。背后的答案很简单：顾客替他们完成了部分工作。

尽管这种方法最初有成效，但很快又出现了更多问题。宜家仍然面临抵制，不得不扩大供应商数量以满足需求。为了有充足的库存，它不得不把目光放到其他地方。当时的波兰也许没有理想的营商环境，但那里的家具制造成本比瑞典低50%。因此，宜家选择了波兰，此举改变了瑞典乃至全球的家具业。

宜家的案例说明了挑战者对周围世界产生的影响是有悖常规的。过去25年里最有影响力的商业理论之一也建立在这样的特质之上。哈佛大学教授克莱顿·克里斯坦森在1997年出版的著作《创新者的窘境》中提及，许多企业之所以失败，是因为"管理良好"。"恰恰因为这些公司倾听了顾客的意见，大力投入能为顾客提供更多、更优质产品的新技术上；恰恰因为它们仔细研究了市场趋势，有计划地将投资资本分配给有望获得最佳回报的创新中，导致其失去了领先地位。"[18]

克里斯坦森发现，正是有了英格瓦·坎普拉德这样的挑战者，企业才能长期实现创新、繁荣和增长："有时候，正确的做法是不听客户的意见，去投资性能不高的产品，追求低利润，积极挖掘小众而非大众的市场。"

企业中的挑战者做的是凭借个人魄力和专业的精神将颠覆性的技

术引入市场。在这个过程中，他们重新制定了某个产品的规则以及改变了产品所满足的顾客需求。尽管他们的创新在现有主流市场如成品家具产品市场中未必有效，但或多或少会具备一些能吸引小众顾客或新顾客的特质，比如更简单、更小巧、更低价、更好用（就像宜家的自主家具组装一样）。还有很多这样的例子：20 世纪 60 年代，摩托自行车崛起，盖过了超大型高功率摩托车的风头；20 世纪 70 年代，个人电脑崛起，超越了大型计算机；20 世纪 90 年代，廉价航空公司撼动了大航司的地位；21 世纪头十年，数字化的手机摄像头开始盛行，几乎淘汰了相机和胶卷行业。

尽管这些创新有着巨大的价值，但最初提出这些创意的人往往会遭到贬低和排斥。正如《经济学人》杂志早期颇具影响力的编辑沃尔特·巴杰特所说："在人类天性中，最大的痛苦来自新观念的产生……新观念会让你想到，自己曾经最支持的看法可能是错的，最坚定的信仰是站不住脚的……因此，讨厌新观念是普通人的天性，人们或多或少地倾向于排斥最初带来新观念的人。"[19]

从商业世界中，我们学习到挑战者在向上突围中发挥着至关重要的作用。但是，他们在压力之下也扮演着最艰难的角色。在涉及生死攸关的事情时，这一点尤为明显。

不要在世人面前隐瞒失败，也不要逃避失败

应该还有人记得 BBC 记者迈克尔·比尔克在 20 世纪 80 年代中期关于埃塞俄比亚饥荒的报道。当时，那里粮食短缺，饥荒者未能得到充分治疗，人们生活在水深火热之中。在人类的灾难史上，除了 2004

年的印度洋海啸，鲜有能够像这样在全球范围内引发大规模同情的事件。现在，在有了人道主义危机工作的经验后，回过头来观看当年的录像，我震惊于救助者对那些苦难之人的物化程度：他们使用吊秤来给儿童称重，仿佛是在称老式杂货商店中的商品；他们用记号笔在苦苦等待食物的人的头上标记"X"这样的字样。[20]

比尔克最引人注目的采访之一是对无国界医生（MSF）的年轻护士克莱尔·伯奇因格的采访。这名护士负责管理营养中心，那里有着严重营养不良的儿童亟待治疗，希望能在绝望的边缘获得一线生机。伯奇因格面临一个艰巨任务，她要判断哪些儿童可以接受治疗，哪些儿童由于病情过重而需要放弃。她跟比尔克说："我心都碎了。"她的经历激励了世界各地的人采取行动，去帮助那些处于贫困和苦难中的人。后来，鲍勃·格尔多夫是这样评价伯奇因格的："她就像是上帝一样决定别人的生死，这对于任何人都是不可承受之重。"

伯奇因格在自传中则有不同的想法，她写道："我感觉自己像个纳粹一样，把人送到了死亡集中营。为什么我会陷入这种境地？在这个丰衣足食的时代，为什么有的人衣食无忧，有的人却一无所有？"在1984年饥荒时，很少有奋斗在一线的人提出这个问题，因为他们的重心是帮助苦难的人群。但这个问题一直都隐藏在大家的心中，与巴西神学家赫尔德·卡马拉的这句话遥相呼应："在我给穷人食物时，他们把我称作圣人。但在我问他们为何贫困时，他们却称我为共产主义者。"

史蒂夫·科林斯在利比里亚之旅后，也思考了同样的问题。伯奇因格在埃塞俄比亚为饥饿儿童提供的设施与科林斯在索马里为成年人提供的设施与全球通用的原则和方法都是完全一致的。科林斯通过在苏丹经历的一切，敏锐地认识到不论这些社区有多贫困，他都有必要与社区进行互动和尊重社区，他得出了一个答案，那就是要"加强人们的参与度，看到被救助者的优势，而不是试图把解决方案强加于他们"。[21]

科林斯写了一篇文章，提到了他在利比里亚遭遇的失败、发生的事情，以及原本应该采取的行动。但他在发表文章时遭到了相关组织的强烈抵制，因为没有援助机构希望看到自己才是引发霍乱的原因之一的说法。这同时也意味着，整个援助机构没有从中吸取教训。科林斯只好默默坚持着自己的看法。

从这个角度来思考挑战者所采取的方法是非常有意思的。我们经常听到的说法是，颠覆者是冷漠和低敏感的人群，所以才能克服或忽视难免会受到的批评。但在我认识科林斯的 13 年中，他一直表现得非常人性化、非常仁爱。像所有充满魅力的领袖一样，他无疑也对亲近的人发起了挑战。但在面对批评时，关于如何保持理智和获得安全感，他的回答值得深思：他提到了他的父母，提到了父母对他的爱以及这种爱给予他的安全感和信心，让他知道自己在做的事情是对的。

但光靠提出尖锐的问题去进行坦诚的反思，并不足以改变全球的营养领域惯例。真正需要改变的有两个方面：实践方法和技术。1999年，科林斯回到了现场工作，他的任务是评估 MSF 的大规模治疗项目。该组织有一本知名的蓝皮书，记载着在野战医院治疗营养不良的方法。据科林斯回忆，这本书讲述了如何建立和运营治疗营养中心。他发现，每个营养中心在 4 周里只能为周围的 100 个人提供治疗，而营养不良的儿童人数高达数十万。由于没有充分覆盖需要治疗的人群，骚乱发生了。正是在这次评估中，科林斯提出了采取基于社区的方法：不应该试图通过重症监护的方式去救少数人，而是应该通过门诊治疗的方法治疗更多的人。但是，科林斯写的报告被 MSF 雪藏，没有予以发表。

这份报告被束之高阁，原因之一是科林斯的论点并非面面俱到，而是缺失了一个关键部分：营养中心治疗成年人和儿童时需要一种增强型奶粉，通常由奶粉、油、糖、矿物质和维生素组成，有的还添加了高粱或其他谷物粉，并需要烹煮。这种制剂需要水和经过冷藏，而这个过程容易出现污染，就跟科林斯在利比里亚经历的那样。这意味着需要由经验丰富的医疗人员来制备。需要使用牛奶还限制了治疗方案的持久性，这就更加需要营养医院的存在了，因为营养医院有电、冷藏等设施，而且治疗营养不良一般需要 4 周的时间。

能提出比营养中心更好的方式来治疗急性营养不良是很好的，但该怎么解决无法及时给药的问题？正如宜家的英格瓦·坎普拉德借助匠人提出的组装家具解决了问题，科林斯也需要有自己的匠人，即专攻营养学和身体发育的医生安德烈·布赖恩德，以及法国公司 Nutriset 的创始人米歇尔·莱斯卡纳。[22] 他们开展了细致的研究，提议了很多可补充营养的产品并进行了测试，如煎饼、甜甜圈、饼干等，但全都失败了。然后，在某个早上为孩子准备早餐时，布赖恩德从一罐坚果巧克力酱上获得了灵感。这种巧克力酱的蛋白质、能量和脂肪成分与世界卫生组织建议的饮食相似。他想到可以用花生酱取代当前食谱中的部分脱脂奶粉。几周后，这个想法演变成可行的产品。

这就是后来的坚果营养品。它与之前的食疗牛奶比起来有很多优势，无须水、制备、烹煮或冷藏。这种营养品有两年保质期，并采用易于打开的箔包装。生产过程简单，成本很低，采用发展中国家常见的作物和技术就能生产——在这些国家，营养不良问题最为严重。科林斯在发现坚果营养品后，感到豁然开朗。

在掌握坚果营养品的知识后，经过一系列小规模试验，科林斯在医学杂志《柳叶刀》上发表了一篇文章，主张用基于社区的方案来替代营养医院。[23] 他指出，建立医院的成本高昂，需要聚集大量资源，而且无法维系。他还认为，集中式的护理方式会破坏当地的卫生基础设施，无法让社区发挥力量，并导致人群以不正规的方式聚集，增加疾病、感染和死亡的风险。因此，他主张的替代方法是以坚果营养品和类似的营养品为核心，构建早期和快速治疗营养不良的社区式门诊模型：在病魔造成威胁之前就将之铲除。

显然，他提出的想法被视为过于激进。科林斯遭到了许多专家和援助组织的抨击。据我所知，没有人称他为"共产主义者"，但许多人说他是在用儿童做试验，甚至还有人说他是在残害婴儿生命。这种指控毫无根据。居家治疗营养不良意味着要首先找出所有营养不良的儿童，而不仅仅是营养中心的那些儿童，因此有人认为这种方法实际上会导致更多人死亡。科林斯也承认，这会有一定的风险。但事实是，数字统计上之所以有更多人死亡，恰恰是因为这种方法揭示了真正的死亡人数。更重要的是，会有更多的生命得到拯救。

尽管言辞尖刻，但多年来，除了有过一些极小规模的试验，这些批评都停留在学术上。大多数机构之所以没有采纳科林斯的看法，主要是因为它们会为此而损失惨重。以下是科林斯的话：

> 2000年，我前往埃塞俄比亚。当地政府当时已经禁止援助机构设立治疗用的营养中心，因为这样的营养中心多年来并没能从根本上解决问题。我们因而有合乎伦理的机会去制订基于社区的治疗方案。到2001年年底，通过在社区向民众派发预制的营养食品，我们已经治疗了300个病例。死亡率下降到仅4%，约为正常死亡率的1/5。[24]

结果表明，虽然覆盖范围更大了，但基于社区的方法并没有导致更多人死亡。在拥有相同资源的情况下，治疗性医院也许能治疗的儿童数少于100个，死亡率为20%~30%，也就是每100个儿童中会有20~30个因营养不良而不幸夭折。基于社区的方法治疗的人数则是医院的2倍，且死亡率仅为4%，也就是200个儿童中仅有8例死亡。从绝对数量上看，科林斯成功地使治疗人数扩大了1倍，并大大降低了死亡率。预料之中的是，针对科林斯的反对意见换了个方向，批评者称这是由于样本量太小，数据不可信，科林斯及其团队在儿童真正生病之前就"以作弊的方式"改变了规则。面对这些反对意见，科林斯和团队仍然继续收集数据，最终获得了近23 000个病例的数据，死亡率仍然保持在5%以下。

然后，其他人纷纷开始效仿。截至2006年，最大规模使用该方法的是在尼日尔的MSF。科林斯恰好在几年前评估过这个医疗人道主义机构采取的治疗性营养计划。在采用科林斯的方法后，该组织的医生成功治疗了大约63 000个儿童，成功率为90%，而治疗性医院的成功率仅为30%。据报道，MSF的国际主席曾表示："该法可针对最严重的营养不良状况做到类似于预防疟疾的效果。"他为这种方法感到震惊："在从事急救行业20年后，我惊讶地看到了这样的可能性……急性营养不良经历着一场治疗上的革命。"[25] 2007年，世界卫生组织批准了科林斯的方法和治疗营养不良的即食产品，推荐将此作为全球治疗营养不良的手段。

关于这个事情，我想用科林斯本人的话作为结语。我曾在他的研究室问他有什么建议给其他向上突围的挑战者，他的回答伴随着透过窗户的阳光一起洒了进来：

> 凡事都尽力而为，事情不会一开始就是完美的。所以，我们要回过头来进行改变，而且必须弄清楚哪里出了问题……最重要的是我们必须要对自己的失败负责，要反思"我为什么搞砸了？""未来我该怎么改进？"要想拥有成功的机会，就不要在世人面前隐瞒失败，也不要逃避失败。

这段话触及了我在本书中所描述的挑战者的核心，也给我们时不时会提出的一个问题提供了答案：是什么让我们中有的人能够去质疑和挑战现行的做事方式？是因为好奇心、探索精神、信仰，还是因为有趣？是因为敬畏之心、事情的重要性，还是心中的渴望？是什么给予我们挑战成文或不成文规则的空间、自由和信心？

挑战者的核心是一种使命感，也就是内在的动机。如果你主要受到外部奖励的驱动，那么在其他条件相同的情况下，你很可能无法成为挑战者。成为挑战者，意味着挑战体制，而不担心自我形象或声誉受到影响。有心理学的研究发现，避免威胁自我的强烈意愿限制了我们对主流以外的替代解决方案进行调查和探索的意愿。归根结底，这取决于我们对他人的情感依赖和关系深入程度。值得注意的是，耶基斯-多德森定律也适用于此，我们的创造性表现会随着我们与他人的情感深入程度而变化，在极端情况下会有所减弱，并在中间点达到顶峰。

我们可从中学习到，挑战者不仅仅是不在乎社会评价的人。最优秀的挑战者还能积极控制心中的恐惧和不安全感，追求自己认为正确的事情。

我们常常能在商界和政界中看到一些挑战者类型，尽管他们不好相处、态度强硬，甚至很傲慢，我们也不由得尊重他们。但科林斯的事迹难得地让我们了解到，挑战者的核心也可以是勇气和仁慈，无论如何，关键在于确保我们能不断地对全世界提出难题，不仅要面对世界提出，还要对自己提出这样的问题，并且确信我们能找到应对的答案。

快乐来自战斗

毫无疑问，我们可以从试图改变组织、行业和权威专家的做法与策略的个体挑战者身上获得一些启发。但是，权力来自大多数人。这句箴言对向上突围者这个群体和其他任何人类群体来说都适用。我们也可以看到很多有关一些团体、组织和运动如何致力于改变规则的例子，不是只改变社会的一部分规则，而是改变整个社会和政治的秩序。许多团体和运动都试图将挑战者行为当作一个集体。其中，最成功的例子之一来自殖民时期的波士顿。

那个历史时期留下的记录非常详细，有许多人物在对抗英国殖民统治中担当着革命性的挑战者角色，并因此而留名青史。但是，有个故事鲜为人知，原因之一是我们倾向于从错误的角度来看待历史，只顾不断放大一些关键元素的作用，而忽略了真正的背景。

1770年，马萨诸塞州波士顿市陷入了紧张混乱的局势。此前，为了反对英国政府对殖民地征税，这个拥有1.6万人口的城市数年来持续不断地爆发小规模叛乱事件。1689年的英国《权利法案》确立了英国议会、议会与君主制的关系、选举的地位，还规定在没有经议会选举产生的代表同意的情况下，不得对英国臣民征税。为了资助大量的军事和贸易活动，英国开始对美国人征税，立刻引起一大片反对之声，波士顿的反对声音尤其强烈。早在 1773 年波士顿倾茶事件前，反对者已经开展了几年的街头抗议和示威活动。1768 年，英国政府派出数千名士兵到该市维持秩序。军队不仅开始没收涉嫌海盗行为和走私的船只，还强迫水手加入军队。不出意外，这进一步加剧了波士顿知识分子、商人、水手和获得自由的奴隶的各种激烈的反对情绪。

1770 年 3 月 5 日，紧张局势演变成了暴力事件。[26] 一名海关卫兵与当地人发生冲突，情况愈演愈烈。一大群人开始聚集在周围，发出嘲笑声并相互推搡，带头者是曾为奴隶的黑人水手克里斯普斯·阿塔克斯。后来，有更多士兵赶到，此时已经聚集了约 300 人。在双方进行了一些零散的交流和威胁后，士兵开始失控，向愤怒的人群开枪并击中 11 个人，阿塔克斯和其他几人当场死亡。形势似乎越来越糟糕，最后，大量士兵甚至连总督也赶来迅速镇压了混乱。总督呼吁大家保持冷静，并宣布对枪杀事件展开调查。

那天发生的事件打响了示威者与亲英党之间的舆论之战。其中，最著名的宣传物是一幅雕刻作品，它将反叛者塑造为和平的形象，同时刻画了部队指挥官举起一只手臂，像是在下令开火。克里斯普斯·阿塔克斯则倒在地上，但他的皮肤被刻画成白色。后来，他被称为美国革命中的首位牺牲者。这幅作品的雕刻者是一位名叫保罗·里维尔的银匠，他本人也因此而声名鹊起。

波士顿律师约翰·亚当斯（他后来先后成为美国副总统和总统）为英国士兵提供了辩护，他在辩护中呼吁士兵应该得到公正的审判，这样至少可以防止英国借此事件煽风点火。他在辩护中特别提到了阿塔克斯的种族和行为，以及当时聚在那里的混杂人群——"那是由男孩、黑人、黑白混血儿、爱尔兰人和外国水手组成的混杂群体"。

有很多现代历史学家认为，这些混杂的群体对当时的革命精神产生了深远影响。大西洋历史学教授马库斯·雷迪克认为，亚当斯不是唯一这样描述的人，在美国革命时期，对暴徒的最常见描述是"一群由男孩、水手和黑人组成的混杂群体"。

据估计，在革命期间，约有 10 万名美国水手参与行动，包括很多借助逃跑或叛乱逃离英国海军的水手。至少 1/5 是逃跑或被释放的曾经的奴隶。他们都有过逃离残酷生存条件和海军军官、奴隶主暴政的经历。

他们非常珍视来之不易的自由，为了维护这样的自由，他们是这么做的：

> 每占领一艘船，第一件事就是选举船长。他们践行民主，还平等分配战利品。他们甚至建立了社会保障制度，为在战斗中受伤的同伴提供帮助。[27]

挑战延续了几个世纪的海军等级体系，颠覆古老而强大的权力结构，在海上灌输原始的民主原则，以上不过是这群"混杂船员"所取得的初步成功而已。这群集体挑战者的挑战精神与相互扶持的精神相得益彰，展现出巨大的影响力和感染力。

一开始，人们认为海盗登上装有奴隶的船只，解救作为商品的那些人，拉拢他们做海盗，会限制跨大西洋奴隶贸易。如雷迪克所说："盐是反奴隶制运动的调味品"。

但是，这群"混杂船员"不仅短暂地阻止了奴隶贸易可怕的、非人道的行为，还成了 1776 年之前的 10 年里革命抗议活动的核心所在。

在每一次示威活动中，这群船员的行动都超越了温和的组织者，在那里可以找到形形色色的人。他们将挑战者的精神从海上渗透到陆地：

> 船员们按照平等、集体主义、革命原则规范自己。曾在海员和海盗中盛行的"航海条例"成了一种"附则法典"，用于规范和治理他们自己。[28]

有不少人受到了这群船员的激励。通过这些人，我们可以观察到船员们的行为和思想。例如，革命组织自由之子对冒犯他们的政府官员实施的惩罚就遵循古老的航海惯例：涂柏油和黏羽毛。其实，"罢工"一词正是起源于当时水手的行动：1768年，在一次反对降薪的抗议活动中，反叛的水手们降下了所有船帆。该行为被称为降帆行动。[①]塞缪尔·亚当斯（上文中在庭上贬低船员的约翰·亚当斯律师是他的堂弟）在波士顿看到了一支混杂的船员队伍与海军征兵队之间的激战，被他们的行为打动。他将其称为"人民为了相互保护而聚在一起"。随后，他写了一份旨在捍卫他们自然权利的小册子，后来成为独立宣言的基石。

今天，从组织改革到社会变革，我们在很多不同的环境中都可以看到这种混杂船员的行动和方法。在接下来的章节中，我们将看到NASA中一群自封为"海盗派"的工程师的有趣例子，了解航天机组如何从海上先辈那里获得启发。这个故事讲述了3名年轻工程师如何在全球最领先的科学和技术组织之一中进行颠覆性的改革，这个故事非常了不起，尤其是他们根据"海盗法典"努力奋斗，不仅取得了不俗的成果，还能坚强对抗反对的声音，履行个人责任。

---

① 罢工英文为"strike"，降帆英文为"striking the sails"，因此此处提到"罢工"一词源于当时水手的降帆行动。——编者注

这支团队的行事准则非常简单，也必定会被他们的先辈认可，那就是：挑战一切事情；打破常规；将冒险视为行事准则，而不是例外；确保履行个人和集体的责任。在现代，有很多直接行动的团体和组织都有技巧地采用抗议进行自我表达，我们可以从他们身上看到那群混杂船员的身影。他们采取直接行动的力量来自在面对影响生活的潜规则和成文规则时挑战现状，发出不可忽视的声音。

很少有人能像非暴力抗议之父圣雄甘地那样完美地体现这一点，作为一名挑战者，他最成功的一个行动是著名的1930年"食盐进军"。在那之前近50年，印度公民制盐受到严令禁止，并且被迫以高昂的价格从殖民地主人那里买盐。甘地在深思熟虑后，采取行动抗议大英帝国制定的规则。他走遍印度，吸引了6万名追随者在海滩上制盐。对一个实践和倡导非暴力的人来说，甘地在谈论"食盐进军"的经历时曾说，"快乐来自战斗、来自尝试、来自其中的苦难"，这无疑是一种挑战者的心态。[29]

这句话也蕴含了本章结束语要传达的信息。担任挑战者的角色时，我们之所以能够发挥影响力，不只是因为我们的行为具有颠覆性，尽管这确实可能是行动的副产品。成为真正的挑战者更意味着，努力摆脱我们和他人的内心、整个社会给我们套上的枷锁。这是我们发起挑战并做出改变的核心所在：我们不仅向自己，还向世人展示了何为自由。

第六章
匠人：在困境中创造新颖的解决方案

问题出在休斯敦内部

1986年1月28日，是深深刻在数百万人集体记忆中一个难忘的日子。那天，世界各地的人同时打开电视，准备见证一个了不起的历史时刻：搭载平民的太空船即将升空[①]。克里斯塔·麦考利夫从1.1万多名申请者中被选中，成为首位参与太空飞行任务的教师。麦考利夫聪明、敬业、乐观，能言善辩，可以说是现代美国人的最佳典范。从一位普通的社会科学教师到太空飞船的载荷专家，麦考利夫的经历引发了整个国家的关注。[1]

这次任务由在全球享有盛誉的休斯敦约翰逊航天中心执行。不幸的是，在发射仅仅73秒后，"挑战者"号太空船突然在飞行时爆炸，

---

① 这里提到的是"挑战者"号航天飞机灾难。该航天飞机于1986年1月28日从佛罗里达州卡纳维拉尔角发射后不久便发生爆炸，造成7名宇航员丧生。参考资料来源：https://www.britannica.com/event/Challenger-disaster。——译者注

让地面指挥中心团队措手不及。与"阿波罗13号"截然不同的是,这次他们连尝试拯救宇航员的机会都没有。该事故没有任何幸存者。随后的调查过程也与"阿波罗13号"事件形成了鲜明对比。这一次,没有像"阿波罗"任务那样,有领袖挺身而出发表惊世名言。此外,休斯敦不仅被发现有问题,而且问题恰恰来自内部。"挑战者"号事故是由一连串疏漏造成的悲剧,发生在人类有史以来最先进、技术最发达的机构之一。直到今天,那个明媚寒冷的星期二仍然是 NASA 历史上最糟糕的一天。

那天,地面指挥中心有两位年轻工程师因为这场令人震惊的事故而采取了颠覆性的行动。其中一位是时年 21 岁的琳达·珀赖因,那天恰好是她第一天在那个著名的指挥中心控制室上班。直到现在,她还对来自卡纳维拉尔角的事故报告记忆犹新,这份报告看起来很奇怪,上面写着:"他们要追踪的不是一个目标,而是好几个。"这让她感到困惑。在收集到更多信息后,她逐渐认识到一个悲伤的事实。这份报告没错,因为航天飞机爆炸,分解成多块碎片,报告中描述的"好几个目标"说的是"挑战者"号爆炸后的残骸。

在场的还有 20 多岁的工程师约翰·穆拉托,他也对事故感到非常震惊,但并不觉得意外。这位工程师是在事故发生的两年前从美国空军航天飞机项目加入 NASA 的,负责改进指挥中心的技术。通过观察和研究,他发现 NASA 人员使用和操作软件与硬件的方式有问题,这个问题背后隐藏着更严重的弊病。

20 世纪 60 年代是美国太空探索的鼎盛时期,当时宇航员的风头一度盖过了披头士。NASA 的算力堪称"巨无霸",60 年代 90% 的美国计算机芯片都是它采购的。不仅如此,NASA 还运行着全球体积最大和算力最强的大型计算机。如果你对严格意义上的算力感到好奇,

NASA 无疑可以让你直观看到超强算力呈现的效果。但是，在那个年代之后，很多事情都发生了变化。

穆拉托是在美国首次登月成功的 15 年后加入 NASA 的。加入 NASA 后，他非常清楚地意识到令人痛心的一面，阿波罗系统存在不足的地方（这也只能私下说）。琳达·珀赖因在一开始也注意到，她家用的台式计算机都比 NASA 任务背后的庞大主机有着更强大的功能。讽刺的是，很多厂家之所以能够开发更小巧、更灵活的计算机，是因为 NASA 在 20 世纪 60 年代对这个领域的投资。但是，NASA 没有与时俱进，其核心主机速度缓慢且低效，并且很难调整程序。每当工程师需要进行变更时，都得经过漫长的等待，就像"邮局在午休的高峰时段，只开放了一个窗口让人排队等候一样"。《滚石》杂志记者在到访 NASA 后生动地描述道，20 世纪 80 年代的 NASA 指挥中心看起来更像是 60 年代詹姆斯·邦德电影中反派的藏身之处。

NASA 指挥中心的屏幕上显示了与航天器发射和轨道相关的数百个变量的数据流，但是任何分析都必须通过手动记录信息和数字计算才能完成。在发射期间，指挥中心人员要求进行的一些计算在最理想的情况下也可能需要几个小时才能完成，在某些情况下可能需要一个月才能获得评估结果。用反派来做比喻的话，这就好比布洛菲尔德（邦德系列电影中的反派）在下令执行他的邪恶计划后，又抚摸着自己的白猫等待了 30 天，才收到手下有关这次行动结果的报告。

穆拉托很早就呼吁改变指挥中心的操作方法，但没有得到重视。他获得的回应一般是："我们都能把人送到月球上了，肯定没做错，而且改变会带来风险。"

这种心态本身就是危险的。在"挑战者"号事故之前其实就有过一次意外，当时中央和备用的主机都在实际发射期间过载，然后死机了，导致指挥中心的视线完全受阻。但大家对这个意外视而不见。正因如此，穆拉托和同事没有信心，也没有决心去挑战这样的现状。

"挑战者"号事故是一个转折点。计算机不是事故的根本原因，罪魁祸首其实是众所周知的 O 形橡胶密封圈。航天飞机在 1 月的早晨发射，天气十分寒冷，橡胶密封圈在低温下失灵，导致了事故。其实，NASA 管理层早就收到过多次与此相关的警告和评估结果，但他们忽略了这些报告，最终酿成了致命后果。[2] 珀赖因和穆拉托想要打败的对手，就是 O 形圈背后这种自由散漫的态度。

"挑战者"号的悲剧和上文提到的意外事件（一次是公开的重大事故，另一次是隐秘的渐进式事故）之所以会发生，根本原因在于该体制内存在的一个弊病——"只要机器没坏，就不修理"的管理文化。穆拉托早在事故前两年就发现了这个问题。珀赖因和穆拉托知道，他们可以用家用计算机开发出效果更好、速度更快且操作更简单的系统。最初，他们希望"挑战者"号事故引发的后果足以触发大家去实施经过改进的新方法，但实际中的改变让他们大失所望：他们反而受到了更多管理约束，要提交更多报告，面临更多监督和更多自上而下的层层管控。管理文化或思维方式依旧一成不变。虽然有的人试图指出 NASA 在应对这场悲剧上做得不足，但都吃了闭门羹。

在对现状感到失望后，穆拉托、珀赖因和其他几个人组成了一个秘密小组，致力于将他们的想法付诸实践。他们自封为"海盗派"，开始研发长久以来构想的替代方案，用来取代存在缺陷的主机。

最初，他们使用的是个人计算机，很快又改为使用能借用或征用的任何设备，并开始为替代版的指挥中心系统编写代码。他们的初始资金部分来自内部的创新基金，他们可借此访问指挥中心的数据流，但缺乏硬件的问题一直都存在。"海盗派"的解决方法是借助那些想要指挥中心使用自家机器的 NASA 承包商，承包商也乐意为这个项目捐赠一些硬件。但由于美国政府对物品赠与（可以理解为"贿赂"）的法律限制，所有捐赠都是基于"先试用、后购买"的条件进行的。由于缺乏采购经费，"海盗派"必须在 90 天内返还所有设备。

从表面上看，这对于"海盗派"来说非常麻烦且压力巨大：他们必须不断重写软件代码，才能在多种不同的机器上运行。90 天的时间也不足以完成设备切换，而且他们是在休息时间或工作日晚上等空闲的时候完成这些工作的，时间就更紧迫了。但这种不便其实有一个巨大的好处：穆拉托、珀赖因和其他成员必须得深入了解和熟悉自己写的代码，才能快速有效地将代码转移到技术规格截然不同的各种设备上，同时保持代码的正常运转。90 天的限制也意味着他们必须了解市场上的每一款台式机。正如穆拉托后来所说：

> 我们获得一台计算机后，要学会如何在这台计算机上编程，不久后这台计算机就被送走，然后其他人会借给我们新的计算机，循环往复。这种情况持续了整整两年。好处是我们的代码变得非常灵活，因为我们要不断重新调整。[3]

还有一个限制实际上也带来了积极的影响，这也是"挑战者"号事故带来的后果。虽然"海盗派"所做的一切没有得到实质支持，但载人航空飞机的任务暂停了，他们有两年时间来开发替代的指挥系统，而不必陷在有航天任务时的高强度工作中。在这两年里，"海盗派"的项目逐渐成形，凝聚了不断精进的成员、硬件和代码，在反复试验中形成了全球最知名的指挥系统的低成本替代方案，而且几乎完全处于保密状态中。

随着研发工作逐渐深入，参与的人数越来越多。有的同事给他们分享了代码和数据，有的不过是说着一些鼓励和支持的话。其中，最重要的人物无疑是传奇的 NASA 领袖吉恩·克兰兹。在第四章中，我们已经了解到他在"阿波罗 13 号"救援中担任的角色。此时，克兰兹告诉"海盗派"，他十分支持他们的行动。

"海盗派"乐此不疲地开展工作，一直到 1988 年 4 月的一天，他们最终将"系统"（当时还没有更合适的词来形容这个方案）引入指挥中心，并将其安装在一个闲置的工作台上。但是，主导工作的中层管理人员不允许"海盗派"接入主电源。这个"系统"花了大量心血，开创性地解决了多个问题，哪想到在临门一脚时，眼看就要因为无关紧要的细节和电源电缆而止步不前。后来，克兰兹亲自终结了这场对峙，他温和地请中层管理人员"给这些孩子一个机会"。他们获得了这个机会，"海盗派"终于得以扬帆启航，虽然这还不能算是一艘船，最多不过是自制的木筏，但好歹也算是开始航行了。

"海盗派"将他们的临时"系统"带入指挥中心的那一天，指挥室中的所有人依旧像往常一样坐在椅子上看着旧式的单色屏幕。那段时间，只有模拟和试运行相关的操作，没有实际的飞行操作，因此氛围没有像之前"挑战者"号那样紧迫。但指挥人员偶尔会转过头或转动椅子，他们对"这个新奇的设施"越来越好奇。

其中，足以引起研究人员兴趣的是旧有主机和新"海盗船"之间鲜明的视觉差异。

在巨大的空旷房间里，一侧放着老式的电话机插孔，一团团电线在地板上交错缠绕，几十盘老旧的银色计算机磁带"发神经"般不断停顿和启动，用完的磁带木托被堆在周围，有大量纸张从巨大的行式打印机吐出来……数字在陈旧的单色屏幕上逐个浮现，屏幕底座用的是钢板，就像是老式军用坦克的零件一样。

相比之下：

> 房间的另一侧是新型的高速磁盘驱动器、机械式的85吉字节（GB）的盒式磁带机和光彩夺目的彩色显示器，通过数字信号线发出微弱的超音速的嗡嗡声……只用7台盒子式的设备就足以取代要用一整栋大楼来装的磁带。[4]

不过，新旧系统之间的外观差异只是其次，更重要的是新系统实质上让指挥人员认清了自己的情况。他们不仅感到好奇，还觉得有必要使用这个新系统。在一次极其棘手的模拟操作中，主机又犯了老毛病，死机了。在指挥中心主任还在苦苦等待静止不动的屏幕时，有人突然为他提供了实时的情况评估。他很惊讶地向众人询问信息来源，答案正是"海盗派"的备用系统。这个系统不仅一直在运行，还准确地找出了问题所在，提出了可行的纠正措施。自那以后，指挥人员不必转动椅子或转身去观察"海盗派"的系统了，因为他们直接采用了这个新系统。

尽管这是个重要的进展，但只要NASA没有重新启动航天飞行任务，这个系统在很大程度上不过是纸上谈兵而已。"海盗派"的系统虽然勉强引起了众人的兴趣，但它如何能在实际任务中证明自己呢？验证这项工作成果的机会比穆拉托、珀赖因和"海盗派"其他成员预期的要早得多。"挑战者"号事件后的首次太空发射计划STS-26最终定于1988年9月启动。对所有相关人员而言，这是一次令人紧张的任务，他们显然更愿意坚持已知的方式，依旧运行传统的主机，采用经过验证的笨重数据系统和方法。

到 1988 年 5 月，穆拉托接到一通关键电话，这通电话彻底改变了"海盗派"甚至是整个 NASA 的命运，以及我们如今知道的太空探索领域。

"冒险的手艺"

NASA 的"海盗派"在"挑战者"号灾难后的两年里秘密地建造他们的备用指挥系统，他们用的是到处东挪西凑的设备。屠呦呦从古老的手稿中获取灵感，从放在水中煮沸到用温水浸泡，试验了各种提取青蒿素的方法。还有萨利机长，在飞机遭到鸟击后，迅速排除了所有其他可能性，然后将手中操控的飞机变身为滑翔机，如同熟练的外科医生一样精准降落。

虽然从表面上看，这三个案例风马牛不相及，但这三组人的相似之处在于他们面对压力时的独有反应。他们是匠人，能够在充满不确定性的危机之际成功制订新颖的解决方案。相比大声疾呼"我们一定还能找到其他办法！"的挑战者，匠人是最能找到方法并为其他人制定路线图的人。

伦敦皇家艺术学院的学者认为，匠人以创新方式解决问题的过程可以称为"冒险的手艺"。[5] 不论涉及怎样的工艺或技术，匠人们并非注定能成功，而是要依赖于他们的创新、判断力和心灵手巧。通过将想法巧妙地化作实际的解决方案，匠人们能实现计划之外的突破，这是向上突围中不可或缺的一环。

匠人在面对压力和挑战时专注于创新，他们与体育、艺术和商界中的杰出人士有很多共同之处，都能"踏出能力范围之外，迈向令人不适却富有成效的领域"。[6]

以上所列举的匠人典范的根本在于他们采取了三个行动：深度观察、探索发现和试验想法。匠人做出决定的整个过程有时可能只需要几秒，就像萨利机长一样，但这往往建立在多年的经验累积之上。在其他情况下，比如对屠呦呦和NASA"海盗派"来说，可能需要几年的时间完成一项工作。但这三个行动本质上是一样的，是所有匠人型向上突围者的核心所在，不论他们是程序员、飞行员还是药学家。

不论是出于自发的动机还是因为不可控的环境所致，所有的匠人都面临复杂且混乱的问题。他们通常需要进行深度观察来了解情况。

匠人一般会先评估情况，即努力挖掘和收集信息、知识、事实、感受、意见和想法。这种调查性的思维方式是匠人行事的核心所在。优秀的匠人对事物的运作方式和原理充满兴趣。他们痴迷于构成世界的各种物理、社会和技术方面的现象。

在压力、挑战和危急关头，匠人不只是将威胁转变为挑战，更会爱上面临的挑战，从各种角度深入探讨。想想屠呦呦，她就花费了数月到发生疟疾的热带地区进行研究。这种深入的观察帮助她更清楚地了解"523"项目面临的巨大挑战，并坚定了她的决心。NASA"海盗派"之所以能在"挑战者"号灾难前后敏锐地认识到指挥中心面临的挑战，也是因为深度观察。穆拉托认为深度观察和研究非常重要，而且可以加强行动力，以下是他的原话：

> 当前涉及的主题是什么？它是怎么运作的？我们怎么知道是否有效？背后有哪些物理学原理？有哪些化学原理？行业的通

用标准做法是怎样的？人们在其他项目上是怎么做的？如果你向他人传达了"我想学习"的想法，你就可以走得很远……每一天，你都可以走进任意一个房间，向聪明绝顶的人学习。你可以选择这样做。我一直认为我的工作就是提出问题并向其他人学习。[7]

匠人最重要的角色之一是重新构思和提炼出现的问题。通常，我们可以从问题的定义中找到其"核心所在"，最优秀的匠人往往能以新颖的视角找到这个定义。以新方式提出正确的问题，恰恰是获得新颖的解决方案最重要的第一步。

匠人会通过探索和发现不断试验可能性的界限。

他们可以借此生成可能与问题息息相关的潜在的新想法和方法。他们不满足于提出创新想法，还会系统地评估由此产生的解决方案。

在 NASA 的案例中，"海盗派"在成立后立马进入了不断探索的模式，设法在各种不同的机器上使用其可以访问的数据流，不断地去编码和重新编码。根据穆拉托的描述，"海盗派"拥有探索的思维方式，那就是"一点点构建，一点点测试，一点点修复"。他们没有企图一下子把整个问题梳理清楚，而是将问题分解为多个核心部分，逐个击破，直到确保已经完全理解某个部分后才会转向下一个部分。想想萨利机长的案例，他利用丰富的知识和深入的理解能力设想了所有可能的方案，并逐一排除，最后给自己和机组人员留下在河上迫降的唯一选择。

匠人充分利用观察到的结果来进行试验和原型设计，应对面临的危机。他们会不断调整、修补、适应现状。全球领先的设计公司 IDEO 设计了苹果第一台可量产的计算机鼠标和最畅销的手持式计算机（在智能手机和平板电脑出现之前）。如图 3 所示，该公司认为探索过程包括三个方面：可行性、存续性和需求性。就此而言，进行试验和原型设计是寻找创新解决方案中一个不断重复的过程。

可行性——在技术和组织方面是否可行？

存续性——在任何方面（社会、经济或其他方面）是否可持续存在？

需求性——有哪些需求？

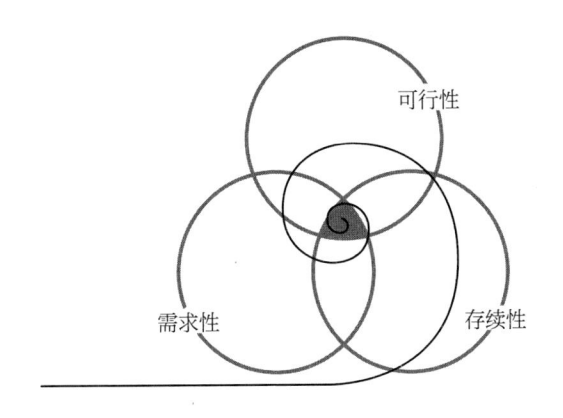

图3　匠人的探索过程

试验和原型设计促使"海盗派"在可行性（如何使用台式机分析和解读关键任务数据？）与存续性（如何使之成为大型计算机的替代方案？）以及需求性（指挥中心真正需要的是什么？）三个方面协调一致。这个过程使匠人能尝试新想法和新流程，突破理论和原则的界限，让情况更加具体和现实。

真正的匠人兼具创新和严谨性，是不断挑战自我的人。尽管他们最为人称道的是其卓越的发现，但他们的工作不仅限于此。真正的匠人知道通往愉悦和顿悟的路上需要经过很多审慎的修改和调整。我其实具备成为匠人的一半品质：我小时候喜欢拆东西，散热器、收音机全都拆过，但在面对被拆散的一堆零件时，我会马上失去兴趣，从不会动手去重新组装！我的家人就喜欢拿这件事取笑我。

上文提到的备用指挥中心系统就是由不断交错的原型组成的，它们不断地被拆散，然后以不同的配置和组合方式被重新组装。穆拉托的以下洞见有助于我们理解匠人的世界：

> 我们打造了每个模块，把它们打包在一起，然后交付，让用户可以立即使用。这个系统可以提供用户需要的功能，但被分解成了很多小块，这样我们就不需要有一个能解决所有问题的庞大的解决方案。随着吸收的经验越来越多，我们会添加新模块，此时，为了得到通用的解决方案，我们需要花时间进行重建……而如果我们能将它分解成小块，并针对每个小块寻求解决方案，那么在经过4个为期6个月的时段后，我们就能上线整个系统。

这些原型打下了基础，让创新的解决方案能直接投入使用。要先有原型制作，我们才能让众人逐步接受新颖的解决方案。NASA"海盗派"做到了这一点，他们打造了可存续的原型，然后逐渐被人接受，但他们面临的真正考验还在后头。

本章后面部分会提到"海盗派"后来遇到的事情。在此之前，我想先插一个最喜欢的例子，来说明行动中的匠人是怎样的。这个故事始于1942年洛杉矶的一次晚餐聚会，当时的美国正积极投身到第二次世界大战中。

艺术家一般的工程师

温德尔·斯科特是圣迭戈的一名陆军医生。[8] 随着美国加大对二战的投入，他肩负着改善战地医疗护理效果的任务。有一次，他去洛杉矶拜访两位老朋友。在晚餐时，他跟朋友提到了遇到的一些难题。最关键的是，原本用于支撑受伤士兵使其康复的标准金属腿夹板会使伤口恶化。这两位朋友是一对从事工业设计的夫妇，最近刚搬到加利福尼亚州，刚好在尝试各种新颖的木材使用方式。

在朋友的备用室里，斯科特看到了一些新创意，他认为用木材制成的夹板也许可以解决目前伤员护理中遇到的医学问题。此外，使用木材能缓解钢铁和金属供不应求的情况，让这些材料能够用在其他高需求领域。

这对夫妇决定采纳斯科特的建议。他们从深度观察开始，大量阅读和研究来自战线的报告和经验，直接与受伤士兵和军队医务人员交流，从而确定他们面临的限制因素，对问题有了清晰的了解。前线医务官员的报告强调，需要一种"急救夹板"来简化受伤士兵的初步治疗和疏散流程。

早在斯科特拜访之前，这对夫妇其实就已经在尝试使用胶合板和模压工艺来制作家具和雕塑，并获得过一些奖项。不过，他们从未生产过能满足紧急功能需求的急救夹板。

于是，他们开始尝试使用现有材料，深入了解怎么样以不同的新方式用木材来支撑人体。要制作弯曲夹板，可以通过树脂胶将木材黏合，然后通过加热和压力成型。他们制造的弯曲木结构轻便而坚固，性能超过了常用的金属夹板，而且使用的材料非常充足、价格便宜。

这对夫妇花了几个月对夹板进行原型设计和试验，尝试了各种形状和木质组合的夹板，为了不断亲身试验各种胶合板，其中一人的腿毛都掉光了。最后，经过大约一年的原型设计和亲自试验，他们终于制作出史上第一批模压木夹板。

回到前文分享的匠人的探索过程，新夹板的设计在可行性、存续性和需求性之间达到了完美的平衡。来自该设计师家族的成员提到：

> 夹板充分发挥了材料的特性，材料本身的局限恰好满足了夹板的功能。对称的孔减轻了弯曲胶合板的压力，同时也为医务人员提供了把绷带和其他包装材料穿过孔洞进行包扎的空间。夹板完美体现了这一点，即我们可以很好地利用设计本身的局限。了解这些局限并努力解决问题始终是设计的关键所在。[9]

像所有真正的匠人一样，我们的夹板设计师有着顽强的毅力，自始至终一直保持着好奇心。接着，他们很快又面临一个经济上的问题：该怎么制造和批量生产夹板？幸运的是，得益于早期采取的各种积极测试，加上斯科特以及海军的背书，他们与几家大型制造商签订了协议。设计师又紧接着确定了制造流程，甚至研发了用于批量生产夹板的装置。到第二次世界大战结束时，他们已经生产了超过15万块模压木夹板，并用到了受伤的军人身上。

两位设计师在物质上取得了极大成功。战争结束后，他们开始追寻自己的初心：家具设计。基于他们在设计夹板过程中不断打磨的技术，特别是将胶合板制作成与人体腿部形状贴合的曲线的技术，他们设计了一把独特的木椅：这款木椅非常天然，而且贴合人体的曲线。他们还设法将在制作军用夹板中学习到的相关知识运用于制作家具，包括采用之前合作的制造商。战争结束后，曾为其提供支持的一位首席执行官写信给他们，盛赞这支设计师的团队是"艺术家一般的工程师"。[10]

我们可以从他们设计的椅子中明显看到模压木夹板的痕迹。这是一款标志性的椅子，更为人熟知的名字是 LCW 休闲椅。这对夫妇就是查尔斯和蕾·伊姆斯，他们设计的休闲椅曾于 1999 年被《时代》杂志评为 20 世纪最伟大的设计。

除了学到匠人的一些具体行为，我们还可以从伊姆斯夫妇的夹板设计中看到所有向上突围者的共同特点。这对设计师产生了巨大的影响力，以其"在面临局限时展现出创新"的设计理念改变了 20 世纪的设计领域。[11] 他们在战火中投身工作，实现了非凡的向上突围。

在我看来，伊姆斯夫妇的工作理念极大地体现了向上突围者的特质，还影响了西方 20 世纪生活的多个方面。

灵感猎人的渔网和鱼叉

想必，有的人会觉得："这让人备受鼓舞，但说起来容易，做起来难。"我们如何能在压力下找到创新的真正解决方案呢？对许多人而言，一想到这一点，可能就如同在看中世纪的地图：眼前是一大片未涉足的区域，偶尔还能看到"这里有怪物"的不祥警告。

对于匠人所经历的征途，我们通过历史和经验可以了解到两点。首先，追求创新的解决方案非常困难，我们很难获得创新的点子，寻找新想法需要无拘无束的大范围搜索。其次，创新的想法往往如灵光乍现，快速闪过。创造的过程一开始是缓慢的，接着会快速地涌现，就如同狩猎一般。但是，我们目前在本书中看到的匠人没有守株待兔，坐等灵感降临，而是养成了用渔网和鱼叉等工具去追逐灵感的习惯。渔网和鱼叉具体是指什么？我们可以通过分析匠人的工作来了解。

关于如何使发明家更系统地提出创新想法，有很多不同的方法论。其中最有影响力的方法之一起源于20世纪50年代阿塞拜疆巴库的一个专利局，即工程师根里奇·阿奇舒勒的心血之作——"发明问题解决理论"（TRIZ）。[12] 这是阿奇舒勒花了数十年研究成千上万个专利及其底层技术后得到的成果。与传统看法不同的是，发明家走过的历程其实有相似的模式。阿奇舒勒发现，大约有一百种方式可以解决任何给定的问题，他对每一种方式都进行了说明。现在，他的方法已被NASA、3M和三星等机构用来解决各种各样的设计问题和挑战。

这套方法存在许多变种，有的更复杂，有的则是简化版，但从根本上说，倡导系统性创新思维的学者认为，所有富有创意的解决方案都遵循着相同的模式，我们可以借此思考新的可能性。TRIZ引发了许多人的效仿，他们通常会采用简化而不那么笨重的方法。

我在撰写本书时也遵循了同样的方法，制作了包含8个要点的匠人清单（见表1）。[13]

表1　匠人清单

匠人行为	向上突围的案例
跨界 　　将不同的对象、工艺或学科整合	如同滑翔机一样驾驶喷气式飞机并成功在河上降落
逆向思考 　　反其道而行之	帮助难民创业，而不是让他们被动地接受援助
提升 　　通过增减一些元素来改善产品或服务	改变木材的性质和特点，将它们用于改进腿夹板
自由发挥 　　以即兴、动态和联想的方式进行创造	用有瑕疵的钢琴完成演奏会；把桌腿拆下，放到后备厢
加固 　　推到极限，看看产品、工艺或服务能得到哪些提升	利用良性压力来提高考试成绩，利用逆恐来提升在重要时刻的表现
扩展 　　增加功能和服务的数量	用借来的台式机开发出比传统主机功能更完备的系统

（续表）

匠人行为	向上突围的案例
多元化 采取更多元化的方式解决问题	早期的洞穴居民改变饮食，适应海鲜和根茎类食物
系统性 用更广阔的角度看待问题或事情	突破国内的传统家具链，采用全球采购的方式组装家具；采取直接行动挑战现有规则的活动家

这 8 点是从匠人努力探索新解决方案的过程中提取出来的，可以作为工具箱使用，帮助我们学习并借鉴创新者和设计师以往的经验，在面临问题时学以致用。

要怎么运用匠人清单？让我们来做一个思维实验。假设你是铅笔设计师，为了吸引消费者并培养消费者对公司的忠诚度，你的老板让你为不同的客户设计新颖的产品。在实践中，你可以参考以下方法来运用匠人清单。

- 如何实现**跨界**？是否可以从钢笔中汲取灵感？例如，使用看起来像钢笔的液态石墨铅笔，这款铅笔的好处是可以擦除书写和涂画的内容。
- 如何**逆向思考**？铅笔是用来在纸上写写画画的。是否可以反过来，销售石磨纸加"铅笔擦"，用这种铅笔来刮掉纸上的物质？
- 如何**提升**？如何提升铅笔的功能，就像设计多色钢笔一样混合多个颜色的铅笔，或者含有其他功能如尺子、圆规等作用的铅笔？
- 如何**自由发挥**创意？如何以非常规的方式使用铅笔？例如，是否可以将石墨铅笔用作"干燥"润滑剂，用于新钥匙等比较黏的工具？或者铅笔屑是否可以回收用作引火柴？
- 如何**加固**铅笔，满足极端或非典型用户的需求？如何修改铅笔的设计，以便用于太空、水下或其他极端条件？是否可以从中吸取经验，为更多典型用户试验不同形状的铅笔，比如更容易握在手里或其他更有意思的形状。

- 如何**扩展**铅笔的功能？如何将铅笔扩展为其他类型的工具？例如，是否可以制作"油画铅笔"，使其除了具备常规的铅笔功能，或许还可以浸到水中，创造出类似油画的效果，却不会像油画刷那样变得很杂乱？
- 怎样让铅笔的开发方式更**多元化**？在铅笔的颜色、材料、风格和尺寸方面，是否能想到一些不同寻常的点子？对铅笔进行替代性用途测试，会得到什么答案？
- 在**系统性**视角方面呢？例如，铅笔行业对环境有哪些影响？有没有替代木材和石墨的方法？铅笔是否可以回收？如果可以，如何回收？回收又会带来哪些好处？

仅仅通过思考新型铅笔的设计并以结构化的方式使用匠人清单，我们就可以像匠人那样探索更多的可能性。我们可以开始学习任何想法，不论是设计一支铅笔还是控制飞机的降落，本质上都是要做出很多权衡。我们可以进行不同的权衡对比，看看会有什么结果。虽然这只是粗略的想法，但可以指引我们得出真正有影响力的创意。

相同的原则同样适用于风险更高的领域，如职业运动。如第一章所解释的，创造力和创新是展现出最高体育水平的核心要素。优秀运动员展现出了向上突围的要素，这些要素是让顶尖选手脱颖而出的最重要的因素。

在体操运动中，人们会以最精确的方式分析和评估运动员的表现。国际体操联合会（简称"国际体联"）就制定了一个积分规则，不仅用于评分（使用大家熟知的 10 分制），还用于挖掘新动作，对新动作进行划分和价值评估。每一个杂技动作和舞蹈动作都会予以记录、解释说明，并指定专属的难度等级，而且会定期重新评估。许多动作都以在官方比赛如世界锦标赛或奥运会中最先完成这个动作的运动员命名。这种评分方式已经成为间接衡量体操运动创新性的一种方法。

体育迷应该都知道，以自创动作获得最多命名的体操运动员之一是美国奥运冠军西蒙·拜尔斯。[14] 拜尔斯颠覆了体操运动，做了不少看似不可能的事。她有一个动作被称为拜尔斯平衡木，难度非常大，因过于危险而难以复制，还被国际体联故意给予较低的难度等级，以阻止其他人模仿这个动作。面对保守的体育文化和无比巨大的压力，她是如何做出这个动作的？

从拜尔斯的角度看，她实践的核心是试验性地进行原型制作和适应："设计动作有点儿像搭积木。可以把不同的动作拎出来，然后塞回去……没有对错之分，不过是在运用想象力和创新而已。"

接下来，我会展示这个过程，并将拜尔斯的招牌动作和成就与匠人清单的部分内容进行对照。

- **跨界**：平衡木落地动作。在一次比赛中，尽管似乎在完成例行动作时失去了平衡，拜尔斯仍然取得了平衡木的最高分。裁判指出：这不是失误，她采用了通常会在地面上做的翻筋斗动作，并将其融入平衡木的动作中。
- **提升**：阿玛纳尔跳是女子体操中最难的跳马动作之一，而拜尔斯还能比这高 3~4 英尺，从而能在着地前完成多个旋转，借此再次获得了高分。
- **加固**：拜尔斯跳是拜尔斯非常有名的动作，也是体操评分规则中第一个以拜尔斯命名的动作（现在已经有 4 个拜尔斯动作了，之后可能还会增加）。在小腿受伤后，为防止伤痛加剧，她改编了这个传统动作。在做结束动作（包括向后起跳和两个空翻）时，她转体半周而不是通常的一周，最后面朝前着地。许多人认为这是不可能的动作，即使是亲眼看到，他们也依旧认为这个动作无法复制。

- **多元化**：尤尔琴科跳本来就是高难度动作，由侧空翻接后手翻上马的连贯动作组成。拜尔斯对此进行了扩展，创造出以自己命名的第四个动作。从观众的角度来看，她简直像是飞了起来。她先转体半周，然后转体两周才落地。这个跳马动作是女子体操动作中难度最高的。

- **系统性**：提倡心理健康。在这项训练严格、要求苛刻的运动中，拜尔斯带来了一个显著变化，挑战了世界体操体系对运动员的固有预期。体操运动员将在表演中失去对身体的控制称为"空中失感"，在经历这一现象后，拜尔斯因心理健康问题退出 2021 年举行的东京奥运会。此举引发了全球热议，特别是关于女性运动员的讨论。她后来说："最艰难的是讨论心理健康问题，我知道自己可以去倡导关注心理健康问题，但这不是我的目的，不是我真正想要的。"

如同编排招牌动作时一样，拜尔斯在应对陌生的心理问题上表现出匠人的心态："我还在迈这道坎……每个人都会以不同的方式经历这段时期，每个人都有适合自己的各种方式……必须去利用可以获取的所有途径。"

NASA"海盗派"无疑会对这个看法感同身受。

梦想实现者

1988年5月，因为研发了替代系统，"海盗派"得到指挥中心同事由衷的尊重，并日益受到重视。不过，他们要接受的真正考验比预期的还要早。

约翰·穆拉托接到了一位系统工程师的电话，后者发现任务运行出现重大问题——火箭发动机面临在起飞中途失效的巨大隐患。之所以会出现这个问题，是因为旧主机使用的故障监测工具无法检测到问题，即便航天飞机已经坠落，该检测工具仍然显示一切数据都是正常的。

为了解决问题，穆拉托及其团队需要在不到4个月内建立一个能够满足飞行需要的系统，并且这个系统要在适当的时间内以正确的格式生成正确的信息，来帮助操作者做出明智的决策。与这个任务相比，"海盗派"此前所做的一切可以说是小巫见大巫。这次的风险非常大，稍有不慎就有可能再度引发事故，甚至导致NASA关门。

他们不得不夜以继日地工作。不同的是，他们这次得到了高层的授权和支持。有分析师是这样形容当时的情况的：正式将这个系统投入实际使用的过程，就好比"还没等到手术室完成重建，医生就得开刀为患者进行心脏移植手术"。[15] 最终的平台使用了5个控制台，可以发出非常精确的故障信息，甚至内置了一个倒带功能，这样，任何潜在的故障一发生，系统就可以重新运行和分析。

让我们对照匠人清单来看看"海盗派"的工作，了解他们做了哪些努力。

- **跨界**：将美国空军指挥中心的方法应用到太空任务的执行中。
- **逆向思考**：转变了必须在大型机器上完成计算的传统观念，将控制权交还工程师。
- **提升**：研发全新的视觉和分析功能，能够实时解读太空任务中产生的数据流。
- **自由发挥**：在各种不同的系统上开发计算机代码，使代码更加灵活，能够应对航天任务的需求。
- **加固**：建立了一个系统，即使在危急情况下，也能持续运转并生成解决方案。
- **扩展**：创建单一平台，进行必要的分析和计算，并为决策提供参考信息。
- **多元化**：扩大了该系统可以分析和评估的问题与事项范围。
- **系统性**：将新系统融入 NASA 的组织和管理文化中，而不是作为独立的部分。

在 1988 年 9 月 STS-26 任务发射前，约翰·穆拉托的感受就是向上突围的一个顿悟时刻，他说：

> 我的心跳得飞快，胃里翻江倒海。这是决定我们所有努力成败的关键时刻。在那之前，我们的系统无法运转也没关系，因为没有人会因此丢掉性命。更何况，这是事故后的第一次飞行。我们的机会只有一次，否则一切都完了。我们只有两个结局，要么成功，要么整个组织因为再次发生事故而分崩离析。

事实证明，他的担心是多余的。在任务期间，"海盗派"的系统成了两年来 NASA 首次飞行故障监测的支柱。一切都非常完美，任务大获成功。穆拉托说："自我们的计算机系统于 1988 年开始运行以来，它就一直被用于每一次的航天任务。"

除了作为匠人采取的行动，我们还可以从"海盗派"的事迹中找到所有向上突围者的共同点，即不断追求创新的精神。他们热衷于挑战自己掌握的专业知识，也不满于现状。他们的心态使其化挑战为机会。早在发起挑战并取得重大成就之前，"海盗派"就痴迷于探究事物的本质。他们沉浸在周围错综复杂的技术和社会运作中。也就是说，他们是拥有创新思维的人，最适合去重新思考和重构做事的方式。正因如此，有了参与研发替代系统的机会后，他们长期以来养成的看透事物本质的习惯才发挥了重大作用。

同样重要的是，他们还有目标感。正如穆拉托后来所说：

> 我们最宝贵的资源不是人力，而是使命感……失去使命感才是最危险的。拥有崇高的使命感，可以让我们克服所有障碍……丧失使命感会使我们陷入困境，以致陷入政治纷争、预算、日程和个人问题的旋涡。要想 NASA 有最好的结果，就必须坚持使命，专注于使命。如果我们所做的一切无法绝对支持使命的实现，那就得调整方向。不论多么痛苦或困难，我们都能承受。一旦大家失去了这种使命感，就无法发挥出峰值表现。[16]

他们在成功完成任务后受到了重视。在那次测试运行后不久，"海盗派"被委托开发一套全新的桌面系统，用于 NASA 整体的飞行指挥。后来，NASA 需要打造全新的指挥中心，计划彻底放弃旧式主机时，指派穆拉托负责这个任务。他的团队在最初研发替代系统时就已经熟悉了很多不同的代码和流程，在大家的努力下，仅仅 18 个月，新指挥中心就从一无所有到完成了首次飞行指挥。1992 年获得第二次成功后,"海盗派"被指派主导建设国际空间站的指挥中心,这可是全球有史以来最庞大、最复杂的工程项目。

"海盗派"的系统支持了初期多个航天任务和空间站的建造(这也许是人类有史以来最复杂的建筑工程)。此外,从 NASA 向国际空间站机组人员提供的技术支持中,我们可以看到"海盗派"的持久影响,其中包括多台商业笔记本电脑,这些电脑互联互通,而且可以在失重和功率受限的条件下使用。

1996 年,"海盗派"凭借最初的"叛逆行为"获得了非凡的荣誉——由副总统设立的"金锤奖",表彰他们做出的杰出创新。这项创新不仅改进了性能,还节约了成本,与使用阿波罗时代的旧系统相比,新系统节省了超过 1 亿美元。

他们还产生了深远的影响:其理念和思维方式影响了硅谷的敏捷软件开发方法。有商业研究者指出:

> 海盗派的信条"一点点构建,一点点测试,一点点修复",相当于定期制定短期目标,去鼓励持续的改进和试验,以结果为导向,消除官僚主义,鼓励个人承担责任,挑战传统,同时又能在一个规则分明、等级森严的庞大组织中运作,这些都体现了敏捷开发的本质。他们在这个词还没有流行时就已经开始这么做了。[17]

提出要在 90 天内完成系统升级的那位人士,必定也会震惊于这项规则所收获的意外结果。这个规则催生了创新的问题解决方法,彻底改变了美国政府最知名机构之一 NASA 的未来。

我最喜欢 NASA"海盗派"故事的一点是他们有力地展示了如何缩短现状与崇高目标之间的距离。

这对应了罗伯特·勃朗宁的一首诗，其中两行写的是："啊，人欲所至，理应超出手中所握，否则，天堂又有何意义？"

我不确定是否真的有人知道天堂的最终奥义是什么，但 NASA 无疑比大多数人都更接近这个地方。最后，本章以穆拉托的话作为结语：

> 要想实现梦想，就必须改变行事方式……NASA 就是我们梦想中的事业……我们要做的就是保持挑战的状态。这很难做到……但在我看来，我们如果不断接受挑战，就必定会找到方法。[18]

第七章
整合者：跨越、连接、融合

绿叶海蛞蝓与海胆

美国东海岸冰冷的海水中栖息着一种非常特别的生物，使地球熠熠生辉。之所以用"熠熠生辉"这个词，是因为这种生物就如同一片闪烁的水生叶子，闪耀着微光在水流中轻柔荡漾。很难想象大自然中有比这种生物更迷人的产物。[1]

我总会想，为什么比起陆地生物，水生生物更能引发人类特殊的情感反应。在一次美味的生日大餐上，有位挚友跟我说，对虾就是"海洋中的蟑螂"，听到这话，我在接下来的两年里，都没碰过我最喜欢的泰式炒河粉。但与之相比，更让我震惊的是绿叶海蛞蝓。这个美丽的奇迹实际上是只"鼻涕虫"。

绿叶海蛞蝓的神奇之处不仅在于外观。它的外表呈鲜绿色，这种颜色来自它在其精彩的生命周期中吸食的刺松藻。这种海蛞蝓会将卵产在这种海藻的绿色藻丝上，形成一串黏性长条。幼虫孵化后，全身呈黑色并带有斑驳的红色，然后开始贪婪地以藻类为食。如果没有藻类，它们就无法成年。但在成年后，它们与藻类的关系会变得非常特别。绿叶海蛞蝓通过长有细小牙齿的舌头摄入藻类物质。这些牙齿是在进化中长出来的，非常细密锋利，可以深入植物的细胞结构，帮助绿叶海蛞蝓吸取为藻类带来生命能量的绿色叶绿素。

绿叶海蛞蝓不仅摄入藻类细胞，还会将藻类吸收到消化道内壁，使整个身体变成鲜艳的翠绿色。在消化和吸收之后，绿叶海蛞蝓的整个消化道都会因富含藻类细胞而呈现出绿色，然后它就从海藻上漂走了。接下来是绿叶海蛞蝓的奇迹时刻：它的嘴由于不再有用，因此直接封闭了起来。在接下来的一年里，它通过光合作用就能产生能量。这个让人震惊的现象往往会为人所忽视。换种说法就是，如果被放在水族馆，绿叶海蛞蝓只要每天受到12个小时的灯光照射，无须摄入任何食物，就可以维持生命长达一年。

绿叶海蛞蝓不仅会吸收叶绿素，在进食时，它还从藻类中提取染色体，开始对自己的基因进行改造，成了最独特的一种生物。海藻的基因会转移到绿叶海蛞蝓的后代身上，这种基因会一直沉寂，直到绿叶海蛞蝓成年，才会再次开始跨越边界的循环。两只绿叶海蛞蝓交配后，其中一只产卵，这种奇异、美丽的魔法就会消失。成年绿叶海蛞蝓会被一种病毒侵蚀，直到最终死亡。专家认为该病毒在这种植物和动物的跨界融合中起着重要作用。现在我们还无法完全搞明白所有细节，但可以了解大致的生物过程，那就是绿叶海蛞蝓跨越了植物与动物生命之间的界限，它以叶绿素和遗传物质的形式将重要的资源和解决方案进行跨界连接，最终重新融合成全新的生物——植物-动物杂交种。进化生物学家认为，绿叶海蛞蝓是有史以来唯一能进行光合作用的多细胞动物。

仅仅将叶绿素吸收到肠道中，是不足以进行光合作用的。陆地蛞蝓也能这么做，这个过程只能说是进食而已。而且，动物体内的生物环境与植物的截然不同。绿叶海蛞蝓的非凡之处不仅在于转移和吸收，它还改变了叶绿体的功能。随着时间的推移，过多的光线会损害叶片，这对动物来说也是有害的。绿叶海蛞蝓找到了一种将光线转化为热量的方法，借助热量驱动自己，然后通过褶皱"翅膀"的波动将热量散发出去。光合作用还会产生一些对动物有害的副产物，而植物会通过水路（相当于它们的静脉）排出这些副产物。在没有水路的情况下，绿叶海蛞蝓已经进化出可以保护自己的方法：产生另一种化合物，中和可能对它们有害的毒素。以上措施降低了藻类叶绿素细胞的效力，但能让叶绿素适应截然不同的环境。

生物学家从中得出了一个惊人的发现，绿叶海蛞蝓的现象也许开启了一个全新的物种进化分支。早期的叶绿体很可能是独立存在的细菌，由于叶绿体可将能量转化为阳光，其他细胞捕获并"驯化"了它。细胞核作为我们身体每个细胞和其他动物的驱动引擎，其中也发生过类似的整合过程。因此，在进行奇迹般的整合时，绿叶海蛞蝓并非采取了不符合自然生命的方式，而是展示了生命的真正本质。

对绿叶海蛞蝓的故事，科学家兼发明家凯瑟琳·莫尔也许不会感到吃惊。她不仅是一名狂热的潜水员，其一部分身体还是由海胆组成的。

充分了解每个世界的规则，然后打破它

是的，你没看错。在一段有趣的 TED 动画中，莫尔讲述了在加拉帕戈斯群岛潜水时手被海胆刺伤的经历。[2] 海胆在她的手指里留下一根

刺，她还没来得及取出，就在一次骑马中又一次不幸地发生事故，骨盆骨折了。在终于准备好通过手术将手指上的刺取出时，她发现，刺已经消失了。骨折后，我们了不起的身体会尝试从任何部位吸收钙。在莫尔的故事中，身体吸收了嵌在她手指里的海胆刺，这根刺成了她髋骨的一部分。但莫尔与绿叶海蛞蝓的相似之处不仅仅在于完成了跨物种的融合。

凯瑟琳·莫尔是世界首屈一指的工程师兼外科医生，她有着丰富多样的职业生涯，在人类知识的边界进行跨越、连接、融合。与绿叶海蛞蝓类似，她的一生是由一系列看似不可能的转变构成的。

最初，她是一名工程师，目标是设计出全世界最快的汽车，开着它们在澳大利亚沙漠中赛车。在从事新能源汽车和高空飞行器行业多年后，她的事业迎来了拐点。很多人都有过这样的经历：在技术岗位上做得足够优秀，然后得到提拔，离开这个岗位。

然而，莫尔打算挑战自己，探索其他领域。虽然成为企业领导是一条光明大道，但她并无此意。此外，美国政府向她递了橄榄枝，为她提供了一个备受推崇的职位，负责全美的燃料电池创新计划，但她拒绝了。莫尔想起自己曾在大学时积极了解有关医学工程的知识，于是决定去探索卫生技术领域。在麻省总医院一位朋友的安排下，她获得了观察手术流程和技术的机会。在第一次观察手术过程后，她就对未来的道路有了清晰的想法，这也改变了她的人生。就如同她之前要做的手术一样，这次的职业转变不是按照计划发生的。

在那次手术观察中，患者有腹主动脉瘤。主动脉始于心脏，流经腹部，将血液分配到身体的其他部分，是体内最大的动脉管。但是，在某些情况下，主动脉壁会变得薄弱，出现包块，如果包块破裂，就会导致严重内出血，而且通常会危及生命。

外科医生研发出了支架移植技术来解决这个问题。在 X 射线的引导下，患者体内的支架可通过腹股沟的动脉插入体内，并固定到主动脉的适当位置。这样，支架会在包块周围形成"套管"结构，减少其破裂的可能性。

莫尔那天观察到的手术采用了新型支架，设计这款支架的工程师恰好也在手术室一起观察。支架出了问题，外科医生不得不在手术中途改为使用传统的治疗方法，即切除患者腹部的包块，并缝入一根合成的替代管。患者最终幸存了下来。

随后，尝试插入新支架的外科医生和支架设计工程师进行了讨论，莫尔也参与了这次会议。在她看来，工程师说的是她熟悉的行话，外科医生说的则是医学用语——"很明显，他们无法理解对方"。

她对于那次讨论的叙述值得我们深思，这不仅关乎两个团队的合作，还与莫尔本人有关。那次讨论让她产生了一个改变人生的领悟："如果你能同时了解这两种专业的语言以及人体的运转机制，就可以清晰地与双方进行沟通，并成为团队的重要一员，帮助他们设计有效的设备。"

虽说莫尔之前与海洋生物有短暂的跨界接触，但真正使她走上整合者道路的是"改变生命的领悟"。在这条道路上，莫尔 34 岁时从医学院毕业，帮助研发了世界上第一台机器人手术助手，并致力于改变世界各地贫困和低收入国家的外科手术护理现状。这也是她与我的职业道路交叉的地方——她参加了我成立的一项战争和灾后外科手术的创新项目。

在踏上外科手术这个未知领域时，莫尔并非盲目前行。这样的改变不是突如其来或者弹跳式的。在跨界的过程中，她首先进行了研究，去了解要成为工程师与外科医生的中间方需要怎么做。例如：她要上医学院；她要更好地了解整合工作需要什么，这是十分迫切的；她要从其他人那里学习经验，了解怎么将一个领域的思想"嫁接"到另一个领域（她向来一语中的，这个类比非常妙）。在证明可行性的课程中，莫尔并非在寻找谁有一模一样的经历可供她效仿，而是想了解实现目标要经历的阶段和路标。

莫尔不仅审视了学习过程，在迈出真正成为整合者的第一步时，她花了很多时间审视自己的动机，思考是否有坚持到底的韧性。她设计了一系列测试和障碍来检验自己。例如，她是否有动力在29岁时开始学习医学学位课程？她必须进行一些基础学习，特别是实验室和生物学方面的学习。为了填补知识空缺，她注册了加利福尼亚大学洛杉矶分校（VCLA）的夜校。"如果能在晚上10点做有机化学的实验，那就说明你有这样的决心。"

在实际中，这样的转变要同时满足一些条件：她不仅要追求学业，还要有资金支持。在美国，申请医学院的候选人通常还必须出示父母的纳税申报表。在这方面，她借助了人脉，成功与世界领先的斯坦福大学的外科主任安排了一次会面，后者恰巧在筹备一个有关生物设计的新项目。还有一个潜在的资金来源：有一家公司希望进行内窥镜手术的需求评估，并愿意给合适的学生支付50%的费用和50%的津贴。莫尔成功获得了这个机会。

这意味着莫尔从作为医学生的第一周起就地位特殊。一般学生在周二上核心课程时，她可以作为志愿者进入手术室，撸起袖子充当研究员和助手。从上医学院的第三周开始，她每周二上午有手术，而且每天都会带上她的工程笔记本：

> 我有机会提出各种问题……比如这是什么工具？过去是怎样

的？为什么要这么用？……大家受到我的挑战，但同时也感到很有趣。

当然，她的成熟和专业素养也起了作用。从一开始，她就清晰地展示了作为整合者的特质：比一般学生年长，做过工程师；她提问是为了解决问题，而且她不崇拜等级制度。

> 我不认为自己在手术室没有发言权，（因为）我拥有临床医生没有的技能和知识……没错，我是学生，但在设计、制造和改进方面，我是他们的协作者和同事。

她不仅以有偿工作的方式探索了工程与外科之间的交叉点，还强化了对核心外科知识的学习。她没有降低同步进行的课程强度，这些课程在许多方面都帮助她获得了超前的学识。但在这个过程中，莫尔确实不得不调整学习进度来适应课程。斯坦福大学在课程结构和考勤方面非常有前瞻性。莫尔的同学群体十分多元（她提到，整个年级有6名年过30岁的女性），也就是说学校需要灵活满足学生不同的生活和学习方式。斯坦福的愿景是培养下一代医学领导者，它不愿意让制度成为培养学生的阻碍。这种灵活度完美契合莫尔的需求，她可以借助录制的课程在晚上补习核心模块的内容。到第一年结束之前，她每周都会在手术室里工作3~4次，然后在晚上以两倍速观看当天的讲座。

后来，莫尔开始为直觉外科公司提供咨询服务。这家公司在1995年成立于斯坦福，愿景是将科幻小说中的机器人辅助外科手术变成科学上可行的现实。为了实现目标，该公司当时探索了多种不同的技术外科解决方案。莫尔做的是帮助公司重新思考在治疗肥胖症的胃旁路术等手术中，外科医生与机器人之间的配合。她发现，对人类外科医生来说，他们在手术过程中承受的身心压力可以通过机器人转移。正如她所说：

> 每一项手术都依赖于外科医生将体能和心智能力施加在人体上……这既带来了一些可能性，又存在一些限制……引入机器人系统，就可以做出全新的改变……在胃旁路术中，可以将机器人旋转90度……可以更精确地将机器人的运动学与人体的生物学相匹配。

这显然是个重要的时刻。在工程方面，直觉外科公司非常了解机器人，但不太了解手术，无法在这方面改进机器人。在外科方面，它对机器人更是知之甚少，不知道如何操作。整合的核心就是将两个世界融合。

> 机器人是这样设计的，手术是那样设计的，我们必须要回答一些问题：如何重新调整两者从而以最大的限度发挥各自的长处并尽量削弱不利的地方？如何充分了解每个世界的规则，从而打破这些规则？在工程方面，哪些规则阻碍了临床上可以做的事情，有没有更佳的行事方式？反过来呢？

用之前的例子做类比，这个过程就像绿叶海蛞蝓在进化中将叶绿素吸收到它的生命系统中一样。

莫尔很幸运，她能直接与直觉外科公司的首席医疗官米丽娅姆·屈雷合作，后者是一位成绩斐然的外科医生，有丰富的手术经验，也有呼吁对外科手术开展变革的权威。她们开始支持其他人培养组合技能，帮助外科研究员学习传统的腹腔镜旁路术和新的机器人版本，让大家在不同的领域中来回切换以拉升学习曲线。这种新方法显著缩短了手术时间，不仅能减少外科医生的身体压力，还能减少并发症。

虽然可能有点儿离题，但不妨回顾一下外科医生的起源。古埃及语和汉语中"医生"一词与外科手术密切相关，据说最初大致的意思是"拔箭者"。[3] 在中世纪时，理发师兼外科医生是整个欧洲公认的职业，因为他们可以方便地获取锋利的金属工具，并且有非常强的协调技能。现在，随着医学和外科需求变得更加复杂与多元，工程师凭借其掌握的技术和精确控制的能力站在变革的新前沿，也就不足为奇了。

后来，直觉外科公司研发出首批获得美国食品和药物管理局（FDA）批准的机器人辅助手术系统之一。莫尔在毕业后入职了该公司，顺利成为研发总监。

尽管莫尔在当时只是一个学生，但她所做的不仅仅是改善了外科医生与工程师之间的沟通，她还是一个整合者，促进了整个领域的重塑。

跨界、连接、融合

用一个生动的比喻来说，整合者促进思想"交汇"。作为创新者，他们并非没有边界，而是跨越边界。

整合者在向上突围中发挥的核心作用在于，他们眼中的世界充满了一系列相互作用和相互强化的模式，这些模式可以"复制和组合"。整合者发现了这些模式，但他们也知道，要利用好这些模式，不是简单地从一个地方剪切再粘贴到另一个地方。

英国创新研究者约翰·贝赞特是我的朋友，我们在工作中经常合作。他认为，整合者在面对压力和危机时显然发挥着独特的价值：在面对压力时，他们借鉴现有解决方案并进行调整，而不是从头开始。[4]整合者能够节省时间和金钱，开辟可能未曾被考虑的新可能性。贝赞特在"重组创新"方面的研究对任何一个想要培养整合技能的人来说都非常有启发性。

正如我们在凯瑟琳·莫尔和绿叶海蛞蝓的例子中所见，有效的整合不是自然而然发生的，而是需要培养特定的能力。贝赞特在不同的背景下进行了研究，他发现了三种所需的能力——跨界、连接和融合，这三种能力也直接反映在本章到目前为止所描述的整合者行为中。

跨界和搜索。要在不同的领域中找到类似的解决方案，我们先要爬上"抽象的阶梯"，看看如何在不同场景中解决相同的问题。这相当于解读或重构问题。学会重构和重新组合是这个过程中的关键技能，充满了各种可能性。

贝赞特恰巧举了一个关于周转时间的例子，这是手术室的医护人员和赛车手都存在的问题，莫尔应该也会认同：

> 医院面临的一个挑战是要尽可能高效地利用昂贵的资源，比如手术室。它们要迅速地将术后患者转出，并对手术室进行清理、消毒、准备，然后尽快开始下一位患者的手术。这与另一个完全不同的世界——F1赛车有很多共同之处。F1赛车迷都知道，在严苛的赛车大奖赛中，如果赛车停站速度不够快，那么就极有可能毁掉车手夺冠的机会。

刘易斯·汉密尔顿打破了各种世界纪录，是有史以来最成功的F1

赛车手。他比任何人都更了解这一点，因此，他并不仅仅满足于在驾驶方面的成就。跟最优秀的整合者一样，他追求的是同时掌握驾驶的艺术和技术。

> 这些年来，我们变得越来越开明。工程师通常相当固执己见。他们习惯于遵循过去安全可靠的方式来做同样一件事，就因为这个方法之前行得通。所以，过去几年来真正的挑战，尤其是在赛场上，不仅是突破极限，还要推动团队突破舒适圈。我们发现，有些事情，如果不去尝试，就永远无法有所收获。打破固有思维，让大家接受新思想，真的非常棒。这也让我们能不断取得卓越的成就。看到他们不再做与其他人一样的事情，跳出固有思维，看到他们比其他人在创新上更快一步，真让人感到欣喜和振奋。[5]

连接。要将解决方法迁移到不同的场景中，我们就不能将步伐迈得太大或在过于宽泛的层面进行研究，这会导致无法建立有用的连接。最优秀的整合者能在截然不同的领域之间建立联系，并在需求满足与解决方法之间找到匹配点。

我与凯瑟琳·莫尔谈论过职业赛车手发生的认知变化：

> F1 赛车手曾经被视为"披着人皮的机器"。赛车手固然很优秀，他们有惊人的反应速度、身体耐力和技艺，还有精明的头脑，但他们不懂技术。只有工程师才能创新，因为他们懂得引擎的运转和物理法则。拿摇滚乐打比方，赛车手就像是猫王，拥有超强的台前表演能力，他们不需要思考怎么改变。但到了现在，一切都变了。数据在增长，实时信息不断增加，团队动态不断变化，

这意味着更应该像披头士乐队那样，去创作和演奏自己的音乐。所以赛车手很重要。

刘易斯·汉密尔顿等新一代的赛车手就是这种转变中的典型。他们在机器和人类能力的交汇点斡旋，面对的压力也许比世界上任何其他单一职业都大。最出色的赛车手是能在汽车机械、驾驶专业知识的前沿和竞技体育心理学之间，无障碍地充当中间方的人。

融合。融合不是将一个方法直接从一个场景剪切并粘贴到另一个场景，而是意味着"将某个领域适用的原则转化为另一个领域的做法"。我们在这个过程中需要进行学习和调整，也就是约翰·贝赞特所说的"周期性适应"。

说到这里，不得不再次提到汉密尔顿。2019 年，他捧回了人生第六个 F1 世界锦标赛桂冠。记者在赛后采访中提到，汉密尔顿在下个赛季根本不必调整驾驶技术了，然而他是这么回应的：

> 改进没有尽头。我们去年没有赢得所有比赛，在一些地方遇到了困难。决定是否获胜的因素非常多，总有可以改进的地方。作为车手，我怎么改进与团队、技术人员和厂方的沟通？怎么发挥更好的表现？我每年都在进步，哪怕是在赛季中，我的技术都在改进。比如，我们今年用的轮胎跟去年一样，但去年整个赛季都出现了与轮胎有关的问题。所以说，我还得调整一些细致的技巧，驾驶不同的车时也是如此。这是比赛的一环，我要适应不同的情况。何况现在我们有一辆新车，不知道会怎样，希望它能表现出色。[6]

上述一切发生的前提是整合者要有"吸收能力",即发现、吸收和利用新资源与知识的能力。

对绿叶海蛞蝓来说,这种吸收能力体现在生理上,它通过消化道从海藻中吸收叶绿素。对人类来说,它是指利用心智能力和周围的有利环境,充分发挥整合背后的潜力。

作为赛车界翘楚的汉密尔顿比任何人都更了解这一点。他需要在压力之下进行改变,这是要付出代价的:

> 钻石要成型,离不开压力,不是吗?对我而言,我终于找到了合适的平衡……我更了解自己。我知道何时要逼自己一把。我可以把握这个力度。如果需要喘气的空间,我就会后退一步。[7]

正是因为刘易斯·汉密尔顿这样的整合者能花时间去跨越边界,他们在高压下的表现才显得无比重要。他们的顿悟时刻看似偶然,但实际上是因为他们不时在不同领域之间进行跨越,才更可能在最需要时找出关联点并进行整合。

成功的向上突围往往是整合者偶然将意想不到的参与者相聚集而引发的结果。这呼应了本书目前所描述的向上突围者的行为:屠呦呦将其中医知识与同行的制药知识相结合,比美国的军事医学研究任务更早一步找到了治疗疟疾的方法;法国营养学家安德烈·布赖恩德将巧克力酱与治疗营养不良的方法相结合,制作出第一批坚果营养品。

这套由"跨界、连接、融合"组成的实践方法听起来可能很简单,但效果非常惊人。只要搜索一下,我们就能发现这个过程不仅影响着先进科学、工程和医学,还影响着基本的生活和饮食。

针对语言发展、美食和软件开发等不同领域的研究都发现,跨界可能看似偶然，实际上却是推动某个行业变革的主要驱动因素，而且每一次跨界的背后必定会有一个整合者。

在整合者影响力最盛的时期，他们不仅会提出新想法或解决方案，还能创造出人类可以为之奋斗的全新领域。下面的例子将完美印证这一点：法国的一个酿酒师兼甜点师发明了一种不起眼的简单工艺，改变了全人类的发展历程。

战争和豌豆

1795 年，法国督政府发起了一项比赛，邀请大家提出能帮助军队保存食物，应对长期行军的方法，奖金高达 1.2 万法郎。众多专业的厨师和食品保存专家都参加了比赛，包括巴黎人尼古拉·阿佩尔。[8]

阿佩尔丰富多彩的人生符合我们对整合者的设想。他在家庭旅馆中长大，孩童时学会了酿啤酒，20 岁时开设了自己的啤酒厂和葡萄酒厂，然后搬到如今的巴伐利亚，成为神圣罗马帝国一位伯爵的管家。他后来回到巴黎，成了一名成功的甜点师，制作出了大受欢迎的糖果和点心。从 1789 年君主制被推翻到 1793 年路易十六被处决，阿佩尔的经历中还添加了"革命"的一笔：他成为革命军的阶下囚，后来又因为过于温和而获释。再后来，革命军被推翻了。

出狱后，他开始痴迷于研究如何保存食物，这可能是为了应对政府当时面临的普遍挑战。当时有一句名言："在罗伯斯庇尔统治时期，鲜血流淌，但我们尚有面包果腹；如今，我们不必再流血，但没有了面包。"也可能是因为阿佩尔在监狱的个人经历使他痴迷于此，因为他有近一年的时间都在吃劣质的食物。（还有一种流传甚广但存疑的说法，他是为了获得当时政府宣传的奖金而开展了实验。但这只是众多有关创新迷思中的一个而已，几乎没有证据可以证明。）阿佩尔并非采取单一的方法，或基于单一的食物研究出解决方案。他认为自己的丰富经历能给他思考如何保存各种食物带来独特的视角。他后来写道，跨界经历使他受益匪浅。

> 我在配餐室、酿酒厂、仓库和地窖待过……还有糖果商、蒸馏酿酒商和杂货商的商店、工厂与仓库。我管理这样的地方长达45年，积累了其他许多人所不具备的优势。[9]

基于这样的经历，他开始进行连接和融合。

这些初步的组合实验带来的影响远远超出了烹饪领域。18世纪90年代，拿破仑·波拿巴率领军队在欧洲多个地区征战。当时，拿破仑步兵最常见的就是饥饿问题。根据当时为数不多的第一手资料的详细记载，士兵们对竞选、政治甚至战斗本身并不怎么关心。包括雅各布·沃尔特在内的步兵真正想要的是避免受到可怕的伤害，并且有足够的食物。大多数士兵不得不以购买、搜寻、借用、掠夺或其他方式获得食物。

沃尔特在日记中说，一次战役中，一群士兵决定分享各自搜寻到的食物，用来制作一顿集体大餐。他们融化了一块冻硬的猪油，用来烹制豌豆。很不幸的是，他们发现那不是猪油，而是肥皂，宝贵的豌豆因此变得难以入口。在俄罗斯战役中，绝望的士兵为了争夺倒下的马匹大打出手，火药成了马肉的调味料。

沃尔特和他的战友们在想方设法地生存下去，即便知道有人为了解决他们的困境在密集地进行研究，也无法得到实际的安慰。有一句名言——"士兵的胃，决定了行军距离"，有人认为这来自拿破仑。这句话在当时显得跟士兵的胃一样空洞。最终是尼古拉·阿佩尔为这句话赋予了真正的意义。

有个想法支撑着阿佩尔进行整合："如果装瓶后的葡萄酒能够保存良久，为什么一般食物不行？"事实证明这不是将食物装瓶那么简单，阿佩尔要在这两个领域之间进行连接。在仔细研究了葡萄如何在酒瓶中以发酵形式保存后，阿佩尔开始将各种各样的食物放入玻璃罐中，用金属丝加固。然后，他用软木塞封住罐子，用蜡密封，接着将罐子裹在帆布中煮沸，将食物煮熟。

这个过程的每个阶段都需要特别的关注。阿佩尔发现，不同的食物需要不同的处理方法。软木塞的材质、木塞插入瓶口的速度和方式都很重要。阿佩尔花费数月向酿酒师学习软木塞的各种细节。有些玻璃在受热时会裂开，阿佩尔很快就发现最好用的是香槟瓶，因为它们的强度显然更大且便于携带，外观也好看。

在开始试验的一年间，阿佩尔关了店，搬到巴黎南部马西城的一个住所中，那里除了他的家，还有四个车间和一个果蔬园用来种水果与蔬菜。在新"实验室"里，他试验了各种食物，包括肉类、蔬菜、水果、草本植物、牛奶和乳清。其中，豌豆似乎尤为棘手，他专门为豌豆带来的挑战撰写了好几页的说明。显然，豌豆给他带来的困扰不亚于肥皂煮豌豆给雅各布·沃尔特带来的烦恼。

与同行不同的是，阿佩尔认为必须"通过有条理的试验，进行验证……通过精确的观察，得出符合逻辑的结论"来推进他的想法。这种系统性的融合科学地整合了不同的食物、材料和流程，对他最终获得成功的方法起了至关重要的作用。

此外，跟凯瑟琳·莫尔在很多年以后所做的一样，阿佩尔认为组合和重组是试验和完善这个过程的基础。他开始的一系列探索，都是在"对植物和动物制品的不同元素之间的组合进行调整"。

阿佩尔按照自己的方法和工艺对各种食品进行试验后认为，保存食物的基本原理是通用的："保存食物的方式都一样，在所有食材上都能产生相同的效果，没有例外。"

到19世纪初，阿佩尔开始在商店销售他的瓶装食品。他在各大食品博览会上展示了样品，而且他与法国军方进行了合作试验，包括在法国海军中进行的"阿佩尔式"肉类、蔬菜、水果和牛奶试验，食品罐被用到了军舰和治疗伤兵的医院中。尽管有人对此表示怀疑，但总体来说大家给出了压倒性的热烈反响。根据海军军官的一份报告（这份报告已得到高级海军将领的背书），"这些食物的新鲜度和味道与新鲜采摘的蔬菜别无二致"。一位记者在品尝阿佩尔的食物后写道：

> 阿佩尔先生非常成功，每个瓶子里都装有足量的小菜，让人在寒冬中也能感受到5月的美好时光，而且这些小菜就像是由大厨精心准备的一样。毫不夸张地说，这样的预制小豌豆，吃起来就像是当季的新鲜菜肴一样，翠绿、嫩滑且美味。阿佩尔先生发现了让季节停驻的艺术。他把春夏秋这几个季节存到了瓶子里，里面的食物如同温室中由园丁精心呵护的娇嫩植物一样，抵御着季节的变幻莫测。

阿佩尔在获得积极的回应后大受鼓舞。1809年，他向政府申请奖励，但没有立即得到回应。后来，政府给了他两个选择：为这个工艺申请专利，并通过销售收取专利费；将工艺写下来公之于众，一次性获取1.2万法郎的报酬。阿佩尔选择了后者，他说："这更值得尊敬，也符合我的个性，更重要的是，这个工艺对全人类有益。"

阿佩尔发明的工艺产生了许多深远的影响。对他来说最令人痛心的是，这个工艺在他公开的当年，就被英国商人彼得·杜兰德全盘抄袭，并在英国申请了皇家专利，将范围扩大到包括茶叶罐在内的多种容器。后来，伦敦南部的 Donkin, Hall & Gamble 公司开始大规模生产，并于 1813 年正式开始商业化运作。该公司早期就得到了军方的支持，威灵顿公爵公开表示该公司的罐装牛肉非常美味并将其推荐给了海军和陆军。1814 年，即滑铁卢战役前一年，英国海军部订购了将近 3 000 磅的罐头，后来又快速增至近 1 万磅。

Donkin, Hall & Gamble 公司后来并入了 Crosse & Blackwell 公司，后者到现在仍是一家重要的食品公司。随着罐头生产机械化程度的提高，加上之后开罐器的推出（此前必须用锤子和凿子开罐头），罐头食品为工业时代迅速增长的城市人口提供了大规模的食物保障。罐装牛奶成为商业上首次大规模生产的商品，人们可以在商店进行购买。历史学家称，这立即改变了新城市的面貌，城市农场消失了，消费者从购买新鲜牛奶转向罐装牛奶。

锡罐在第一次世界大战中发挥了核心作用，美国政府发出"用罐头支援大炮"的口号，鼓励大众将种植的粮食制成罐装食品供应前线士兵。时至今日，单是美国和西欧每年就消耗超过 400 亿罐的罐头食品，平均每人每年大约 40 罐。尼古拉·阿佩尔的工艺成了全球最广为流传和广为复制的工艺之一。

阿佩尔发挥的作用不仅仅是他作为整合者将酿酒和食物的保存方法整合。有人评价，阿佩尔做出了前所未有的"巨大贡献"，横跨了化学、实验、营养学和制造业等多个领域。毫不夸张地说，阿佩尔是第一位，也是影响力最大的一位食品科学家。尽管阿佩尔没有完全理解为什么他的工艺有效，但他对背后的运作原理有着扎实的了解。

1862年，路易·巴斯德从阿佩尔身上获得了启发，发现了微生物在分解食品中的作用，并运用这个新知识研发出以他的名字命名的巴氏消毒法。但其实最先做到灭菌和巴氏消毒的人是阿佩尔，正如巴斯德本人所写："我承认，这位生产商与我做的试验完全相同。"

意料之中的是，在阿佩尔首次向法国政府提交工艺用来申请奖励的200年后，有多位影响重大的食品学者写道："阿佩尔的成果是现代社会工业演变中最重要的一环。"

激发阿佩尔开展研究的也许是拿破仑的战争，但他向上突围的经验与这位军事领袖截然不同：世界之所以发生变化，很大程度上是为了解决现实的问题，而不是因为宏伟的想法。

这让我想到了阿尔伯特·爱因斯坦的小提琴。

挚爱的莉娜

阿尔伯特·爱因斯坦对音乐的热爱与大多数人不一样。晚年时，爱因斯坦在全世界享有盛誉。很少有人理解为什么他无论去哪里几乎都会带着一个破旧的小提琴琴盒。琴盒里装的乐器有时不一样。爱因斯坦一生大概拥有10把小提琴，据说，他会将每一把小提琴亲切地叫作"莉娜"，以此作为小提琴的简称。[10]

不论走到哪里，不论是与科学界还是政界的皇室成员打交道，他都带着莉娜，希望与新认识的伙伴共奏一晚。有时，甚至连他在科学界的职业关系也受到音乐的影响。他曾说："难以想象无法演奏音乐的生活会怎样，我在音乐中做着美梦。音乐定义了我的人生……我从音乐中获得了一生中最大的快乐。"

现代传记作家和爱因斯坦的狂热粉丝曾对他与音乐的这种关系深入探讨。音乐学家内特·坎贝尔研究过爱因斯坦逃离纳粹占领的欧洲后在普林斯顿大学度过的时光，他认为"音乐创作为爱因斯坦提供了进入另一种模式的途径"。爱因斯坦的妻子埃尔莎是这样描述工作中的丈夫的："音乐帮助他思考理论。他到书房工作（一段时间），会出来在钢琴上弹几段和弦，匆匆记下一些东西，然后回到书房。"

爱因斯坦的儿子汉斯在回忆父亲时曾说："他更像是一个艺术家而不是科学家……理论对他而言最迷人的地方不在于正确性，而在于美感。"此外，爱因斯坦在科学界的共事者曾回忆：通常，对于一个想法，爱因斯坦给出的反应不是去批评，而是说"啊，太丑了"。他说，爱因斯坦还非常确信，要在理论物理学中得出重要结果，最重要的指导原则就是"美"。

有关其诺贝尔奖的传记作品中更详细地解释了音乐的作用："爱因斯坦的科学思想往往先是以图像和直觉的方式产生的，后来转化为数学、逻辑和语言。音乐推动了爱因斯坦的这个思维过程，并有助于他将图像转化为逻辑。"

这位伟大的理论物理学家曾说，没有小提琴，他将永远无法解决任何物理问题。

为了解广义相对论背后的思考过程，心理学家马克斯·韦特海默曾写信给爱因斯坦。爱因斯坦回道，他从不通过逻辑符号或数学方程式思考，而是通过图像、感觉和音乐结构进行思考。

在谈论莫扎特的音乐时，他说："如此美丽而纯洁，反映了宇宙的内在美……它似乎一直存在于宇宙中，等待着被大师发现。"还有一次，他称自己和莫扎特都是"音乐物理学家"。

爱因斯坦也回应了儿子汉斯对其艺术感的评论。爱因斯坦表达过，他的想法来源于对现有科学理论中"审美的不满"，这些理论"无法反映宇宙的对称性、内在统一和美感"。此外，在与一位心理学家的对谈中，他说："相对论的产生来源于我的直觉，音乐是这种直觉的驱动力。我从6岁开始就学习小提琴……我的新发现来源于对音乐的感知能力。"

阿尔伯特·爱因斯坦有一句常被引用的名言，这句名言摘自他的一封信，内容如下（那句名言已用斜体标出）：

> 不论是书面文字，还是口头语言，它们似乎都没有在我的思维方式中发挥任何作用。在我的思考中，真正起作用的灵魂元素是一些符号和或多或少清晰的图像，它们可以自由地再现和组合……*最终形成逻辑合理的概念的欲望，是这种模糊的组合游戏的情感基础*……从心理学的角度来看，这种组合游戏似乎是创造性思维的本质特征。

这位有史以来最伟大的理论物理学家显然将自己视作一位整合者。音乐物理学家、工程外科医生、绿叶海蛞蝓，这些向上突围的例子展现了对不同的思想、学科甚至物种进行跨越和整合的过程。

整合者不仅要研究两个不同的领域并找到相似之处，还要促使截然不同的参与者展开对话。莫尔生动地展示了整合者不仅仅是在搭建桥梁。我曾在一次讨论中问她，她对作为整合者，以及对在学科之间建立桥梁有什么感觉。她在深思熟虑后给了我一个全面而真诚的答案：

> 整合者的本质在于他们能在不同的知识领域之间进行转换，

而这些领域的交叉点往往是诞生创新的地方……整合者可以从共同的语言、数据和顿悟入手……然后他们可以进入那个空间，将个人想法和专业知识放到一边，开始看到一些可能性。

然而，问题在于大多数人会困在介于中间地带的传统路径中。整合者既需要抓住机会，又要在专业上展现出勇气：不仅仅是跨界、连接、融合，还得常常在个人和专业层面进行自我反思："我想要加入这个体系吗？"整合者通常得拒绝接受外界对于成功所设的方法、指标和路径。

整合者不仅仅在学科的交汇点上发光发热。在莫尔的人生和职业生涯中，她跨越了技术、组织、行业、性别规范之间的界限，更重要的是，她跳出了外界对她的期望，转而追求由巨大的内驱力和热爱产生的目标。

在我追问她的进一步感受后，她回答说：

说到感受……那就是你不要因为学了不同领域的专业知识而被困住，不要因此掉入"不可能"的陷进……而是要保有一种"初学者思维"，并将陡峭的学习曲线融入生活……作为整合者，你很容易患上冒充者综合征……整合者必须在保持谦卑的同时，清楚地认识到自己的知识深度以及仍然需要学习的内容……否则，你就永远无法将来自不同领域的洞见融合。

第八章
连接者：利用网络智能

罗斯和马娅

一代又一代的难民逃离了纳粹德国、东欧，以及西班牙宗教裁判所的迫害，到新地方定居。罗斯·埃雷拉就是这些难民的后代之一。她从小就开始四处游历，遍访世界各国，交游广泛，还学过多种语言。作为犹太人，她坚信"应该帮助异国他乡的陌生人"。二三十岁时，她从业于电视和电影行业，同时还在位于北伦敦犹太教堂的难民安置中心担任志愿者。在2015年欧洲移民危机的关键时刻，罗斯推动了一场非凡的全国性和国际运动，展示了难民之间的团结力量。

在另一个地方，年轻的马娅·马宗达因为一本关于水传播疾病的书而改变了人生。马娅的家族来自孟加拉国，在提到这个地方时，她说："霍乱这种经水传播的疾病每年都会使成千上万的人感染。"在该书的启发下，加上家族关系网的支持和鼓励，马娅很早就作为工程学本科生进入了孟加拉国农村的一家医院，负责研究如何更好地绘制和预测霍乱在该国最贫困地区的传播方式。这段经历后来指引她踏入公共卫生领域，专门研究传染病的传播。在 2020 年新冠病毒疫情肆虐的关键时刻，为了攻克新冠病毒相关的科学难题，马娅发起了一项横跨全球的特殊跨学科研究项目。

她们一个是犹太人，另一个是穆斯林，都是移民的后代，都渴望铭记和致敬前人的经历。与此同时，两人都推动了跨越国境、组织和知识边界的非凡合作。如果在线搜索她们的名字，我们还会发现两人有另一个明显的相似之处：通过她们的数字足迹，我们可以看到她们涉足过多个不同的社交圈子。马娅不仅是公共卫生专家，还是数据科学家、网络科学家、科学传播者和种族权利倡导者。罗斯不仅是难民权利倡导者，还是纪录片导演、电视制片人、历史学家、作家和动物健康专家。此外，两人都是专业的艺术家，一个是数字艺术家，另一个则是画家。

在与罗斯和马娅交流的过程中，我很明显感觉到不论是在专业层面还是在个人层面，人际网络对她们来说都非常重要。马娅曾跟我说："在这个领域，我没有接受过正式的培训，但我一生都致力于担任组织者和联络者。我竞选过学生会干部，做过清真寺的青年团主席……这就是我。我在很多不同的领域里都这么做。"罗斯也有过相似的做法。她曾担任多个领域的自由职业者，她强调背后的动机之一就是——她非常享受这么做。她曾说："我喜欢与人建立连接，也喜欢连接他们的想法。"

马娅和罗斯踏上了向上突围的旅程，参与了对全球大量人口有着重要影响的活动。在这个过程中，她们非同寻常的丰富的人际网络，以及在危机之际激活、动员和转化这些人脉的能力成了关键。我们会在本章中了解到，她们的经历也许并非独一无二，却是非比寻常的。

集思广益，攻破难题

2015年9月1日晚上7点多，我的社交媒体收件箱出现了一条消息，一位老朋友将消息发送给了包括我在内的11个人，里面写道：

> 虽然我从未尝试过组织游行活动，但由于没有人要在欧盟难民问题会议之前采取行动，因此我决定做点儿什么。最终可能只有我一个人举着标语牌在雨中游行，因为我也不知道要怎么做。所以，我希望你们这些可爱的人也许：
>
> 对组织这样的活动有经验，并能给我一些建议；
> 认识组织这类活动的人；
> 认识一些组织的人，他们也许愿意为难民的游行出一分力；
> 具备传播或社交媒体相关的技能；
> 能提供一般的建议?！
> 时间紧迫，我现在毫无头绪。请大家帮帮忙！！

从记事起，罗斯就对英国难民的困境感同身受。在她之前的好几代人都是从迫害中逃离的犹太难民。作为难民后裔，她利用业余时间在安置中心和食品赈济处做志愿者，那里收容的是来自世界各地的难民和寻求庇护者。长期以来，她感到所帮助的那些人的真实生活与众多政治家和媒体机构用来描述他们的贬低性语言之间是割裂的，她认为大家所描述的难民"与那些试图逃离母国可怕状况的人完全无关"。

那天晚上，罗斯联系了大约十几个人，马上凝聚成了一股力量。包括我在内，这些人从事截然不同的行业，包括戏剧、新闻、政治、科研等领域，也有着不同的生活背景，其共同点是都认识罗斯。除此之外，大家还热衷于为难民提供支持。

我们并非孤军奋战：2015 年，大量来自叙利亚、阿富汗、伊拉克和利比亚的难民涌入欧洲，在政界和媒体界掀起了狂风暴雨。当年 4 月，数百人在乘船从利比亚驶往意大利的过程中丧生。到 9 月罗斯给我们发消息时，已经有 30 多万人试图通过海路进入欧洲寻求庇护，其中近 3 000 人在这个过程中丧生。

以往在遥远地区处理的人道主义危机如今到了家门口，各组织在处理这些问题上遇到了重重困难，与我密切合作的机构也是如此。毕竟，远距离开展人道主义任务与在国内应对棘手的政治局面是完全不一样的。但也有一些值得注意的例外，比如无国界医生、联合国难民事务高级专员办事处和红十字会。

小规模的慈善机构和志愿者运动迅速涌现，它们致力于解决急剧增长的难民需求问题，为欧洲各地的难民营提供食物、住所、教育等；甚至还在沿海水域巡查，试图为难民提供安全通道。但对英国甚至整个欧洲的很多人来说，包括罗斯在内，他们眼睁睁看着同为人类的难民在挣扎，却没有切实的途径来表达支持。

但现在有途径了。罗斯创建的社交媒体页面有大量的点赞和转发分享。在她向我们发消息的那一天结束之际，有近 1 000 人报名参加，而且人数在不断增长。罗斯对在雨中孤独挥舞标语牌的担忧在第二天就烟消云散，因为她接到了伦敦大都会警察局的电话，礼貌询问她为什么没有征求意见就准备在英国首都组织一场眼看会超过 1 万人的游行。

大家通过线上群组开展了广泛而深入的讨论，包括运动的命名、伦敦的游行路线，以及应该有哪些发言人和演出者，应该在游行中提出哪些要求，等等。随着人数越来越多，大家又开始讨论具体要怎组织。报名参加游行的人数大幅增长，但大家的讨论仍然十分文明礼貌且相互尊重。随后，一张照片的出现使一切都乱了套。

我们现在将时间快进5年。2020年3月，整个世界陷入了另一场危机。这次危机并非由绝望中流动的人群触发，恰恰相反，是由无法流动引发的。就在我写本书时，新冠病毒疫情仍在肆虐，这是人类历史上最变幻莫测的时期。对很多人来说，这就像是噩梦一般，大家都希望可以一起从这场梦中醒过来。当时，全球几乎所有国家都呼吁封城，这给不同的集体和个人的心理健康造成了不同的影响。

马娅·马宗达彼时是波士顿的一名公共卫生科学家。2020年3月封城后，她的工作方式发生了改变。这对她来说不算突然，也不甚意外。[1] 因为，她从1月开始就一直参与哈佛医学院和波士顿儿童医院有关新冠病毒疫情的合作研究项目。早在年初那个时候，她就意识到疫情不会轻易消失，因为它的传播非常迅速，而且缺乏足够的医学研究。这意味着，地球上的每个人很快就会受到影响。作为计算流行病学家，盯着计算机屏幕成了马娅的日常工作。

但她很快意识到，世界各地包括美国在内有很多研究人员和科学家没有那么幸运，有的缺乏哈佛和波士顿为她提供的设施，有的是由于突然要将实操性的学科数字化而难以适应，有的则饱受疫情对学术生活的影响，刚起步的研究人员受到的影响尤为严重。她说：

> 实验室关闭了。临床医生无法看到患者。博士后的就业市场突然停滞，大量毕业生担心疫情会导致自己简历中留下大片空白。即使是仍有工作要做的人，也无所适从：每个人都想为抗击新冠病毒做贡献，但又担心自己微小的力量无济于事。

在马娅看来，这相当于"脑力受到压抑"。凭借对与新冠病毒疫情相似的以往疫情，包括严重急性呼吸综合征（SARS）和中东呼吸综合征（MERS）的研究背景，马娅深知新冠病毒错综复杂、难以理解。在初期的公共卫生应对中，不仅需要关注医学问题，还需要关注社会和经济方面的问题。与 SARS 和 MERS 一样，公共卫生专家提出的问题很快就不局限于流行病学领域，而是扩大到人类和社会的各个方面。这些科学家在封城期间受到了最严重的影响。这些"坐冷板凳"的学者拥有应对疫情的重要思路和想法，问题是如何能把他们聚在一起。

这方面的合作其实早有先例。2003 年 SARS 期间，得益于网络协作技术的发展以及全球研究实验室之间的开放协作，研究人员以前所未有的速度对病毒进行了检测和分析。马娅个人也有这方面的想法。孟加拉国学习和工作的经历改变了她的人生，让她意识到必须打破美国精英学术界的封闭局面。她决定做点儿改变。

在美国国家公共卫生紧急状态宣布 5 天后，马娅在社交媒体上呼吁：

> 如果你是有新冠病毒相关研究技能的实习生，请把简历发给我。推特让我遇到了最初与我合作的学者，我想借此给予回报。

她随后又补发了一条信息，写道："只需满足以下要求：相关技能、敬业精神、诚实善良的品质。"

她的愿景是，无论发生什么，都能使研究人员会聚，攻克新冠病毒引发的棘手且复杂的跨学科问题，并为想要出力、有技能和资源，却没有关系网络的人提供一个平台。

马娅收到了来自不同学科和国家的人的大量回应，包括医生、心理学家、兽医、工程师、律师和人工智能专家。如她所说，收到回复的规模之大、速度之快，"让我明白触碰了大家的神经"。她与丈夫和一位朋友共同成立了一个监督委员会，即后来的新冠病毒扩散志愿研究网络。与罗斯利用难民网络类似，马娅匆忙组建的网络也经历了一个关键时刻：她决定组织一场线上"黑客马拉松"，将初创成员聚集在一起。这将考验他们能否在建立这么一个网络之后，真正开展重要的工作。

收窄还是拓宽社会网络

感受到压力时，你是会寻求帮助，还是会躲避？认知心理学家对这个问题的研究由来已久，他们通过实验以及大规模的实证研究，验证了这个问题的答案。

研究人员开展的最全面的三项调查分别研究了近几年突显的压力源：工作不稳定、经济打击和由 2020 年新冠病毒疫情导致的大范围封城。每项研究都调查了不同群体在以上冲击和压力发生之前、期间和之后是如何利用其社会网络的，包括：一般的职工如何应对工作不稳定，专业人士如何应对意外的价格冲击，普通市民如何应对封城。

即使你很幸运，从未经历过可能失业的不确定性，也应该知道这会多么使人焦头烂额，各种焦虑感会在不同的时间和地点萦绕着你：对收入的焦虑，对职业前景的担忧，感到窘迫，抬不起头，还有自卑。[2] 通过研究从各行各业、不同职级和薪资水平的人身上收集的社会和心理数据，我们可以看到人们在利用社会网络方面的一些共同点。一般会有两种极端的反应：一种反应普遍存在，另一种则比较少见。大多数人会收窄社交圈子，虽然他们接受了现状，但由于情绪上的困扰，他们会选择远离除最亲近的人外的其他人。然而，有一小部分人会拓宽社交圈子：努力去拓展人脉，并积极尝试利用更多元化的人脉关系，来找到解决方案。他们或许会努力在当前的组织中让工作更稳固，或者去新组织寻找机会。

过去几年，我们都经历了不同寻常的时期，个人的社交和生活都受到了影响。有研究调查了普通人在疫情封城期间，其社会网络发生的变化。[3] 研究人员调查了2019年疫情暴发前和2020年3月封城期间具有代表性的美国公民社会网络情况。结果显示，他们展现出了与工作不稳定群体一样的模式：许多人收窄了社交圈子，有些人则进行了拓宽。尽管所有群体的社会网络都因为封城而缩小了，但有一个显著的性别差异：女性的社会网络平均缩小了5%，而男性的社会网络缩小了29%。虽然就像前面的例子一样，我们不能用这些差异来解释事业上的成功，但这种差异明显对调查对象的心理健康产生了影响。

现在，让我们将这些研究结果与自己的生活经验结合起来看看。有的问题就像是监狱一样禁锢着我们，直到我们在获得足够的勇气、陷入绝望或者借助酒精（或三者的任意组合）后，才会暂时得到"假释"。对另一些问题，我们更愿意通过社交来解决，公开表达恐惧和不安，探讨应对的最佳方式。在面对压力时，我们所采取的社交方式似乎取决于问题的性质以及事情发生时周围的人。这似乎进一步印证了研究结果。

研究还发现了一些更令人意外的结果。研究通过推断得出了结论，同样的模式适用于各种意外压力，无论大小：从家庭经历的坏消息到执法人员处理恐怖袭击，再到灾难救援人员应对自然灾害，都是如此。无论面临挑战的群体是谁、挑战本身如何，大多数人总会有一个明显的倾向，那就是向内转向最亲密的人，但也有一小部分人会放得更开，并能更顺利地应对挑战。为什么在不同的情况下，会出现同样的模式呢？

艾伯特-拉斯洛·巴拉巴西是匈牙利裔美国研究员，也是世界领先的网络科学家，同时还是马娅·马宗达所在的网络科学研究小组的杰出成员。[4] 他为我们带来了答案。网络科学，顾名思义，是对动态网络的研究，包括社会网络、生物网络和物理网络等。在社会网络中，每个"节点"代表独一无二的人，"连接"则指每个人之间的联系。

他认为，在许多不同的领域，尤其是面临不确定性、无法明确获得成果、难以确保成功的情况下，网络能推动个人成功。这进一步证实了失业和疫情封城的研究结果，即面临压力时，网络是可能带来改变的关键因素。

巴拉巴西在此基础上进一步阐释：这些网络之所以能带来变化，是因为个人具有高水平的"网络智能"。他说：

> 网络充满了机会……因为它由……连接者组成。连接者渴望利用关系来支持其认为有价值的人和事业。他们特别擅长在社会中发现被其他人忽视的机会。

我做了一些个案研究来探索个体是如何应对异常事件的。在这些研究中，我发现了同样的模式：罗斯·埃雷拉和马娅·马宗达这样的少数连接者，在危机和灾难面前能够保持、改变甚至扩大其网络。

这一模式引发了一个问题：为什么连接者具有网络智能，而大多数人却没有？在此基础上，还有一些问题：是否可以分析、理解和复制连接者的网络智能？收窄社会网络的人是否可以成为拓宽者？我们是否可以通过学习成为更好的连接者？答案是肯定的。

向上突围者的社交生活

除了分析个体面对冲击的应对方式，研究"压力下人际网络"的人员还试图找出影响这些应对方式的因素，特别是正向的异常值。在压力下表现出网络智能的人不受社会网络大小，甚至是网络中有哪些人的影响。起作用的关键因素是他们对这些关系的感知。

判断人们是收窄还是拓宽社会网络的最佳衡量方式不是社会网络的大小，而是他们如何思考、想起和利用可用的社会网络。

在封城期间，被调查的女性中每人的社会网络中平均有 1 000 人可联系，但她们的社会网络平均缩小了约 50 人。男性的社会网络平均有近 1 500 人，但他们平均失去了约 500 个联系人。

研究人员认为，这是因为女性在面对压力时似乎更能想起和维护社会网络，而大多数男性会收窄社会网络。

另一项研究也佐证了这一点，这项研究完全不同于工作不稳定或封城期间的研究。具体来说，其研究对象是面临市场急剧变化的华尔街交易员。金融机构的标志是：以自我为中心的自私高管们对着手机大喊"买入、卖出、持有！"，与此同时，他们背后的屏幕充斥着红色数字。然而，事实是，最好的交易员在面对冲击时有其收窄或拓宽网络的方式：有的人会通过连接更多的人来弄清现状，有的人则会十分惊慌，试图逃避。

研究人员对一家中等规模的美国对冲基金内外的近 9 000 名交易员进行了分析，深入分析了其交易行为以及发送的 2 200 万条消息。[5]

该研究发现交易员在面对价格冲击时与经受着工作威胁或社交封锁的人群呈现了相同的模式。大多数交易员会收窄社会网络，部分交易员会拓宽网络，而绝大多数成功的交易员都是拓宽者。值得注意的是，比起工作、现有财务状况、公司资历和经验等其他可测量指标，他们对社会网络的利用更能预测其能否在财务上取得成功。

他们的心态（即对社会网络的积极或消极的态度），以及在面对剧变时进行分析、领悟和反思而非惊慌失措的能力，对其成功有重大影响。

有趣的是，交易员的社会网络与心态形成了良性循环：积极心态促进了他们对社会网络的利用，充分利用社会网络又反过来让他们的心态更积极。

有实验研究已经证实了这一点。面临压力时，我们如果关注现有社会网络的密度和范围（而不是将人际关系视为稀疏和不相关的网络），就能加强应对人生压力的能力。即使仅仅是设想自己拥有紧密的友谊，我们也能够加强韧性，变得更坚强。

受访者在面对压力时是如何使用社会网络的？所有相关研究都表明，受访者的心态产生的影响最大。将问题视为挑战而不是威胁的心态，使连接者能设想为自己带来支持和洞见的社会网络。他们通过设想社交关系来建立新联盟。最成功的人往往通过连接走出了危机。

换句话说，面对危机，每个人会以不同的方式利用社会网络，我们可以参照向上突围的核心概念之一来解释这一点。本书第一部分提到，我们可以选择将压力视为挑战或威胁。事实证明，不同的选择会从很多方面影响我们的想法和行为，包括显著影响我们的社交关系。

那么，连接者是如何完成向上突围的？具有网络智能的人"如何在社交结构中看到机会"？

设想你是连接者中的一员，正面临一个重大压力时刻，则你的认知状态可以用图4中的3个步骤来表示。[6]

第1步是作为连接者的你的大脑在面对威胁或挑战之前所处的状态。日常状态下，你的脑中存在一个巨大的"潜在网络"。这一社交结构代表你在特定情况下可能会联系的每个人，此时正处在休眠中。

第2步在特定情景下发生，比如收到高级管理人员的裁员电子邮件、有关新冠病毒感染人数即将激增和可能封城的传言，或者股价即将变动的信号。此刻，你心中的"潜在网络"会凝结成"认知激活网络"。

不论你是采取积极的挑战态度还是消极的威胁态度，都会大大影响你激活和调动的社会网络的大小和结构。

第3步在你联系特定的人以寻求方法、支持和建议时发生。此刻，你联系的人会组成"动员网络"，也就是图4最右侧的小风筝。

这3个认知步骤有助于我们深入了解连接者在压力和挑战下是如何利用社会网络的。

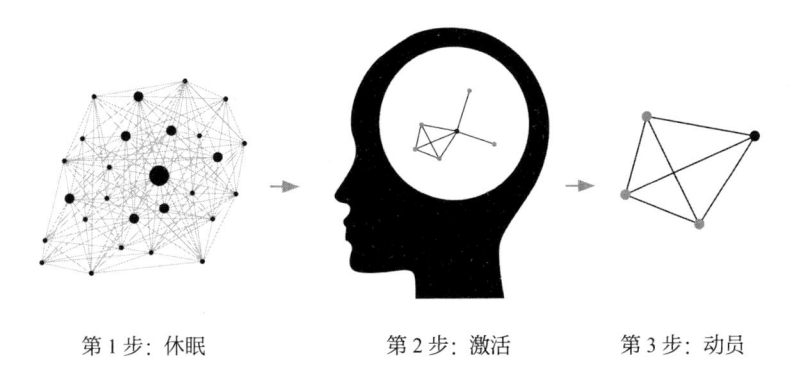

第1步：休眠　　　　　第2步：激活　　　　　第3步：动员

图4　连接者认知状态的3个步骤

在疫情封城期间，我的儿子科比经历了三次居家学习。在我写本章时，他恰好居家。他趴在我肩膀上看了一眼，用熟悉的口吻说："啊，这是象征着友谊的鱼。"他清楚地知道图像代表的含义，想必是在学校有过建立社会网络的经历。我后来发现，他仅仅是在描述看到的图片而已，也就是第 2 步呈现的网络形状，但他无意中为我做了一个相当有用的比喻。

如果我们处于威胁状态，这种状态可能会操纵我们的潜在社会网络。我们会收窄社交范围，用科比的比喻来说，我们周围可能只会剩下几条小鱼。相比之下，如果处于挑战状态，我们会采取更广阔的视角，考虑原本被忽视的可能性。

连接者不是像科比说的那样只考虑一条友谊之鱼，而是会迅速筛选有着不同大小、形状和纽带的鱼。有些人甚至可能会去想象整个鱼群。

换言之，连接者能通过向上突围形成新的社会关系：凭借强大的网络智能，他们能比其他人激活和动员更多的社会网络。我们的大脑通常告诉我们要收缩社交范围，遗憾的是，我们大多数时候都听从大脑的这个想法。这解释了为什么在面对不确定和压力的情况时，不是所有人在社会网络连接方面都是一样的。有人会扩展网络，这类人往往更能看到社会关系的潜力并加以利用。

有意思的是，在我问马娅·马宗达她发起的疫情研究网络如何运作时，我通过她的话清楚地感受到：她的大脑激活了各种不同的社会网络。

保罗·里维尔午夜骑行中的桥梁、黏合和连接关系

20 世纪 90 年代初，历史学家大卫·费舍尔决心研究美国史上的一

个重要时刻：保罗·里维尔的午夜骑行①。1775年，也就是其著名的波士顿惨案雕刻作品广为传播（见第五章）的5年后，银匠保罗·里维尔开启了一次策马狂奔之旅。这个午夜狂奔的故事在美国历史和诗歌中留下了永垂不朽的一笔。

费舍尔组建了一支由研究生组成的研究团队，开始收集有关那次骑行的原始数据。有两点让他备受震撼。一是当时存在大量原始数据，可以整理出比诗歌和传言更准确、更精细的画面。二是尽管这次骑行在美国史上具有重要意义，却从未有人认真对里维尔的骑行、具体发生了什么以及影响开展过深入的历史调查。

里维尔一直都颇具影响力，但真正让费舍尔着迷的是这种影响力背后的本质和原因。大众对这个故事的转述可追溯至19世纪60年代，这个故事描述了一个孤胆英雄为捍卫国家利益挺身而出。

这种叙述方式反映了当时美国内战的情绪。费舍尔还注意到，这是一个典型的美国式成功故事：讲述了孤独的个体如何在不友善的世界中产生影响。

费舍尔发现，现实中的里维尔午夜骑行截然相反。在布兰迪斯大学与学生团队一起整理数据时，费舍尔揭示了不同的新画面，表明了里维尔的影响力并非来自他作为孤独行动者的角色，而是来自他担当的强大的网络组织者的角色。费舍尔研究发现，那天晚上参加骑行的超过60个人，而且里维尔"使个人集合成了网络，齐心协力为共同的目标而战"。换言之，里维尔是一个连接者。

---

① 保罗·里维尔（约1735—1818年）是美国独立战争时期的民间英雄，他于1775年4月18日在夜间骑马狂奔，将英军的搜捕计划传递给波士顿地区的居民。他的传奇故事在美国的文学艺术作品中均有所记载，其中最有名的是朗费罗的诗歌《保罗·里维尔的午夜骑行》。——译者注

这次骑行中，里维尔的行动在所到访的城镇中快速引发了反应。与之相反，与他身处同一时代的威廉·道斯也开展了骑行活动，却几乎没有任何效果。

> 在保罗·里维尔骑行的北边线路上，城镇长官和乡绅立即发动了警报。在威廉·道斯骑行的南边线路上，直到很晚才有城镇发出警报，至少有一个城镇根本没有在意该行动。也就是说，道斯并没有惊动罗克斯伯里、布鲁克莱恩、沃特敦和沃尔瑟姆的乡镇官员或民兵指挥官。

基于费舍尔的研究结果，人们重新评估了里维尔及其贡献。1994年，费舍尔出了一本与此有关的书。几年后，马尔科姆·格拉德威尔在他颇具影响力的书《引爆点——如何制造流行》中引用了费舍尔的叙述，说里维尔是一个典型的"连接者"，并将其与威廉·道斯进行对比，认为后者不具备广阔或深入的社会网络。

包括社会网络专家在内的其他研究人员和学者纷纷肯定了费舍尔和格拉德威尔，说里维尔的确能"连接遍布各地的革命点"。里维尔是殖民地时期的波士顿中最有名的自由之子和圣安德鲁斯游击队等众多革命组织的成员，他参与的这类组织比其他任何人都多。

后来的研究人员利用数学技术，进一步揭示了里维尔究竟如何利用人脉的详细情景。研究人员描绘出了骑行期间由250名波士顿革命者组成的人际网络地图，他们发现里维尔是连接不同团体的最重要的桥梁，其重要性是数据中排名第二的连接者的两倍以上，这进一步印证了费舍尔和格拉德威尔的观点。

费舍尔及其团队发现的数据不止于此。连接不同的群体，尽可能多地与特定群体中的人保持最亲近的关系，这两者都很重要，能产生不同的影响力。后者产生的影响力并非基于"桥梁"的角色，而是基于"黏合"。在这方面，里维尔同样位居榜首。他不仅连接着不同群体的人，还在各群体内认识更多的人。

"连接"的能力也同样重要，即谁认识最有影响力的人并能利用权威人士的影响力。从这个层面来看，里维尔也在250名波士顿革命者中排名第一。通过费舍尔的分析，我们可以看到里维尔远非孤独的行动者。

我们对其成就的分析从个体主义的视角转向了引导集体采取行动的能力的视角，这非但没有削弱里维尔的成就，反而彰显了他的非凡之处。他发挥了桥梁、黏合和连接的作用，利用他的网络智能取得了巨大而持久的成果。[7]

里维尔是一个伟大的连接者，他聪明地利用人际关系、联盟和社会网络，催生了一场连接众人的运动，改变了美国乃至世界的历史。

现代科学技术揭示了保罗·里维尔行动的真实状况，让我们更清晰地看到了连接者在最困难的时刻如何通过努力让集体受益。接下来，我们会发现，在世界上各个角落、各个时期都有这样的例子。

拯救生命的三种关系

许多读者可能还记得，2004年12月26日印度洋海啸造成的惨状。这场海啸袭击了10多个国家，夺走了20多万人的生命。这不仅是一场史无前例的灾难，还触发了有史以来资源调动最充分的一次灾难应对。短短几天内，就筹集了超过140亿美元。

我参与了当时的紧急响应协调，协助受灾国家相互分享经验和创新方法，并在随后的国际评估中发挥了作用。这是一次由美国前总统比尔·克林顿主持的评估，至今仍是国际社区中规模最大的一次跨国危机后调查。

我从这次工作中吸取的经验，解答了我一直以来的一个疑问：在危机或灾难中，最重要的资源是什么？有人说是医药，有人说是食物、毛毯、现金、时间，还有人的回答可能更复杂：市场、政府或自由媒体的正常运作。这些答案都很好，但都不对。其实，正确的答案是发挥桥梁、黏合和连接作用。

在海啸评估联盟的报告前言中，克林顿总统写道：

> 地方已经建立了社会结构，这种结构往往是危机的"第一响应者"。国际社会在提供救济和灾后重建援助时，必须有效强化而不是削弱这些当地行动者的力量。[8]

灾难研究人员越来越多地提到人们在危机时用于获得物质、经济和社会支持的社会联系与结构，这被称为"社会资本"。这个概念可以帮助我们更好地理解人与人之间出现的各类连接方式，并使我们了解到各种纽带可能为个体、团体、组织和社区带来的特性及好处。

社会资本的概念最早由哈佛大学公共政策教授罗伯特·帕特南普及，他将社会资本描述为"个体之间的联系，是社会网络和由此产生的互惠关系与可靠性的规范"。[9] 研究人员提出了与社会资本相关的三类连接方式，这恰好解释了为什么保罗·里维尔能在马萨诸塞州革命中产生巨大影响。

桥梁关系可以连接不同社会群体的成员，如工会、非营利组织和志愿者组织；可以提高市民的参与度，减少群体间的冲突和暴力，并为这些群体提供相互支持。你肯定知道自己社区中充当桥梁的人，你周围的每个人都认识他们，因为这就是他们的作用所在。所谓的六度分隔理论是指连接世界上任何两个人所需社会关系的平均值。深入研究这个理论，你就会发现在任何社会网络，无论是通过凯文·贝肯连接的好莱坞演员数量，还是通过布鲁克林人连接的脸书用户数，几乎都依赖于一小部分人的力量。他们最大的强项是作为桥梁：有着看似随机分布的联系人，能够跨越不同团体和群体。

众所周知，如果关键的参与者有着不同的经验和背景，我们就能更好地理解和应对许多挑战。通常，在压力下开展工作的理想方式并非实施传统的等级制度，因为这种制度强调可预测性和可重复性，到了不得不改的时候才会改变，但到那时往往为时已晚。因此，有必要大胆让外部人员参与，这在危机期间尤为重要。

黏合关系可以连接相同社会群体的成员，如家庭成员、邻居和共同族裔或宗教群体的成员。这种紧密的联系有助于这些群体度过危机。面对模糊、复杂和不确定的挑战，以及动态而非固定的目标，我们不能仅依赖不同的群体，还需要联络那些值得信任和堪托死生的人。

最后，连接关系可以连接普通人与有影响力的人，如地方、地区和国家官员，帮助普通人争取难以获得的核心公共物品。与有影响力的人产生这种连接能对人们在危机中的应对和发展产生深远的影响。

无论是飓风或地震等在几分钟或几小时内发生的灾难，还是冲突或饥荒等在长达数月或数年内逐渐升级的慢性危机，在发生紧急状况时，社会网络对人们的应对和生存产生的影响最大。

在危机中，人们依赖彼此，比如亲戚朋友、邻居和社区。事实证明，社会网络在我参与的每一场人道主义危机中都至关重要。从苏丹到叙利亚，从新奥尔良到纽约，我们一次又一次地发现，即使是那些几乎没有物质资源或支持的最脆弱的社区，只要有可以依赖的强大社会网络，就可以积极应对危机。

在对印度洋海啸的跨国评估结果中，最令人震惊的是，在募集到任何国际援助并将之输送到受灾人群之前，已经有97%的生命在没有得到任何国际援助的情况下得救。

我的经验一次又一次告诉我，事故地的结构和救援从根本上取决于上述三类关系。它们不仅如克林顿总统在印度洋海啸后所言存在于危机响应之前，还影响着灾难响应的效果。例如，2011年日本东北部海域发生地震和海啸后，其废物管理的效率已经被证实与桥梁、黏合和连接这三种关系有关，还与响应方、当局和社区之间展现的这三种关系的程度直接相关。实际上，最具影响力的危机响应背后，其响应者的社会网络一般最深刻和多元。

这呼应了本章开头提到的罗斯·埃雷拉和马娅·马宗达的故事，她们在面对近年来最复杂的全球危机时，利用社会网络实现了变革。

"复杂的网络交织"

回到罗斯刚接到伦敦大都会警察局电话的时刻。她之所以接到电话，是因为难民游行的报名人数超过了1万。即使气氛如此紧张，大家都没想到3岁的艾兰·科迪之死会引发政治上的轩然大波，也没有人会预料到这会触发公众对游行的巨大支持。

在我们的记忆中，鲜少有仅凭一张图像就能改变全世界对某个问题的看法的时候。大家也许只能想到20世纪60年代美国民权示威者的照片，或者印度 20 世纪 40 年代反帝国主义的情景。我们也鲜少会看到仅凭一些标志性图像就改变公众对政治运动者看法的情况。也许，你能想起 1969 年从月球轨道拍摄的一系列地球照片，这些照片催生了现代的环保运动。

有一张照片是上述少数震撼人心的图像之一。一个叫艾兰的孩子来自叙利亚库尔德，他由家人带着穿越地中海。不幸的是，他在途中失去了生命，身体被冲到土耳其的海滩上。他头朝下、趴在海滩上的情景被拍了下来。这张照片揭露了众人严重误判了当时的情况，引起了巨大反响：持不同政见的政治家对难民危机的关注和愤怒程度都有了重大的转变，有的甚至完全扭转了原来的想法。法国总统称，这张照片提醒着全世界对难民承担的责任。短短一天内，右翼媒体收敛了反对难民的言论，并提出要阻止更多的"艾兰"失去生命。

发生转变的不仅是媒体和政界，还有公众意识和良知。在艾兰的照片被疯传后的周四中午，报名参加罗斯发起的游行的人数一下子增至 3 万以上。

数字技术推动了一场牵涉范围大、丰富多元且难以预测的运动，而且比我们以往开展的运动速度更快、规模更大。伦敦和其他主要国家的首都也开始发起多场游行，"声援难民"是其中规模最大的一场，并且起了引领的作用。这场运动如同野火一般迅速发展壮大，与很多组织、团体和社会网络建立了连接。救助儿童会等多个大型国际非政府组织，还有当地的小型组织都对这次游行表示支持。在更远的地方，其他国家的首都也纷纷效仿"声援难民"举行了游行。

最终，那次游行登上了各大媒体报道的头条。罗斯还为《卫报》写了一篇流传甚广的文章。最初，她发起的只是一项不起眼的运动，却引发了公众的关注，并改变了人们的道德观。她的顿悟时刻使她成了暗流涌动的社会网络中一个动态网络的核心所在。这个网络与游行一样，不断经历着成形、重塑和聚合。

罗斯之所以能完成所肩负的重任，不仅仅是因为运气和时机。她没有金钱、权力或正式职务，却要在非常紧迫的时间内完成复杂的任务。即使在组织如此庞大的活动时难免有个体和整个网络之间的冲突，但她仍做到了将不同类型的社会网络和人际关系交织，使整场游行成为可能。她真诚的领导和管理在实现游行目标中发挥了至关重要的作用。

很快就到了游行前一天，也就是欧盟召开难民会议前的那个周末。所有人都带着同样的问题入睡：大家会来参加吗，还是做做样子，只在社交媒体上游行？是否能安全进行？能否取得我们想要的影响？面对这些问题，我们除了入睡别无选择。这不是个轻松的夜晚。到第二天，我们才发现前一晚的担忧完全是多余的。

我一直保留着游行后的那个星期六下午 BBC 的报道。该报道放了一张伦敦的鸟瞰图，下方写着"有史以来为声援难民开展的最大规模的全国性活动"。警方估计，有超过 10 万人参加游行，而且整个过程非常和平。

在回顾当天的活动时，我的一位朋友兼同事，也是南非反种族隔离运动的资深人士林德尔·施泰因，写下了她对罗斯作为连接者的敏锐观察：

> 在我们抵达现场时，我注意到……没有正式的横幅或标志，我想知道是谁召集了游行。那里有大量的家庭、成群结队的朋友和许多自制的横幅，游行队伍确实非常大，许多人走向国会广场参加集会。我的疑问越来越强烈，直到一位年轻女士——罗斯·埃雷拉上台解释说，她在脸书上呼吁朋友和家人前来参加游

行。在收到 9 万个赞后，她决定向大型活动团体寻求帮助。这是一个有趣的转变：这不是由牛津饥荒救济委员会邀请个人来参加的示威活动，而是罗斯邀请它加入她的活动。她在集会上解释说，她不属于任何党派或组织，但作为独立公民，她采取了行动，这是一场鼓舞人心的游行……线下缔结的联系对线上社会网络的形成至关重要……这些网络以复杂的方式交织，难以描述或组织，造就了一场充满愤怒、决心和抵抗的强大运动，需要谨慎、无限的创意、响应力和创新。[10]

尽管有一些障碍，但我们最终还是完成了一场精彩的示威游行，吸引了众多出色的演讲者参与，包括工党、自由民主党和绿党的领袖，难民委员会的负责人，以及难民团体的代表。我崇拜的音乐家比利·布拉格也前来演奏。我们得到了包括扬·埃格兰和大卫·米利班德在内的领导人的声援。其中一位写道："'声援难民'游行作为一场在互联网上组织的草根运动，不仅是一场游行，更是一场对我们共同人性和共同价值观的全民动员。"

共同价值观在马娅的社会网络中也非常明显。她针对新冠病毒疫情发起的"黑客马拉松"取得了成功。在短短几个月内，超过 100 名研究人员合作开展了 23 个研究项目，从预测病毒传播到评估媒体疫情报道的质量，再到分析疫情后的集体心理创伤，有多个项目最终在经同行评议的科学期刊上发表。马娅发现，网络能将通常不会合作的人聚集，这些强有力的研究往往会产生意想不到的成果。

在《连线》杂志的一篇文章中，马娅强调了社会网络作为桥梁的重要性："毫无疑问，社会网络的多元化（跨越不同的学科和机构，以及人口统计特征），对构思和研究真正重要的问题非常有益。"

社会网络不仅能作为桥梁连接不同的机构，还能连接不同的语言、性别和宗教，这对马娅个人和她的专业都有重要意义。她为自己的社会网络感到自豪，她说："监管委员会的成员有 2/3 是其他种族的女性。尤其是在当下，在大多数医疗保健从业者是女性，而大多数医疗科学家是男性的背景下，这一点十分重要。这促成我们构建容易被忽视但非常重要的社会网络。"

正如罗斯发现的那样，我们很难以完全和谐的方式构建这样的社会网络。在这个过程中存在一定的建设性摩擦，效果反而是最好的，能实现竞争力量与合作力量之间的平衡。马娅及其同事在研究工作中预见到，所有成员都需要做出两个承诺。首先，每个成员都承诺让这个空间不存在偏见，并向来自各个背景的研究人员开放。其次，这个圈子内讨论的主题和事项要保密，除非发起某个看法的人准备公开分享。

这两个承诺奠定了社会网络的共同价值观：开放和参与，多学科，在不同的层级、学科和国界之间积极搭建桥梁。正如马娅跟我说的：

> 这两个承诺在这个圈子中促成了真正自由和开放的对话，创造了足够安全的空间……大家可以相信，自己不仅能收获多个不同的观点，还能在这个空间中开发有价值的共享资产。

马娅还努力将圈子成员与自己的专业知识和声望联系起来，尽可能利用自己的网络与导师、上级和前同事联系。在大多数情况下，这些年长、经验丰富的学者都会同意为这个圈子效力，部分原因是马娅通过她过去的参与和合作积累了声誉，还因为这个网络给他们提供了有吸引力的回报：优质的研究论文、主动积极的初级研究员以及随着参与而不断提升的信誉。

也许马娅工作中最触动人心的是，随着时间推移，这个集合了大量高知人士的圈子催生了黏合式的亲密关系，在面对疫情时建立了真正的友谊和互助。一位成员指出，"在疫情的阴影中，我们展示了更深层次的关心。我们谈到了所面临的困境，这些内容在几个月前可能还是一个秘密，现在已经被公开分享。"

2020年，很多成员因疫情无法回家度假，马娅和她的监管委员会成员在Zoom（一款专业的视频会议软件）上发起了全天候的会议，网络成员可以加入，一起观看电影。马娅说："这些小小的举动产生了巨大的影响……人人都需要有归属感。"

我问她，这种举动难道不是任何组织都会有的吗？她的回答反映了一些现实。

> 我参与过其他正式组织，我感觉答案通常是否定的。这些组织要求你呈现的自我更为狭隘。我们需要创造一个空间，让大家可以感觉自己是"人"……这个网络之所以取得成功，是因为它让大家做完整的自己：他们是父母、孙辈、音乐家、艺术家、厨师，重要的是他们有讨论这些事情的空间。

在我看来，虽然马娅是为了成员的利益才建立了这个网络，但这个空间也让她和那些多元背景的成员产生了归属感。

与难民运动组成的网络一样，马娅的倡议不是疫情期间的孤例。正如她所说：

> 疫情是一个跨学科的问题，需要决策者制订计划，在重新

振兴经济的同时考虑公共卫生问题，或者制定策略分发抗病毒药物和疫苗，同时还要确保这些药物和疫苗实惠。通过将公共卫生研究人员从各自的研究机构中拉出来，让他们进入完全虚拟的线上工作空间，疫情在很大程度上反而促成了科学界最需要的合作。

我们已经看到，连接者的力量可以用在日常的社会网络中。在面临工作、财务或健康方面的威胁时，在维系我们生活所需的一般日常工作时，连接者都可以发挥作用。此外，罗斯和马娅的故事表明，连接者在备受关注的大规模活动中同样重要，能在最紧要的关头改变生活和世界。

如果保罗·里维尔能穿越时空与马娅·马宗达和罗斯·埃雷拉一起喝杯茶，想必会有很多共同话题。里维尔、马娅和罗斯这样的连接者，其真正的秘诀在于能确保个人和团队以动态、多样的方式连接，产生羁绊，同时又不被密集的信息流以及不断变化的社交关系和职业关系淹没。

这使得他们在建立或促进人际关系和圈子上发挥着十分重要的作用。他们必须具备高度的网络智能和了解什么时候该利用哪类连接方式（桥梁、黏合和连接）来产生变革。

在这场跨越时空的闲聊中，他们也许会不约而同地惊讶于在各自采取行动时似乎充满了各种偶然。在连接者眼中似乎只是恰好在合适的时机和地点发生的那一瞬间的心理历程，却产生了举世瞩目的社会影响和政治影响。

其实，这不仅仅是天时地利造就的偶然。

正如我们从本章中看到的，连接者的幸运之处在于他们在碰到这样的时机时就已经做好了充分准备。

有效连接不仅是领导力的一种表现,在合适的环境和情境中,它还是领导力的本质所在。正如艾伯特-拉斯洛·巴拉巴西所说,这意味着我们应该"用社交桥梁取代企业等级"。

第九章
确证者：知识的拼图

萨布丽娜的拼图

1987年的科幻恐怖电影《铁血战士》中有这么一个片段，由阿诺·施瓦辛格饰演的主角达奇率领一支救援部队展开营救，不幸的是，队里其他成员都牺牲了，唯他一人存活。深入中美洲丛林深处的达奇有条不紊地给铁血战士（即外星人）设了一套陷阱。他拉紧绳索，将其固定到嘎吱作响的树枝上，给巨型的热带植物撒上火药，然后在身上涂上厚厚的泥巴，以此来躲避外星人的红外视线。最后，完成所有准备工作后，他点燃了火把，发出了深沉而充满野性的嚎叫。[1]

之后的故事走向表明达奇对铁血战士的反应早已了然于心。他预判了外星人的每个动作、意图和行为，并对丛林资源物尽其用，以做出应对。观众在看到他将每个错综复杂的步骤连成一体时，不由惊叹于他的远见，同时对他最终能否成功深深感到好奇。

在《铁血战士》上映10周年左右时，有个十几岁的女孩正在威尔士纽波特一座废弃的建筑物周围走动。她在为度过这个夜晚寻找最合适的落脚点。周围的环境与那部电影大相径庭,她面对的不是天然丛林,而是由钢筋混凝土组成的丛林,但她却使用了与施瓦辛格扮演的角色一样的敏锐度和预判能力,充分利用落脚点周围的环境。她与达奇的目标一致——阻止捕食者。

她在门口堆放起油漆罐,这样她就可以用它们来挡潜在攻击者的路。她还在关键地方堆放了报纸,既作为障碍物又作为炮弹。最后,她终于做好了入睡的充分准备,拿起一块沉重的木板放在身边作为武器。

这位少女就是时年15岁的萨布丽娜。当时的她无家可归,也无意效仿好莱坞电影中的行为,这对她来说产生不了任何慰藉。她在多年后提及往事时说,当时的自己"非常脆弱,任何地方对我来说都很危险"。

在父亲罹患脑癌去世后,萨布丽娜便离开了家,过上了流浪生活。虽然是流浪,但她还是坚持上了一年学。尽管她明显表现出放学后无家可归的迹象,但是老师丝毫没有发现她的生活状况。她继续努力学习,走到哪儿都带着书,每晚都要找个地方睡觉。经过几次不幸的意外,萨布丽娜逐渐制定了一个"拼图"策略。

> 要确保安全,唯一能做的就是时刻注意周围的一切。我总是处于过度警觉的状态,一直在寻找一块块拼图,不断地测试能否拼上。我把每一块拼图拆开,然后重复检查。这很重要,它决定了我的安全。
>
> 我花了很多时间在脑海中构建危险的情景,并在脑海中建立了应对这些情景的拼图。每个潜在的威胁都可以被看作一块拼

图。我需要预测可怕的情况，预测可能的发展方向，以便能够避开……我学会了对每件事和每个人都进行预判。

其实，所有人都习惯于设想这些零碎的情景。我们之所以一直这么做，是为了理解世界和我们的决策。正如萨布丽娜后来所说：

> 拼图在生活的方方面面都发挥着重要作用。我们日常做出的每个决定、采取的每个行动，都基于自身对事物的理解。如果我们一次又一次地以特定方式看待事情，这种方式就会成为我们看待世界的棱镜。

就像真正的拼图游戏一样，进行决策的大脑部位会填补缺失的部分。有时，大脑会根据证据、信息和经验来做出决策。比如，你刚刚小心摆放的某块拼图是某个装饰性建筑的一角，你可能会仔细对比整个效果图、周围的图块、你在现实中对类似建筑的记忆，以找到合适的下一块拼图拼出这座建筑的顶部。

你也许不会去查找可用的证据，而是基于所见做出假设。比如，你确信这座建筑是座教堂，顶部有尖塔，然后去寻找符合这个假设的拼图。又或者，更常见的是，你会结合分析能力和直觉，也就是说，大多数有关拼图的决策由分析和直觉组成。

为了在街头保全自己，萨布丽娜要完成非常极端的拼图，而且非常真实，完全不同于虚构的达奇面临的情况。但在高压下，大多数人不会采取系统性的方式，因为压力会妨碍我们吸收和理解信息以及从战略层面去思考和行动。相反，大家的一个明显倾向是行动先于思考，这是可以理解的。

萨布丽娜在街头生存的关键在于，她意识到完成拼图所用的"感知棱镜"不应该听天由命："我们不应该完全依赖直觉或相信直觉。"这也许显而易见，不过，萨布丽娜基于街头生活的经验得出了一个心得，那就是面对压力时，我们更可能跟随直觉和内心，但这恰恰是我们最需要保持思维缜密的时候。

我们将追踪她从少女时期无家可归以来的非凡旅程，详细了解确证者，即向上突围者的第五种人格。他们往往是能够看透表象的人。大多数人倾向于先行动、后思考，确证者则会认真评估想法的可行性，并通过逻辑和批判性思维做出决策。

确证者痴迷于理解由行动触发的因果链。最成功的确证者是能在压力下保持批判性思维能力的人，他们在面对压力时能找到创新的方法来保持周密。为了进一步了解确证者的工作方式，我们有必要回到第一部分向上突围神经科学基础的相关内容。

容纳之窗

我用手机浏览了一个网站，上面提供了世界各种美味佳肴的选择，只需点击 5 下，这些美食 30 分钟内就能送到家门口。虽然想起来会感到有些尴尬，但我确实曾对它们垂涎欲滴，一想到要为这么多不健康的食物付款，我甚至会不理智地感到兴奋，即使食物的味道可能还不如我自己做的一半好吃。

要知道，就在此之前的几个小时，我还在为制订了新的健康饮食计划沾沾自喜，心想以后再也不会叫外卖了——"我没理由让身体去吸收这些垃圾食物"。

为什么会这样？如果你和我一样，那肯定不会对以上场景感到陌生。20世纪80年代，理查德·塞勒写到了理智和情感对人类决策的影响，他认为我们的决策受到两个自我的影响：行动者和规划者。[2]这两个自我的比喻非常巧妙，也可以从神经科学中找到依据。最终，在他摘得2017年诺贝尔经济学奖时，颁奖词引用的研究中就提到了他的这个理论。

行动者思维发生在大脑进化较早、较深层的区域：脑干、小脑和边缘系统。大脑的这些部位专门负责自下而上的处理，即对情感和生理层面上的经历做出无意识和被动的反应。因此，行动者的行动基于冲动的想法和短浅的视角，并受到欲望或即时满足的需求驱使。所以，我才会产生叫外卖的行为。

规划者思维发生在大脑的新皮质中。就生物学而言，这个部位进化比较晚，负责更高级别的大脑功能，即我们对周围世界的主动和有意识的认知响应。它帮助我们关注和专注于一些事，回忆、保留和修改信息，有意识地学习，以及在决策中运用信息和学到的知识。它还需要控制冲动行为和调节情绪，并负责调节我们对压力的反应。

另一位诺贝尔奖获得者丹尼尔·卡尼曼也提出了大脑的两种模式，他说行动者思维是"无意识的、非常活跃，在意识之外不断发生"（即"快速思考"），而规划者思维是"一种更缓慢、更费力的决策路径，是深思熟虑和有意识的思考"（即"慢速思考"）。[3]

我选择的星期五晚餐就证明了，对我来说，"想要"十次有九次都打败了"应该"。特别是经历了繁忙或紧张的一周，或者与朋友在一起，又或者在喝了一两杯的情况下。我们都有这样一些时刻（某些时刻还会经常发生），尽管理想的计划是要做到某件事，但我们的行动者大脑仍然会直接绕过规划者大脑。此外,我们可能面临这样的情况,那就是过度思考而不采取行动。此时,我们不是几乎无意识地采取行动,而是由于认知承受了巨大压力而无法运转。

很多有关加强自控、应对冲动行为及戒瘾的文章和倡议都基于行动者与规划者之间的较量。很多动辄售出百万册的畅销励志书也给我们提供了各种如何更好应对类似内在挣扎的方法。实际上,正如丹尼尔·卡尼曼竭力证明的那样,面对压力时,不论是规划者还是行动者,都没有比另一方更占优势。两者都有不完美的地方。

回到萨布丽娜的故事,她在上学的最后两年无家可归。上学是她为数不多的寄托之一,教育是她人生中唯一能够由她自己掌控的领域,因此无论走到哪里,她都会随身带着教科书和学习用品。

在她临时居住的一座建筑里,她曾受到疑似种族主义者的暴力攻击。这个人站在她与她最珍贵的物品中间,用破瓶子袭击她。尽管楼里还有萨布丽娜的朋友彼得等其他流浪者,设法拖住了他一阵子,但她只是暂时获得了安全。萨布丽娜需要马上逃跑,但她不忍心把那些书抛下。

> 我不想逃走……当然也不想再次遭受袭击。我想学习,通过考试。这是摆脱困境的唯一办法。我要拿到我的书,但那家伙有武器……
>
> 事后来看,这不是一个多么艰难的决定,但选择带来的压力太大了。我不仅是在决定留下或离开,还是在试图权衡所有的后果,即我的行为必定会带来的一些影响。
>
> 幸好,彼得为我做了决定。我们离开了。我现在还活着。

正如萨布丽娜所说，有时候，如果我们的规划者大脑试图在压力情况下等待清晰明确的信息，就很容易错过采取行动的机会。在那一刻，当她在逃跑中途停下来时，她思考着放弃那些书的代价，也就是放弃教育的后果。最终，她逃跑了，但这也可能导致她跌入更大的深渊，面临更少的人生选择。

但在其他时候，我们的行动者大脑会基于假设或直觉去填充空缺的部分，结果被证明是错误的。也就是说，她本可以决定为教育而战斗并跑回去拿书，即使这样可能会受到致命伤害。

理想情况下，我们应当可以基于直接观察和数据来填补空白的拼图，也就是通过细致研究已经拼凑好的拼图，看看空白的地方，再看看其他可用的拼图。但当大部分拼图缺失时（在压力或危机的情况下经常会这样），大脑会倾向于填补空缺。我们会利用直觉，基于假设、信仰和不成熟的想法，来找到缺失的部分。

那么在这种情况下，我们能做什么？认知心理学和神经科学领域得出的最佳答案建立在本书第一部分引言中提到的倒 U 形曲线上。回顾一下，在压力水平较低时，我们没有足够的刺激来保持警觉和高效。相反，在压力水平过高时，我们将无法专注于手头的任务，转而更关心压力本身。这两者之间的部分就是向上突围区间。在这个区间内，我们承担的压力足以让我们保持警觉，但又不至于变得不堪重负。

压力和创伤专家伊丽莎白·A. 斯坦利将这个区间（即向上突围区间）描述为神经生物学层面的容纳之窗（见图 5）。[4] 在这个区间内，我们能够向上或向下调节压力水平，从而在压力下保持最佳的表现状态。

图 5　容纳之窗

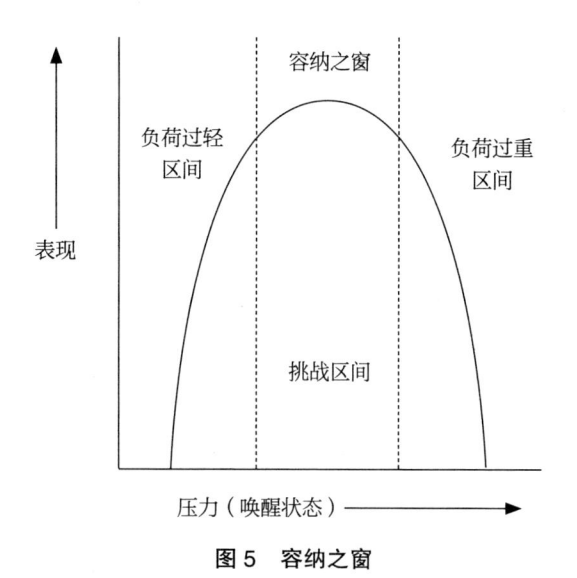

这么做的原因很简单。在这个向上突围区间内，我们能最有效地整合行动者和规划者的大脑活动。在这个窗口内，我们大脑的这两个部分会"作为盟友一起工作"。最擅长在压力下做到这一点的人是确证者。

证据表明，大脑中的行动者和规划者部分在向上突围曲线的不同区间会做出不同的反应。行动者在所有压力水平下都能工作，但会随着压力的增加而更加活跃，因为我们的生存本能会变得更加强烈。这也是我们对过往压力状况的记忆可能非常零碎的原因之一。规划者在中等压力水平下表现最佳，在高压力水平下表现较差。有趣的是，曾有一位著名的儿童心理治疗师用基思·贾勒特的科隆音乐会和有瑕疵的钢琴来比喻容纳之窗：

> 贾勒特必须保持在琴键的中音区，因为这是可演奏的范围，同时要避开无法演奏的低音和高音区。这不禁让人想到容纳之窗

的概念,以及儿童在情绪上处于可忍受的适中范围内的重要性。贾勒特所弹奏的钢琴的高音区刺耳而尖锐,低音区深沉且无法听清……就像是一个儿童所处的状态,他可能因过于混乱或僵硬而无法愉悦地互动,又或者处于解离状态,通过断开情感连接来生存。[5]

在容纳之窗以外的区间,大脑的规划者与行动者之间是对立的关系。这种对立有以下几种表现方式,相信大多数人会感到很熟悉。

大脑思维降级会导致情境认知能力的削弱,产生计划焦虑、防御性思维、分心和记忆问题。

行动者劫持是指情绪和压力影响了感知,占据了注意力并主导着我们的决策和行为。在这种情况下,规划者大脑甚至可能成为行动者大脑的下级,努力为所采取的行动辩解("我应该点外卖,因为这周工作很辛苦")。

思维凌驾是指我们诉诸大脑,与直觉、情绪和生理信号斩断联系。这可能会导致情感抑制、分室化作用、忽视现实,不顾一切往前冲。

与此相反,在容纳之窗内,确证者更有可能做到以下几点(见表2)。

表2 确证者在容纳之窗内的行为

行为	具体行为
观察、收集数据和提出问题	・了解事件和情境相关的内外部线索 ・获取和吸收充分、适当的信息 ・客观评估和整合信息 ・准确评估某个现象是机遇还是威胁
采取探究、探索和检验的方法	・寻找行动的所有可能选项 ・从成本和收益层面评估每个行动 ・通过实验系统地比较各个选项 ・规划并考虑各个选项未来的可能影响

（续表）

行为	具体行为
做出选择，从中吸取经验，然后改进	・从战略层面选择最佳的行动方案 ・使行动与价值观和目标保持一致 ・自主评估所选行动带来的持续后果 ・为未来的改进做调整、吸取经验 ・支持必要的变革

我们在容纳之窗范围内外的处理方式不仅会对具体事情产生深远影响，还会影响我们的整个人生。事实上，有心理学家提出，我们整体的个性、行为、职业道路，甚至选择伴侣和朋友的决定，都取决于我们头脑中规划者和行动者系统之间的冲突与协作。

正如斯坦利所说：

> 一个人的容纳之窗越宽，就越可能在高压和高强度下保持对规划者大脑和行动者大脑的有效整合能力。

这一点在年少的萨布丽娜身上尤为真实。16岁时，面对无法逾越的挑战和老师难以置信的漠视，萨布丽娜考完试后便离开了学校。她希望摆脱无家可归的那条路变了，事情让人绝望。

> 过这种生活，让人感到就像是隐形人，就像社会中的幽灵。如果街上有人摔倒，大家会冲过去帮忙，但我就站在街角，肚子空空如也，没有地方住，没有干净的衣服，行人从我身旁走过，仿佛我不存在一样。

萨布丽娜不得不改变方向，答案并非仅来自她的规划者大脑或行动者大脑，而是来自两者的融合。她的心态发生了转变：她的拼图不再局限于如何生存，而是如何生活。她开始观察、探究、提问并做出改变。她摆脱绝境的新路径不是学校，而是创业。

> 我想，这不是我。我不能一直过这种生活。我开始卖《大事件》（为流浪者提供收入机会的英国街头报纸），但纽波特的竞争非常激烈，我一天最多赚15英镑……所以我每天早上都会乘坐公共汽车去蒙茅斯，从早上7点工作到晚上7点，直到把报纸都卖完。其间，我尝试了几次离开街头，住进安全的容身之所……最终，我凑够了钱，在南威尔士一个叫里斯卡的贫困地区租了一间小公寓，这是个偏远的城镇，没有人会认出我。没有人会用同情的眼光看着我，这是新的开始。

这个新开始带来了显著的影响。她是这么描述容纳之窗扩大的时刻的："这是第一个能让我关上门并感到安全的地方。这是第一次，我不是只想方设法地生存，而是开始制定人生的策略。"她说："那时，我开始思考人生中还能做些什么。"

在探索她的答案之前，我们先来看另一位出色的女性。她在一个半世纪前问了非常相似的问题，是关于人生目标的。

"在恐惧中几乎什么都做不了"

弗洛伦斯·南丁格尔小时候就喜欢收集、组织和分析各种东西。她会收集贝壳、植物、蝴蝶，然后仔细记录在一大堆纸上。1826年，6

岁的她开始记录她的祈祷内容,来系统地对比哪些实现了、哪些没有,从而评估祈祷的效果。[6]

她没有跟随当时社会对女性的预期,反而对数学和物理等科目表现出浓厚的兴趣。她不顾母亲的强烈反对,主动学习这些科目。她的名字也不同凡响,取自意大利中世纪辉煌的城市佛罗伦萨,这也是她的出生地。由于她在后来建立的声望,这个名字成了备受欢迎的女孩名字。这个名字也承载了父母对她的期望,他们曾试图带着她环游欧洲,以此来引导她接受年轻女士应有的优雅教育,却未能如愿。[7]

在游览各个城市时,南丁格尔不仅提高了对文化和艺术的鉴赏能力,还写了详尽的日志,记录了每个首都的人口统计数据、为人口提供卫生和社会服务的医院与慈善机构的规模及位置等。不仅如此,她还开始注意政治对普通人日常生活的影响。不论是囚犯、士兵、贫穷的妇女、乞丐还是女仆,她都会与每个人交谈,并把谈话内容记录下来。她发现社会中严重缺乏管理人类生活的理想政治体制,她在日记中写道:"1832 年的体制让人惊讶!"在旅欧期间,她的姐姐在笔记本上画满了著名纪念碑的绘画与素描,复刻了早期绘画大师们的艺术作品,而她则坚定地拒绝这种熏陶,只在笔记本边缘画了一座小小的坟墓,这让她母亲十分沮丧。

后来,她决定从事一个父母极力反对的职业:护士。对她的身份而言,这是被视为低贱和不体面的职业,但她的决心没有丝毫动摇。

有两幅画作展示了 19 世纪 50 年代南丁格尔在 30 多岁时为人熟知并极具影响力的职业经历。在第一幅画中,她站在一栋大房子的中央,手持一大张纸,旁边是一个穿制服的男人,后者的手势似乎表明他对纸上的信息感到不满或焦虑。第二幅画更为著名,描绘了她手持一盏灯,四周是缠着绷带躺在病床上的男人。由于这幅画,她获得了一个家喻户晓的称号"提灯女神"。不过，对她来说，更喜欢也更准确的称号也许是"统计女士"。

1856年，南丁格尔与40名女护士抵达土耳其的英国军事医院时，遇到了一场危机中的危机。克里米亚战争的爆发表面与宗教有关，涉及基督教两支不同的少数派是否有权进入圣地，但本质上是典型的土地和权力争夺之战。

两大涉事教派俄国正教会和罗马天主教其实已经达成了协议，但法国和俄国的领导人无论如何都要诉诸战争。随着冲突爆发，多个欧洲国家受到牵连。这是第一次使用了现代化军事技术（如爆破弹）的战争之一，也是最早由于摄影和电报的兴起而得以广泛记录和报道的战争。基于这两个原因，这场战争成了一场"臭名昭著的无能者的国际杀戮"。

英国人注意到了英法两国在医护水平上的显著差异，伦敦《泰晤士报》首席记者威廉·拉塞尔感慨道：

> 我们之中，难道就没有忠诚、有能力的女性，愿意为远征东方、受到伤病之扰的士兵施以援手吗？对于斯库塔里战地医院的困境，英国的女儿中，难道没有一个愿意在最为水深火热之际，投身到这样有意义的事情上吗？难道，我们在无私奉献和忠诚上要远远不如法国吗？[8]

受陆军大臣西德尼·赫伯特直接委托，南丁格尔率领一支护士团队抵达了斯库塔里医院。她们发现，那里的士兵和医生都遭受着共同的创伤，在医院尤为明显。那里又脏又乱，混乱不堪。1854年1月和2月，有3 000名士兵因痢疾、冻伤和坏疽，死在了床铺上，床铺之间

相隔仅有 18 英寸①，相连起来有 4 英里长。⁹

作为女性护士队的负责人，南丁格尔着手在医院建立急需的秩序和系统。最初，她的工作局限于传统的女性角色，也就是衣食方面。尽管如此，她借此解决了最基本的两个问题：营养和卫生。

她很快就被誉为"最高指挥官"，这很大程度上归功于她提出了明确的看法，并通过数据和证据支持了这些看法。她开始做一些早就习以为常的事：了解众人的看法。在获得士兵的看法后，她又开始着手建立关于食物和卫生的详细清单和记录，但她遭到了很大的阻力。例如，在膳食记录上，她在改变医生习惯上举步维艰。她主张必须准确记录患者当天实际得到的食物，但医生习惯于提前填写患者第二天应该吃什么。他们觉得无法改变，因为当天的膳食表已经填满了，他们只能用空白的表格填写次日的饮食要求。

南丁格尔对数据、分析和计算结果的追求让医生感到困惑，他们认为统计数据"对想要向反对者证明自己观点的官员有用，但对只想治病的人来说没有实际作用"¹⁰。愿意做记录的人也不过是为了安抚南丁格尔。此外，"在压力时期，大家不得已放弃做记录"。缺乏英国人的统计数据让她感到绝望，她给伦敦陆军部写信："医疗统计数据……混乱不堪，几乎不可能获得正确的结果。"

她开始化受挫为行动，联系其他医生和医院，特别是法国的医院，它们让她感到"钦佩、羡慕和惊叹"。一位法国军医领着她从病患帐篷走到自己的帐篷，向她展示了记录并表示，他们"对每个病例进行了完整的记录，不仅包括饮食说明，还有对医学观察的日常记录"。英国医生落后的地方不仅是这方面，法国医学人士曾描述："英国医生，跟

---

① 1 英寸为 2.54 厘米。——编者注

政治家和牧师一样，没有意识到正确行动只能基于正确的思考，只有通过自由探索和仔细关注结果才能获取事实。"

这一点对南丁格尔来说不言而喻。除非采取行动，否则进行再多探索和思考都无济于事。她欣赏法国人做记录的方式以及展现出的强大能量和人道主义态度。这种将理性与情感融为一体的精神正是她所追求的，她说道："我认为只通过语言来表达感情是一种浪费，这些感情都应该转化成能带来成效的行动。"

后来，虽然可能并非其所愿，南丁格尔在全球变得家喻户晓，受到皇室、政界以及一大批崇拜民众的追捧，但与克里米亚战争前相比，她的社交方式没有什么变化。她又开始利用统计数据倡导一种全新的军事医学方法。"她希望每个军团的数据都能以月为单位进行统计，包括发热、肺结核和其他原因导致的平均患病人数，然后获得整个军队的整合数据。"[11]在她看来，陆军部的大臣能通过数据"清晰了解军队的健康状况，就像看到时钟上的时间变化一样"。

只有通过这种完整的统计体系，"我们才能确保在合理范围内以适当的方式执行卫生法规"，但仅有数据是不够的。她的笔记里还有各种图表。南丁格尔不仅是在医学和统计学上的创新者，还创新了完美呈现医学和统计信息的方式。在这方面，她巧妙结合了理性和直觉。

我们不确定这是否得益于她童年时对图表的痴迷，但她的确制定了各种不同类型的图表，类似于今天的饼图，能将密集的统计结果生动地呈现出来。其中，最著名的是玫瑰图。饼图中的扇形区域面积表示各数据所占比例，而玫瑰图中的扇形长度从中心开始测量，也能呈现数据的情况。

图6展示了在克里米亚战争中英军士兵的伤亡情况。

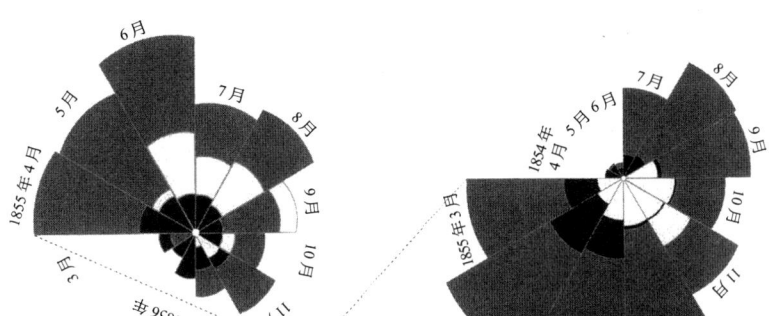

（b）1855年4月至1856年3月　　（a）1854年4月至1855年3月

图中的白色、灰色和黑色区域均以共同顶点为中心来衡量：
- 从圆心延伸的灰色区域：由可预防或可缓解的传染疾病导致的死亡；
- 从圆心延伸的白色区域：由伤口感染导致的死亡；
- 从圆心延伸的黑色区域：由所有其他原因导致的死亡。

1854年11月，白色楔形区域中的黑线标出了该月因其他原因导致死亡的人数的边界。
1854年10月和1855年4月，黑色区域与白色区域重合。
1856年1月和2月，灰色区域与黑色区域重合。
我们可以通过包围区域的白色、灰色和黑色线条进行比较。

图6　英军士兵伤亡情况玫瑰图

玫瑰图展示了她开展任务头两年斯库塔里医院中不同原因导致的死亡人数，被均匀划分的12个扇形，代表一年中的12个月，每个月扇形的阴影面积与该月的死亡率成正比，色块阴影则表示图中各区域的死因。通过逐月拆分数据，她能够立即展示无法通过表格或文字读取的内容。她以交织着愤怒和希望的语言写道，她的目标是"以视觉化的方式传达可能无法通过语言向公众传达的信息"[12]。

她的图表发挥了作用。19世纪50年代，英国在军事医学方面还有着极其糟糕且不合理的死亡率。到19世纪60年代末，人们普遍承认英国在这方面做得最好。背后的主要原因正是南丁格尔在战后的工作中作为确证者发挥的作用。

她大力倡导统计数据，部分原因是她深刻认识到统计数据的局限，她花了多年时间研究如何应对这些局限。特别是，她意识到对不同类型的患者进行比较以及在无法充分了解背景的情况下使用单一的简单指标（如死亡率）带来的问题，以及伪造数据的问题。她充分利用了数据统计技能，不仅成功推动了将"统计印证"归为一门学科，还揭露了某些薄弱或不充分的研究结果。

例如，一项研究似乎表明，护理并非像南丁格尔主张的那样，可以解决医疗保健领域的问题，因为一家医院虽然雇用了训练有素的护士，但死亡率并没有下降。然而，南丁格尔进行了反驳，并证明这是不正确的思维导致的结果：医院把护士派去护理最复杂的患者，他们的死亡率本来就是最高的。更好的做法不是做有选择性的报告，而是要对接受护理和未接受护理的患者都做出更好和更详尽的比较，而且不应专注于单一指标（此例中指的是死亡率）。

后来，她又继续倡导通过统计数据彻底变革所有医疗实践。她认为："在改进统计数据的方式后，我们能进一步了解有关特定手术和治疗方式的相对价值，这是我们目前难以确认的……而基于统计数据获得的真相将使我们能拯救生命和减轻痛苦，改善病患治疗和管理。"

后来，南丁格尔在这个领域的先见之明得到了证实，尽管这个过程经历了几乎一个世纪和另一场残酷的冲突才最终实现。1941年，一位名叫阿奇·科克伦的苏格兰年轻医生采用了原本用于农业研究的统计方法，找到了治疗希腊战争中战俘的最佳方法。[13] 他提出的随机对照试验建立在南丁格尔提出的原则上，已经成了如今循证医学的支柱。

南丁格尔，还有她所钦佩的法国医生这样的人物，能够在危机和压力中保持甚至扩大他们的容纳之窗,但背后是要付出个人代价的。在所有向上突围的实践中,这似乎是代价最大的一种。我们接下来会提到,长时间将逻辑和直觉思维保持在向上突围的区间内,这需要特殊的能量才能做到。

正如所有的向上突围者一样,南丁格尔知道"在恐惧中几乎什么都做不了"。在对抗这种状态的过程中,她的代价是落下了困扰其一辈子的衰弱性疾病(疲劳、压力和焦虑)。她后来提到:"回顾我的人生,没有任何一个阶段是不痛苦的。"

正念的作用

近年来,我们在生活中面临高要求和极大的压力,导致许多人都经历着慢性的心理问题。除此之外,2020 年暴发的新冠病毒疫情更是让整个世界陷入了持久的高度焦虑状态。在这种环境下,作为治疗心理疾病的方式,正念和冥想已经被纳入了医疗方案或作为医疗之外的补充,获得了越来越多的信任。

最能体现这一点的是正念课程的增多和专注于改善健康的应用程序市场大幅增长。2018 年,超过半数的美国雇主为员工提供了某种形式的正念课程。2021 年 1 月,正念相关应用程序的全球市场规模达到数十亿美元,并有望在未来几年翻两番。[14] 当然,这也引发了一些反感和批评,有人质疑这股风潮是"席卷全球的嬉皮士闹剧"。

如今这些丰富的培训和学习材料其实源于几个领先学者的研究工作,其中最主要的是马萨诸塞大学教授乔·卡巴金。20 世纪 70 年代,卡巴金最初与慢性疼痛患者一起开发了一门为期 8 周的课程,教授患者有关正念冥想的基础知识。[15] 按照他的定义，正念冥想是"在当下，不带任何批判，有意保持专注而产生的意识"。简单而言，正念专注于呼吸，冥想者每时每刻都能感知身心的变化。

这门课程非常受欢迎，很快就用到了创伤者的治疗上，包括遭受工业事故的人、癌症患者、截瘫患者和抑郁症患者等。它最显著的特点是有证据支撑。研究表明，正念的好处比许多"嬉皮士"指责者认为的要多得多。通过正念练习，慢性疼痛患者更能应对其症状，包括减轻对疼痛的主观感受。如果将正念纳入治疗，则抑郁症复发的可能性要减少 1/3。如果有规律地练习正念冥想，则人们更有可能保持对复杂任务的专注度和注意力。

卡巴金的初始课程经过调整后，被运用到各个专业领域。对我们来说，最有趣的是它在极端和高压情况下展示出了巨大价值。

伊丽莎白·A. 斯坦利（本章前文提到过她关于扩大容纳之窗的研究）是正念的主要倡导者之一。作为退伍士兵，她在卡巴金工作的基础之上，创立"正念心理健康培训"项目。美国国防部已将该项目纳入士兵出征前培训的核心部分，还资助了有关正念对作战部队影响的严谨的神经科学和心理学研究。

人们从对出征前培训的研究结果中发现了一个普遍现象：标准培训对士兵没有任何帮助，反而导致了更高的焦虑和压力水平以及认知能力的下降。斯坦利的正念培训被证明具有明显的益处。参与培训的士兵表现出了更强的认知能力，尤其是在压力下能更好地平衡大脑中的规划者与行动者。他们在出征前记录的压力水平较低，更值得注意的是，他们的压力唤醒在作战演练前后更有效果：他们更可能在演练中获得峰值表现，在演练后也能更快恢复冷静。以上结果均是通过士兵在演练之前、期间和之后佩戴的穿戴式生理记录仪以及分析血样来测量的。在心理层面，士兵接受培训后提交的自我报告显示，他们更能将作战情境视为挑战而不是威胁。所以说，正念远非"嬉皮士"的胡闹，而是可以帮助士兵在向上突围区间内行动。

此外，斯坦利的长期合作者埃米沙·杰哈为了解正念在承受、处理和应对压力上发挥的作用，开展了类似的研究，其研究对象是同时接受过放松训练和正念训练的消防员。[16]她发现，消防员融合了计划能力和执行能力：时而更慢、更努力，刻意控制自己；时而更快，跟随直觉，情绪更高昂。

得益于正念训练，消防员不那么容易有过激的反应和冲动的行为。在理想状态下，正念帮助消防员更了解自己的"知识拼图"，从而去改进"拼图"。

在事故响应中，受过正念训练的消防员不会为了加强内在的规划者而直接将行动者抛诸脑后，而是会更好地观察自己。在神经层面，他们能暂停大脑中无意识的行动者路径，这个路径一般基于此前的经验产生并会在压力下触发。这意味着他们可以观察事件的当下时刻，反思这些观察，并将观察结果整合到决策中。因此，他们在面对压力时更可能展示出适应性反应，并能通过假想实验和情景构思来认真思考可能的行动方案会带来哪些影响。

他们能更好地利用数据和证据来反思行为和感受，这还能让个人生活受益。很多研究对象都表示自己的幸福感水平更高，个人关系有所改善。他们更能够在经受紧张的情况后迅速恢复，这不仅针对个别的情况，还适用于承受长期压力如创伤后应激障碍的情况。

斯坦利认为，接受正念训练是让"思维大脑"与"生存大脑"协作的最佳方式之一。但她也认为，正念行业现在一心追求快速见效，导致大众对正念练习及其益处产生了错误的看法。她的看法与这种期望完全相反。她主张的是如同禅宗一般的正念方法：不追求快速奏效，接受事情会先变糟再变好，持续练习，相信自己正在发展有用的能力。她的理念不那么励志，反而会让人联想到本书第一部分提到的顶尖运动员达到峰值表现的方式。

恰巧，这也能为解读弗洛伦斯·南丁格尔的每日祈祷带来一个新奇的视角。在祷告中，南丁格尔尽可能通过冥想（即现代所说的"正念"），从克里米亚战争期间的高强度经历中疗愈自己。

在最理想的情况下，正念能扩大行动者与规划者大脑的协作范围，同时扩大容纳之窗。即使在最极端的状况下，它也能做到这一点。

让我们再回到萨布丽娜的故事。

萨布丽娜的选择

上文提到，萨布丽娜刚搬进自己的公寓，开始思考该如何度过人生。

> 每天的生活只有更糟，没有最糟，我知道这种感觉，所以我想做点儿什么来帮助那些处境相似的人。有意思的是，我想拯救其他人，给予他人我从前未能获得的拯救。

她的方法是投身一个职业，能"基于人的能力"而不是根据学历资格评判一个人。在威尔士小镇安顿好后，她找到了一家非全日制的消防署。她申请加入消防署，通过了面试，成为该署第一位女消防员。

接着,她获得了晋升,被调往英国各地。

后来,一个戏剧性的事件改变了她的职业轨迹。有一次,萨布丽娜的小组被派往的地方,恰好是其未婚夫所在的消防组的灭火现场,她得知其中一名消防员受了重伤。她很希望受伤的不是未婚夫。结果,她发现受伤的是其他同事。在感到庆幸的同时,内疚感也向她袭来。

出于内疚感,萨布丽娜花了数小时苦思冥想为什么会发生这样的事故。她得出的结论与萨利机长对安全和事故的许多研究结论相同:多数事故是由人为错误造成的。

为此,她在卡迪夫大学率领一支团队专注于研究事故中的指挥决策。她认为,要解答的根本问题是"在做出影响他人生死的决定时,我们是怎么做的"。

研究结果发现,消防服务在对这个问题的考虑上远远落后于军事和航空等其他高风险领域。其实,受到父亲因脑癌这种慢性疾病去世的影响,萨布丽娜一直都渴望为神经科学做出贡献。她很好奇,在做出关乎生死的决定时,自己和其他消防员的大脑在神经层面上的运转。在她的研究之前,几乎没有任何关于这些决策的实时研究。大部分结论来自事故后的采访和分析,而且这些信息往往都被扭曲并带有偏见。

萨布丽娜与一位同事一起,在指挥员的头盔上绑定了摄像机,来记录整个事故的响应过程,并以采集的视频为基础进行采访和研究。这个方法非常有用,不仅揭示了事故期间实际发生的情况,还让指挥员提升了自我意识,因为他们能在观看实时镜头后调整行为。

这项研究的结果表明,虽然大家都想当然地认为指挥员会进行高度分析和保持理性(处于规划者模式),但实际情况是,在灭火工作中,该模式只占了大约 20% 的时间。在其余 80% 的时间里，指挥员基于直觉（处于行动者模式）做出决策。萨布丽娜对消防员在应对紧急情况时如何更好地平衡规划者与行动者特别感兴趣。

> 我不仅想描述决策的过程，找到潜在的圈套，还想帮助指挥员做出更好的决策……我希望指挥员能有意识地激发潜意识并思考自身行动与目标之间的关联。我希望他们打开自己的"拼图"。

在此基础上，萨布丽娜制定了决策控制流程，这是一个了解大脑实际运作方式并有助于优化决策的框架。也许正念能间接地实现这个目标，但决策控制流程可以提供具体的行动步骤，可用在培训和评估中。实际上，每当指挥员需要做出决策时，无论是通过分析还是直觉，又或是结合两者做出决策，都可以问自己以下 3 个问题。

（1）目标：我希望这个决策实现什么？这个问题能让指挥员将决策与事故响应的整体目标联系起来。

（2）期望：我期望发生什么？这个问题可以加强指挥员对情况的了解，从小组的角度回答这个问题将有助于在事故响应团队中形成一致的"拼图"。

（3）风险与收益：收益是否超过风险？这个问题可以确保做出更优、更有效和更稳健的决策。

经过多次试验，萨布丽娜和同事发现这个方法非常有效：指挥员得以将行动与计划联系起来，态势感知显著提高。最重要的是，这个方法没有拖慢决策过程，已经被用于英国所有紧急决策制定的原则和法规中，并在全球范围内得到采用，包括美国、欧洲、澳大利亚和中国香港。

萨布丽娜制定了这个简单而有力的方法，帮助人们在快节奏和不可预测的情况下评估各种方案和做出决策。凭借这个方法，她成了应对最紧急状况的公认专家。一路走来，她还获得了卡迪夫大学颁发的行为神经科学博士学位。为了优化影响生死的决策，她在持续研究消防员常常遇到的高压情况。

同时，萨布丽娜坦言，她的能力只有在"确证"下才能发挥出来。她说：

> 通过我们的研究开发的方法提升了消防工作的安全性并保护了消防员……但这个方法只有通过不断练习才能发挥作用……这是因为我们决心改变，相信要不断开展有建设性的评判……挑战自以为是的现状，剥离想当然的表象，找到新视角、新角度和新的想法。

本章中多次提到，确证会产生相当大的心理负担。萨布丽娜也承认这一点，这给我们带来了一些启发。

> 虽然我现在没有之前那么紧张了，但一些旧习惯已经根深蒂固。我从不满足于现状。有时，这也许是个很大的优势……然而，有的时候，我必须让自己在被这种感觉吞噬之前停下来。我仍然倾向于过度思考并做出最坏的假设。我总是为此产生一些杞人忧天的情绪。

如今，萨布丽娜博士已经成为英国最年轻的首席消防官，拥有决策领域的神经科学博士学位。她在压力下做出严谨决策的能力不仅改变了自己的生活,还改变了英国及全球紧急服务的危机应对方式。她是一位卓越的向上突围者。

在这方面,她与《铁血战士》中主角佩戴的精工手表相比也毫不逊色。

第十章
指挥者：聚集向上突围者从而组织变革

伦道夫

接下来要说的这个人物，可以说是对推动本书及书中所提及的理念成型有着最大影响的人。

伦道夫·肯特在联合国有过精彩的职业生涯，曾被派往全球最艰苦的危机现场工作，包括埃塞俄比亚、苏丹、卢旺达、科索沃和索马里。我与他是2004年在伦敦开始共事的。那次合作归功于一位同事牵线搭桥，偶然安排我们在某个机场见了一面。那次之后，伦道夫邀请我担任一个研发项目的副手，这是人道领域的一个新项目，旨在改革全球危机的应对方式，从而适应21世纪的时代发展，非常值得期待。这个项目大大激发了我的想象力，至今仍然启发着我。

这种启发也许来自伦道夫在绝境中开展任务的精神。1994年4月至6月，有80多万人在卢旺达大屠杀中丧生。伦道夫负责联合国在该事件后的人道主义援助工作。尽管国际社会提供了很多援助，但批评者认为各国政府给予的援助"太少，而且为时已晚"，它们并未在悲剧发生时采取实际行动以阻止它的发生。

在负责这次人道主义任务期间，伦道夫意识到，提供的大量援助都是为了满足受恐怖事件影响和流离失所之人的物质需求。几乎没有任何行动旨在解决受害者的心理需求问题。他在一次采访中提到：

> 一个国家在短短 3 个月内有 80 万以上的公民死亡。事后，我们可以清楚地看到人们当时需要心理和社会心理援助……我当时就应该察觉到这种新需求。我终于认识到，必须更有预见性、更灵活地改变思考方式。[1]

这是一次向上突围，它促使伦道夫通过努力彻底改变这个领域的运作，即人道主义响应者做计划、交付成果，乃至思考的方式。对了解情况的业内人士而言，伦道夫的影响无处不在：我们可以在新倡议、新政策，甚至高层领导人的演讲中看到他的身影。

回到 2004 年，我与他初次见面，十分好奇他是如何在全球最严重的危机中负责人道主义工作的。他的声望之高、人际网络之广固然让人惊叹，但我更想深入了解的是他实际做了什么。

不过，最初成为同事和朋友时，他并不太愿意谈论自己的经验。他总是用自己的魅力和转移话题的技巧，设法将每次对话的重点都转向对我的提问、倾听和探究上，而不是谈论他自己。我对此感到哭笑不得。但我后来意识到，这实际上就是他工作方式的核心所在，不论是在会议上，还是在危机的最前线，他都是这么工作的。通过观察和与他人交谈，我进一步了解到他的卓越成就。实际上，我几乎用了将近 20 年的时间，经过多次尝试，才让他敞开心扉谈论他的经历。

其他同事谈起他时，最常见的评价是"伦道夫是人道主义领域有史以来最出色的主持者之一"。但他不仅仅是一位熟练的主持者，我们在他身上看到了更多。

我们在第三章了解到，威廉·拉瑟福德和凯特·奥汉隆将不同职业的人汇集在一起，包括医院搬运工、护士和脑外科医生，改变了皇家维多利亚医院在动乱时期的运作方式。他们的存在影响了周围的人，这与伦道夫在人道主义领域的影响力如出一辙。这类人在向上突围的乐团中扮演着最关键的角色：他们是整场演奏的指挥者。

伦道夫、皇家维多利亚医院的领导者，还有本章接下来提到的其他人物，之所以能脱颖而出，并不在于他们自身实现了向上突围，而在于他们在此过程中创造了条件和环境，让其他人实现了向上突围。接下来，我会用卢旺达大屠杀之后一则意外的消息来更清晰地描绘伦道夫的指挥者角色。

有关卢旺达恐怖事件响应的国际调查引发了对外交政策、外交、维和与援助工作的严厉批评。对于此事件，灾难性的不仅是政治和军事上的响应，调查报告还指出了人道主义机构的失误：组织混乱、缺乏充分的协调和准备。报告显示，援助体系中本应该发挥强大领导力的区域存在"核心的空心地带"。尽管如此，在多年后，调查委员会的一位主席跟我说，这次人道主义援助有个别可圈可点的地方，伦道夫就是其中之一。问题是，他的成功越发突显了援助体系其他环节的严重缺陷。

我构思本书的初步想法正是来自包括这次成功在内的案例，这里涉及我想探讨的最后一类向上突围者。

伦道夫不仅是出色的导师和同事，最重要的是，他让我能相信自己。多年来，我在这个领域遇到过的许多人在评价他时都有相同的感受，其中包括许多身居要职的人。通过他们，我认识到领导者真正的品质之一不是巩固权力的能力，而是分享权力的能力。伦道夫就是能培养出更多领导者的领袖人物。

即使在卢旺达大屠杀后的极端条件下，他也做到了。在大屠杀之后，他的一位初级同事继续在非洲和亚洲各地致力于研究种族冲突与和平建设。他与伦道夫共事的时间只有几个月。15年后，我们相遇了，也发现了伦道夫曾是我们共同的导师和相识者。这位同事的话让我深受触动也产生了共鸣，他说："即使是今天，我都会在关键时刻或遇到危机时问自己，伦道夫会怎么做？"这句话完美展示了伦道夫作为领袖，能对周围人灌输绝不放弃的挑战态度。

在我认识伦道夫的这段时间里，他一直在业内倡导创新，为许多新方法提供了空间、支持和展示的机会，这些方法改变了如今的援助工作方式。事实上，在卢旺达工作期间，伦道夫鼓励和支持的一系列创意解决方案在今天仍然影响着整个行业。

他是首位被任命为联合国人道主义协调员的人员。该职位没有书面的职责描述，虽然他是受认可的正式协调员，但在实际中，援助机构一般需要快速开展援助工作，根本无暇顾及其他人的意见，有着响亮头衔的联合国工作人员也不例外。

伦道夫通过手头掌握的信息发现了一个紧迫的问题。在这场人道主义援助中，完全没有谁负责哪一方面的一致数据。因此，他要求人道主义响应机构先将信息提供给他，再由他传递到总部，但这些机构总是礼貌而坚定地拒绝他。

有一次，在与非政府组织开完有关信息共享的会议后，伦道夫乘坐货机前往肯尼亚内罗毕。他靠在一堆谷物袋上思考如何解决统一信息的问题。他想到了采用一个通用工具，以便让所有非政府组织提供有关危机响应的信息，包括"谁在哪里做什么事情"的信息。关键是要将这个工具建设成一个可共享的区域网络。这个想法在今天看来似乎不是什么创举，但别忘了，那时的互联网仍然处于萌芽阶段，有待成为"下一个伟大事件"。

在这个网络建立起来后，信息开始从不同的来源涌入。伦道夫深刻认识到：他能利用援助机构暗暗较劲的天性，秘密促使他们互相合作（用他的话来说，"通过微妙的刺激温和地鼓动他们"）。随着建立网络的想法传递给更多人，尚未为平台做贡献的人完全清楚自己的不作为。其他人也很清楚这一点。最初的阻碍者意识到有必要加入平台，否则就可能被忽视。很快，该平台成了信息密切交流的地方，传播着各种关于危机的信息。如今，这个区域信息网络已经扩展和发展成为全球最重要的人道主义媒体平台。

这还不是全部。说起伦道夫在困境中取得的最了不起的成就，还是要数他推动援助系统中分散且互相竞争的各个机构齐心协力，建立了共同的目标。有一次，卢旺达最大的一个难民营发生重大暴力事件，导致多人伤亡。伦道夫及其团队负责善后工作，要让营地恢复正常。

他采用了其他同事和我熟悉的方法：询问、倾听、探询、组织。他让国际体系各个部门在以下方面通力合作：后勤保障、受伤者和幸存者搜寻，以及向最迫切的地方提供紧急医疗援助，等等。正如他跟我说的，他意识到自己"是核心，能将所有人和物聚集"。

大屠杀后调查工作小组主席的一番话佐证了这一点，他说："在伦道夫之前，这个体系是空心的，没有核心。在他来了之后，整个体系奇迹般地运作起来。他将人和物聚拢。但这个体系在他离开之后又回到了空心状态。"

最能衡量伦道夫成功的莫过于红十字国际委员会的认可。要知道，这个组织是人道主义领域中最接近美国海豹突击队这支特种部队的存在，后者是一个神秘、特立独行而高效的机构。就在那时，红十字国际委员会卢旺达分会主任在一片混乱和闹剧之中向伦道夫走来，问道："我们是否可以提供帮助？"

伦道夫向我说起这段经历时，我能感受他至今仍将此视为自己职业生涯最高的成就之一。在我看来，这表明了伦道夫是一名能构建集体目标的"指挥者"。

意料之中的是，伦道夫坚决否认自己做的是了不起的事情：没有宏伟的计划，没有远见卓识，他做的不过是与人接触、倾听和让他们参与。

那么，在面临困境之际，是什么让他发挥了指挥者的作用？他思考片刻，然后给了个简单的回答——"也许是因为巨大的压力"。

秘密领导力

20 世纪 90 年代，管理学者亨利·明茨伯格开展了一项看似奇怪的实验。他一直都认为可以用"乐团指挥"来比喻管理和领导行为，为此，他决定花些时间观察和研究指挥者在演出期间和演出间隙如何发挥作用，以及做了什么。

他在产生踏入排练室的想法之前，就已经研究了 29 位非音乐领域的领导者，他们在截然不同的环境中工作。比如，他与英国国家医疗服务体系（NHS）的负责人共度了一天，也观察了红十字会经理在坦桑尼亚难民营的工作。在累积了大量关于领导者的数据和信息后，他说："我无法抑制想要和交响乐指挥共度一天的想法。"[2] 研究结果给了他很大的触动，他以此为核心为《哈佛商业评论》写了一篇文章，探讨如何管理和领导专业人士。这篇文章后来被大量引用。

明茨伯格在几天内研究了温尼伯交响乐团的指挥布拉姆韦尔·托维。他发现交响乐团"由一群高度训练有素的人组成，他们知道自己要做什么，然后只管去做"。他们就像许多由专业人员组成的机构，比如咨询公司或医院。

明茨伯格引用了布拉姆韦尔·托维创造的短语作为他的研究结论："在这样的环境中，秘密领导力可能比公开领导力更重要"。

许多人一般会将领导力与控制者的形象联系在一起。秘密领导力与此截然相反，我们已经在伦道夫组织危机响应机构中看到了这样的领导力。向上突围涉及的不仅是危机响应，其中的指挥者既不是威权者，也不是没有丝毫权威的领导者，而是能发挥潜移默化影响的人。

明茨伯格得出一个结论，领导者确实可以从指挥者那里学到很多东西：这种领导力不是一种控制、表演和自负，而是"默默地行动，不强迫他人服从，而是激发他们的表现"。

2015年，丹麦作曲家和指挥家图雷·拉森对这个观点进行了检验。根据他的经验，指挥者为交响乐团所做的3件事与明茨伯格从布拉姆韦尔·托维的工作中得出的结论非常相似。[3]

（1）他们灌输应对压力和焦虑的勇气（心态）。

指挥者为音乐家提供支持，并在大家面对压力和危机时为他们灌输勇气。著名歌剧指挥家马克·威格尔斯沃思表达了类似看法："指挥者需要向音乐家传达充分的信心，肯定会有人感到紧张，这是可以理解的。指挥者的目标是让大家能够以坚定和信任的态度演奏，达到肾上腺素和催产素之间的完美平衡。"指挥家能通过指导培养成员的挑战心态。

（2）他们会在面对挑战时创造一些空间并鼓励即兴创作（创新思维）。

指挥者通过倾听和观察找到志同道合的人，将他们汇聚一堂共同去诠释音乐，为他们提供学习和调整的空间，实现共同的创造和创新。最优秀的指挥者能在"提供指引和让音乐家自由演奏与表达自己之间"取得良好平衡。

（3）从他们独特的视角，提供挑战的整体情况并分享解决方案（目标）。

指挥者创造了一种共同目标感，在这种目标感内融入多个不同的小目标，让大家敏锐地认识到所汇聚的技术和能力，从而促成连贯而独特的演奏。

用向上突围的术语来解释的话，交响乐团中的每个音乐家都是一个确证者。他们分析视觉和听觉信号以理解现状并演奏共同的曲谱。最好的独奏者可成为匠人，不知疲倦地追求完美，找到新的演奏方式。首席铜管乐器演奏家则是连接者，他们了解弦乐和木管乐器的角色，在交响运动的起伏中扮演"桥梁"。而指挥者专注于整个交响乐团，设定节奏，让观众在当下获得独特而难忘的体验。

这不同于指挥者在指挥台上掌控全局的普遍形象。最好的指挥者不是让交响乐团屈从于自己的意愿，而是对不同的技巧和能力进行编排，创造出属于大家的节律。本书受到了拉森这名交响乐团指挥者的经历的启发。这位指挥者并不知道，他在课程中提炼出的内容被视为向上突围的关键要素。最令人惊讶的是，他运用这些知识将一群危机响应者聚在一起，教他们指挥《雅克兄弟》。

音乐紧急状况：指挥者如何重构压力

在应急管理领域中，最难教授的能力是如何在危机中担任领导者。无论新员工参与多少模拟和演习，都很少能真正做好准备，从而在混乱和危机的迷雾中首次承担责任。创新的培训方法层出不穷，很多都会利用游戏、模拟，甚至是越来越多地使用虚拟技术。但难以否认的是，对经验不足的应急响应者来说，危机本身就是最好的课堂。

经验丰富的应急响应者日益感受到，让新手身处类似紧急状况的情境非常有益，可以帮助他们在安全的心理和物理空间培养同样的技能，也就是要为他们提供没有创伤或血腥的模拟环境。

拉森发现指挥者对交响乐团发挥的作用后，确信音乐就是危机应对者的安全空间。通过与哥本哈根大学医院的重症护理外科医生合作，借鉴有关管弦乐指挥和领导力的最新研究（包括明茨伯格的研究结果），拉森与临床教职员工共同开发了一门面向医学生、护士和其他医疗从业者的危机领导技能课程。他在这个过程中有了惊人的发现。

他在反思了30年来对紧急医疗情况中领导力的研究后发现，缺乏真正的领导力从根本上影响了处于危急状态之下的人。还有一系列研究表明需要的领导力包括：在压力下保持冷静，能够"传递"一种乐于尝试的心态，并且目标明确。

但他在深挖后发现，几乎没有任何培训用于培养紧急医疗状况下前线工作人员的这些技能和品质。相反，在那之前，所有衡量领导能力的工作都局限于去证明领导力而不是提高领导力。

拉森认为可以通过新方法培养学员的技能，这个新方法可以说是顶尖运动员和自由潜水员采取的压力免疫法（第一章有所提及）的音乐版本。

他所有的培训课程都被录制成视频，可在线上观看，这些视频非常有趣。其中一堂课尤为突出，因为它切实展示了一位学员如何重构面对压力的心态。

以下是我从拉森与一个叫珍妮特的三年级医学生之间的视频对话中转录和编辑的文本，其中穿插着我的个人看法。[4]

  拉森：这让你感到很害怕吗？
  珍妮特：是的！
  拉森：你完全没有表现出来。真的难以置信。
  珍妮特：我觉得太可怕了！
  拉森：你在发抖吗？
  珍妮特：是的。

此时，珍妮特身体前倾，头埋到了指挥台之下，看起来就要被压力压垮了。

  拉森：站到一边休息一下。在你准备好之后，再做一次。我们开始挖掘你的内心。不会比这更深入了，这就像我们深挖你的灵魂一样。
  珍妮特：是的，这个挑战太疯狂了，我感到压力太大了！
  兰迪：为什么你觉得挑战很大？
  珍妮特：我非常非常害羞，所以讨厌站在一群人面前，我会感到很不自在。（马上要哭出来了）

通过下面的对话，你可以看到心态的转变发生在拉森的话之后。

拉森：你知道吗？我也很害羞，真的！我曾是坐在教室里最后一排的学生，完全不想引人注目。这样的我居然成了指挥家，很有意思，不是吗？但我的经验是，如果能专注于《雅克兄弟》乐曲的第一个音符，然后就能进入忘我的境界。就是这样！

这成了珍妮特的顿悟时刻。

　　珍妮特：这真是……好吧，再试一次！
　　拉森：我做的事是已经学会的东西，而我的诀窍在于音乐。在与管弦乐团合作后，我把自己抛到了脑后。我变得十分专注，就是这样。然后忘了自己。
　　珍妮特（回到指挥台，深呼吸）：假装你能行，你就能行。

珍妮特又尝试了一次指挥，这次的姿势和信心显然都发生了改变。她最终赢得了热烈的掌声。

　　珍妮特：我希望每个人都能试试。
　　拉森：你现在感受到其中的乐趣了，还想来一次吗？
　　珍妮特（快要坐下时停了下来）：好！

　　她转身跑回指挥台，身后是医学院同学的阵阵掌声。
　　以上场景值得深思。作为一名医学生，珍妮特显然需要具备一定水平的个人品质和领导能力。在被放到一个不指望她能有卓越表现的情境中，她坦白了在人群面前指挥的感受（"太可怕了！"）。但在听取拉森在处理这类情境时的指导，反思她自己的感受后，她将威胁重构为挑战，并承担了领导者的角色。重要的是，指挥者的任务本身是肢体活动而不是口头表达，这意味着我们可以通过她的肢体来判断她的改变不是说说而已：在她"顿悟"时，你可以从她的肢体语言和站姿中切实感受到。她将压力看作良性压力，进入了心流状态。珍妮特并非唯一经历了这种转变的学员。实际上，拉森观察到大多数学员都有类似的变化。

尽管这只是一个简单的模拟练习，只涉及一架钢琴和其他医护人员一起合唱《雅克兄弟》，但结果却不言而喻。许多学员表示他们有了新的看法，学会了如何处理紧急情况。在课程评估中，研究人员发现："大家的指挥技能有所提高，并深深改变了接受培训的学生、护士和住院医师的行为。"这要归功于管弦乐教学法，它帮助大家克服了自身焦虑，表现出冷静和权威的态度，从而帮助他们领导他人。通过指挥方式应对压力和危机，更能改变他人的心态。

完美音高：指挥者如何培养创新思维

从表面上看，职业足球队和古典交响乐团几乎没有什么共同之处。足球队在世界各大体育场感受到的欢呼声和喝彩声，与音乐厅和听众形成的雅致氛围大相径庭。管弦乐演奏者相互之间是协作者（至少在理想情况下是这样），他们的一举一动很少会成为头条新闻。而足球运动员不仅一起比赛，还与其他球队竞争，在所有团体中，他们的一举一动是最受公众密切关注的。音乐演奏可以随着年龄增长不断精进，而足球运动员的职业生涯非常短暂，最多只能持续18年左右。

前文提到的指挥家布拉姆韦尔·托维（"秘密领导力"这个词的创

造者）曾形容自己与足球教练相似。在从事这两个行业的人中，不乏这样将自己比拟成对方的例子。曼联传奇主教练亚历克斯·弗格森爵士曾在哈佛商学院做过有关领导力的演讲。他在演讲中提到，在看歌剧时会有一种强烈的亲切感："我从未去过古典音乐会现场，但在观看歌剧时，我想到了协调和团队合作，同样需要启动和停顿，非常棒。我跟球员讨论过交响乐团，它简直就是一支完美的球队。"[5]

利物浦足球俱乐部的教练尤尔根·克洛普说过："足球队就像是管弦乐团一样，不同的人演奏不同的乐器，有的人发出的声音更响亮，但所有成员都对整体节奏发挥着重要作用。"[6]

这种相似感是双向的。伦敦交响乐团指挥西蒙·拉特尔爵士曾多次表示，他就像是足球经理一样。他曾将自己描述为尤尔根·克洛普："在手势上，可以跟他对那支球队做的一样，但那是即兴的……从手势上，就能理解我们作为指挥者的工作是什么。显然，他对那个团队产生了不同寻常的影响。"[7]

拉特尔十分了解如何改造一支团队。在接管伦敦交响乐团之前，他在柏林爱乐乐团度过了16年，这次接管对他来说就像是游子归来。当时的乐团处于低谷，对于前任指挥者的缺席早就习以为常，以防万一，演奏者都学会了指挥，但演奏的结果通常"粗糙而令人不悦"。相比之下，在拉特尔的任期内，人们普遍认为这个乐团有了"新起色"。[8]

因为我在研究"指挥者"这个角色，所以我很想进一步探索这种关联。这两个职业之间是否在更深层次上有相似之处？

显然，大众对足球教练和乐团指挥本身有普遍的看法。虽然两者都对所领导的团队的成功至关重要，但这两份工作总是为众人所误解和低估。最近有一部纪录片以拉特尔作为主题，在片中，他一再被问道:"指挥实际上是做什么的?"所有球迷都会抱怨球员的失误,但球迷真正责怪的是管理者明显违反逻辑和常识的决策。他们认为如果自己担任高管,肯定能纠正这些错误。

此外,科学研究揭示了这两类不同的领导者和成员在根本上有着相似之处。

第一个让我感到惊讶的是这两组人员在认知科学家眼中的相似之处。让我们来看看两项研究中对协同工作的描述:请问哪项描述是指交响乐团,哪项是指足球运动员?

(1)个人的行动可能会根据任何其他成员的情况进行调整并达到同步,在复杂的忠诚和等级体系中形成了迅速的行动和反应链条。

(2)整个过程充满了快速、复杂和相互协调的行动,成员在其中或主动或被动地以动态的方式适应所处的环境。因此,团队成员之间的协调尤为重要,要考虑将整个团队视为整体去解决问题。

实际上,第一段描述的是交响乐团的音乐家,第二段描述的是足球运动员。[9]但我认为,这两段话在描述这两个群体时非常相似,即便互换也没有问题。

第二个相似之处与"心流"体验有关。米哈里·契克森米哈赖的研究将这个想法介绍给了广大受众,它通常被称为"心流状态"。他对心流的描述如下:"完全投入活动本身。把自我抛诸脑后。时间悄然而逝。每个举止、活动和想法都跟随上一个,就像演奏爵士乐一样。你全身心投入其中,并且在充分利用自己的技能。"[10] 图雷·拉森在为急救人员提供课程时发现,几乎所有学员在培训期间都达到了个体和集体层面的心流状态。

对荷兰、德国和斯洛伐克顶级足球队的研究发现了"群体心流"对表现的重要性。[11] 对许多足球运动员来说,这种集体状态(即向上突围的风格)来自比赛的压力,根据研究人员的描述,足球运动员之间的心流是一种共同的良性压力体验,与我们在前文了解的耶基斯–多德森倒 U 形曲线的峰值相关联。多个国家的研究证据表明,在比赛情境中达到共同的心流状态和保持这种状态与团队获胜或平局的概率强相关。

对交响乐团演奏者的研究也发现了集体心流,这被定义为集体"峰值体验,即团体以最高水平演奏的状态"。[12] 研究人员认为这是理解专业交响乐团演奏过程的"非常有用的一个框架"。实际上,首位发现集体心流的研究者是通过观察爵士音乐家的演奏发现这种状态的。

与足球运动员一样,交响乐团的心流也与压力有关。有优秀音乐家认为演奏过程就是整个集体面对压力时的回应,这种集体回应在日常应对紧张的演出中不断达到新高度。正如一位音乐家所说:"每个人都在冒险,因为极端的情况能诞生更好的音乐。"这让人联想到凯斯·贾勒特冒险用有缺陷的钢琴完成了意外的演出。但这里,不是一个人的即兴演奏,而是整支交响乐团共同乘风破浪。

但是,足球队与交响乐团的相似之处不仅是集体心流状态,还有促使他们达到这个理想状态的因素,包括成员之间的关系,以及成员与教练或指挥者之间的关系。

对足球运动员来说,彼此之间的关系可以说是"共同的态势感知",即对一些信号有着共同的解释或每个成员的个体态势感知会相互重叠,从而确保准确行动,符合队友的期望。这不仅仅涉及认知,还关乎身体：随着技术发展，科学家能分析各球员在比赛中的头部移动情况。他们发现头部移动的频率（表明在探索周围环境）与该球员的比赛表现呈正相关。对足球运动员来说，这种共同的感知是决定球队能否在比赛中进入心流状态的最重要因素之一。

这种状态对音乐家实现峰值表现也至关重要，尽管他们的说法不一样。优秀交响乐团演奏者通常会将实现卓越所需的最重要的技能组合比喻成"雷达般的能力"——"在排练和演奏过程中始终相互倾听、沟通和调整"。在达到一定水平后，演奏技术是基本的演奏门槛，而"雷达般的能力"是让顶尖交响乐团脱颖而出的关键因素。

> 进入"雷达"状态是一个有意识的集体过程，会随着成员之间越来越熟悉自然而然地形成……这是一个无法通过外在察觉的内在过程，是一个集体行动，大家为了演奏的最佳效果对团队内部的显著部分进行调整。[13]

与足球运动员的共同态势感知一样，演奏者将"雷达般的能力"视为"实现令人满意的高质量的交响乐团合奏至关重要的因素，是促进集体层面的音乐表达的自发性机制"。换言之，这是实现集体创新思维的途径。

但仅仅在成员之间建立联系是不够的，教练和指挥者对实现集体心流也至关重要。共同的态势感知和雷达状态通常伴随着集体指导，并且在结合集体指导时最有效。在足球中，这也被称为教练的"总计划"。研究表明，这种关系是足球队成长为一个团队而不是一盘散沙的主要途径。如果教练无法指导和营造团队氛围来促进共同态势感知、相互协调和适应性行动，就不会产生有效的团队表现。相反，如果能实现这种领导方式，则可促进心流，实现团队协作。有项研究甚至表明，它还有助于防止严重的伤害。

在交响乐团中，指挥者的沟通风格、个性和方法也从根本上影响演奏者彼此之间的互动方式，决定他们能否进入共同雷达状态并体验创造的心流。在操作层面，这可以归结为倾听、专注和意识。在战略层面，指挥者从排练中制订了全盘的计划（相当于足球运动员的训练计划），通过现场演奏实现。最优秀的指挥者知道如何利用音乐和演奏者的创意，让交响乐团以统一而创新的方式为听众演奏。

我们再后退一步，以更全面的角度了解指挥者的角色。有关压力时期领导力的最新证据（很多来自新冠病毒疫情响应）表明，领导者要满足的基本要求是建立一个集体的"容纳之窗"。领导者可以通过将自己处于倒U形顶端的向上突围区间来实现。他们也可以通过"积极的情绪感染力"使周围的人做到这一点。最优秀的指挥者，包括拉特尔、克洛普、伦道夫、奥汉隆护士长在内，都能积极地感染身边的人，倾听他人，了解他人的观点和看法，并让他人习惯于"探索、学习、创新、犯错和成长"。这是一种基本的人类能力，任何其他类型的向上突围者都能通过不断实践成为一名指挥者，成为核心并协调身边来自不同背景的人。

指挥者不仅存在于特定的专业学科或领域。有些最具影响力的人已经通过积极的社会感染颠覆了整个社会的运作方式和人的价值观。

竭尽所能：指挥者如何催化共同目标

1816年作为"无夏之年"被载入欧洲史册，背后的原因是位于印度尼西亚松巴哇岛的坦博拉火山发生了灾难性的爆发。[14]

该火山爆发的影响远远超过了 2010 年冰岛埃亚菲亚德拉冰盖火山爆发后全球航线暂停带来的影响。想象一下这样的情景：云层持续数月不散，被包裹在雾中，完全无法通过雨水或风散发，阳光不足导致全球气温下降。1816 年的火山爆发不只是一次破坏性事件，更是一场大灾难。

时至今日，19 世纪 10 年代仍是有记录以来地球最寒冷的 10 年。纽约 6 月飘雪，各地的河流、湖泊甚至海域都结冰了。全球庄稼歉收，数以万计的人因饥荒而死。燕麦短缺也意味着数十万匹马饿死。

火山爆发造成了不可思议的后果。这场危机还引发了人类史上最重要的社会变革之一。出乎意料的是，推动变革的是自行车。

由于马匹大量死亡，一名德国公务员尝试采用其他个性化的交通工具。[15]1817 年，第一辆脚蹬车诞生，这是自行车最早的已知前身，与自行车的区别在于它没有踏板。我们可以把它想象成一辆大号的平衡车，类似于今天儿童学习骑车时使用的平衡车。其发明者卡尔·德莱斯是一位卓越的匠人，非常多产。他还发明了第一台带键盘的打字机、第一台绞肉机和今天仍在使用的脚踏式小火车。

脚蹬车开始流行，还产生了各种版本。但是有一个问题：德莱斯的匠人思维没有让他的发明走得更远。在第一次骑行中，他在当地最好的道路上行驶了 7 000 米。但是，当时大多数道路坑坑洼洼的，随后几年，后来的大批脚蹬车骑手得通过剧烈摆动来避免翻车。所以，他们转而在人行道上骑车，给行人带来了相当大的危险。随后，整个欧洲禁止了脚蹬车。

几十年后，德莱斯的发明在引入踏板和刹车等安全措施后焕发了新生机，并开始流行起来。但是在 19 世纪 60 年代，它们仍然被视为有风险的交通工具。直到 19 世纪 80 年代，安全自行车的发展才促使自行车产生革命性影响。这不仅是因为它的用途，还因为它的服务对象。

在维多利亚时代，女性只能作为双座自行车上的乘客。[16] 后来，她们开始大规模用上了安全自行车，令当时诸多男性感到惊慌。

这得益于当时有很多变革齐头并进。今天也许难以想象这样的场景，但可以设想一下，自行车这个单一产品的技术发展对性别规范带来的颠覆性影响，不亚于 20 世纪 60 年代口服避孕丸推出产生的变革性影响。

当时，除了自行车设计师，有很多向上突围者也加入了这场变革。一群愿意动手的匠人对女性的服装进行调整，以便女性能轻松安全地骑行。结果，短裙、分体式连衣裙、当时为人诟病的灯笼裤，甚至是裤子，开始盛行。

维多利亚时期，男性和女性之间的特征开始变得模糊，这受到一些人的抵制。有医生说，骑自行车让白皙的淑女面色潮红，会引发身体问题。很多人认为自行车有性含义。他们认为女性在骑行时可能会感受到性愉悦，这给当时的道德观念带来了冲击。

与此同时，一些反抗的女性团体以"挑战者"的角色提出了反对。她们强调自行车对女性力量、健康和智力的积极影响。伟大的美国妇女权利倡导者苏珊·安东尼在 1886 年写道："我来告诉你我对骑自行车的看法。我认为它在解放妇女方面，做得比世界上任何其他倡议都要多。每当看到有女士骑车经过，我都会站起来欢呼。"[17]

世界各地的确证者开始撰写文章，宣传骑自行车的好处，席卷了妇女杂志、教堂刊物，甚至禁酒协会。

在极短的时间内，自行车改变了当时西方社会认可的女性特质。

这场运动受到了许多指挥者的深刻影响，他们从不起眼的自行车中看到了实现妇女解放的重大机会。他们组织了热情的骑手、服装和时尚设计师、妇女杂志出版商、工会人员、立法者，甚至筑路公司员工加入，推动实现妇女的赋权。他们的目标很简单：能够以实惠、可行的方式自由移动。

这些指挥者推动了互动和协作。他们集思广益，汇集了人们的建议和人生经验，推动创新，经济学家有时称这种现象为"社会集聚"。

这次自行车运动产生了广泛的影响，涌现了许多出色的榜样，其中有一个人发挥了至关重要的指挥者角色。她根据自行车的物理创新进行了调整，展示了如何摆脱恐惧，拥抱自行车，并借此来改变社会的方方面面。

她叫弗朗西斯·威拉德。[18] 早在骑自行车之前，她由于对改革美国宪法多个方面的贡献，就已经是美国最家喻户晓的妇女之一。基督教妇女禁酒联盟在她的领导下成为全球最大的妇女组织之一。威拉德在53岁才开始骑自行车，还写了一本关于骑车的书。

正如一位学者所说，威拉德充分意识到"自行车狂潮涉及制造商、评论员、设计师和骑手，改变了妇女的生活条件，这是无法单凭口头辩论实现的"。

威拉德不仅认为自行车展示了社会变革，还认为骑自行车的女性是创造和塑造新观点的积极参与者。她充分意识到自己在这场广泛的变革过程中可以担任指挥者的角色："改革通过间接的方式以最快的速度取得进展……成吨的理论也比不上1盎司①的实践。"

威拉德对周围发生的变化非常敏感，她小心翼翼地在技术发展、

---

① 1盎司约为28.35克。——编者注

社会规范和态度,以及商业实践这三个领域中找准自己的定位。她也充分意识到这些变化的脆弱性,认为妇女需要有勇气去利用这些变化。正如另一位学者所说:

> 威拉德仅通过学习骑车以及在回忆录中描述自己的经历,就展示了她所意识到的脆弱性……她将自己的行动昭告天下,去启发整个女性群体,鼓励她们身体力行实现变革,并通过骑自行车来重构社会秩序。[19]

我有一本威拉德的旧书,里面详细描述了她学习的每个阶段,包括从早期的练习中必须有两个年轻人协助,到后来能在公共广场上与朋友比赛。[20] 整本书都配有插图,我感到最有力的是这一段描述:

> 这个机器不高,但是在掌握后,我们就能对轮子有更大的控制力,"飞得更高"。坐在骑车的位置,我们可以用更少的力量获得更快的速度,这跟坐在后座是截然不同的感受。切记,这个规则不仅适用于自行车,还适用于真实的世界。

1894 年,小说家萨拉·格兰德创造了"新女性"这个词,用来描述那 10 年间女性展示的新态度和心态,这与她们缺乏自信的前辈截然不同。威拉德不仅鼓励女性骑自行车,而且明确将自行车视为社会变革的工具。

有一次,在开展社会变革运动时,她将该运动比作多元的交响乐团:

> 自战争的号角响起，已经过去20年……这是在弦上响起的悲恸乐曲。全世界都竖起耳朵，倾听这支艰难组织起来的强大乐团奠定的基调。小提琴发出轻柔而高贵的中世纪旋律，在上空盘旋，但现在，真正支撑演奏的是刺耳的科学号角、法制的长号以及政党的雷鸣鼓声。

在提倡"竭尽所能"的策略时，她再次用精彩的表述强调了指挥者作为"全方位倡导者"的角色：

> 偏颇的运动会导致出现偏颇的支持者。美德，如同猎狗一样，成群结队……全方位的运动只能由全方位的支持者推动。科学时代，需要我们研究每个主题的相互影响。过去，人们认为光、热和电是相互独立的；现在，人们相信并已经证明它们只是不同的运动方式。对于"竭尽所能的策略"，没有比采取实际行动更有力的箴言了。

许多年轻女性响应了她的号召，很多人给自己贴上"反叛的女儿"的标签。想象一下，19世纪90年代20多岁的年轻女性做到了这些事：第一次贷款，无须征求家长同意就能买自行车，调整裙子长度，然后骑上自行车，不需要监护人就能独自朝着任何方向自由行驶。

比阿特丽斯·格里姆肖是其中的一员，她说道：

> 我身处维多利亚时代，19世纪70年代出生于距离贝尔法斯特5英里的一个僻静的乡村大别墅。我接受了家庭教师的教导和学校教育。我学会了骑马和玩游戏。
>
> 我接受的教育是要循规蹈矩。给妈妈写便条、插花。对待年轻绅

士要有礼貌但不能太客气，接受他们的鲜花、糖果和书籍，但仅此而已。在其他 5 个兄弟姐妹迅速站起来迎接走向早餐室的爸爸时，我也要迅速站起来亲吻他。他喜欢这样，我们也喜欢。我参加舞会，伴随着《蓝色多瑙河》等乐曲跳华尔兹。我参加下午茶会。我有女监护人。我的三个姐妹都是好女孩，而且对自己的生活心满意足。

但我是"反叛的女儿"，这是当时的说法。

我花很大力气买了一辆自行车。我独自骑行，1 英里又 1 英里，超过了马车所能抵达的路程。

世界的图景在我面前展开。

在即将迎来 21 岁生日之际，我离开了家，想要看看这个世界能给"反叛的女儿"带来哪些可能性。

一开始，我获得了一份记者工作。那里有遥远地方的地图，地图上有令人心动的空白。那里有广阔的太平洋，那是用迷人的蓝色描绘的风景。我发誓一定要去那里。我获得了伦敦一家报社的录用，然后我启程了。[21]

遗憾的是，没有历史记录表明比阿特丽斯是否因为读过威拉德的著作而受启发去"竭尽所能"。但不难想象，这位指挥者的话也许曾在她耳边回响，她带着叛逆投入了那片令人陶醉的蓝色海洋——"切记，这个规则不仅适用于自行车，还适用于真实的世界"。

伦道夫的结语

包括本章在内，本书描述了不同指挥者的事迹。

这些事迹一次又一次地传递了同样的信息：指挥者之所以能带来

变革，是因为能将各类人聚集，管理这些人的恐惧和风险，调动他们的创新和创新思维，明确和传递共同的目标。

我向伦道夫表达了我的想法和分析，他对以上的观点大致赞同，但对他作为指挥者的特定才能提出了不同意见，他说：

> 我倒希望这是一种可以采取的策略，但实际上，这是由社会中发生的各种巧合组成的，我不过是利用现状，与其他共事者一起寻求如何采用不同的方式做事……我不是拿破仑……我没做什么了不起的事……不过是找机会与他人合作，获得一些成果……我只是碰巧遇到一些事，然后通过利用这些事受益……当然，我有创新精神，但我必须强调，我的成功有很多侥幸之处。

伦道夫的谦逊让人触动，但也有点儿像是在转移注意力。他有自成一体的工作模式。在卢旺达事件之后，他在科索沃也获得了同样的评价。在科索沃事件中，他负责在战争后进行系统整合。同样，他还在索马里这个饱受战乱之苦的国家全盘管理联合国的救援行动。

我认为，如果能在全球最艰难的地方培养"指挥"的习惯，以鲜有人能复制的方式做到这一点绝不仅仅是运气使然。而且，我认为全球最优秀的乐团指挥者和足球教练必定也十分了解这一点。

我非常感激伦道夫为我提供的支持。在从事人道主义领域的职业生涯中，他一直是我的良师益友和支持者，在很大程度上也是本书最初的灵感来源。伦道夫是我认识的第一位向上突围者。如果没有他抛出的问题和鼓励、他的倾听和讨论，我永远不会着手研究他的领导力引发的现象，以及他如何将截然不同的人聚集以实施变革。

通过对他的一些成就进行小小的展示，我希望给大家讲述的是让人信服的事迹，并得到他的认可和支持。但我也大概进一步了解到他不愿意张扬的原因。他是个谦逊的人，不认为自己做的事情有多么可歌可泣，也无意去宣扬这些事迹。

我相信，在伦道夫向上突围的事例中，正是他充分利用、强化和整合了其他人的行动，因此造就了和谐的集体效应。

这也许是对指挥者的最佳描述。

尾 声

主控开关

通过探索，我了解到，我们可以通过主动学习如何切换到向上突围的状态，从而形成新的思维和行事方式，产生其他情况下难以想象的结果。在开篇中，我描述了自己学习运用"主控开关"现象的初次经历，这也是自由潜水运动员用来有意识地驾驭身体和思维，并通过单次呼吸就能在深水中生存的诀窍所在。

本书中提到的每个向上突围者在面对挑战时都进入了全新的境界，做出了有意识的选择来应对压力，在水中畅游而非沉没。

无论我们是谁，每个人内心都拥有一个向上突围的主控开关，我们可以每天更多地练习打开这个开关。我们可以通过向上突围的视角重构问题，并更充分地利用实践和习惯打开主控开关，继而从中受益。

归根到底，向上突围肯定了我们实现变革的内在能力和力量。即使面对的世界错综复杂、充满不确定性，我们也能变革。通过改变看待压力的方式，我们能将不确定性转化为创造理想世界的催化剂。正如诺贝尔奖得主伊利亚·普里高津所说，我们也许身处不确定的世界，但这种不确定性恰是人类创新的核心所在。[1]

从通过小小的创意在交通停摆时找到更优的上班路线，到利用我们的网络来应对就业问题，再到通过伟大的创造找到解决营养不良、治疗疾病甚至改善人类生存方式的巧妙方法，各种创新都涵盖其中，无论大小。历史学家阿诺德·汤因比无疑也认可这一点，他认为，人类所有伟大的进步都来自我们为解决问题而采用的创新方法——本书称之为"挑战和向上突围"的人类历史与进步观。[2] 我们都站在向上突围者的肩膀上。

在挖掘和记录向上突围的过程中，我学习到一点：仅仅是不确定性和压力是不够的，发明之母不仅是需求。

我们还可以改变自我管理的方式，打开多扇通往更多可能性的大门。

为了穿越这些大门，我们可以重启思维方式。

不过，仅仅具备在压力下积极表现的心态不足以完成向上突围。

我们还必须利用创新思维来改变我们的表现，也就是要从以正确的方式做事转向做正确的事情。这需要拥抱创造性和采取创新的行动，以及坚定地从维持世界的现状转变为创造可能的世界。

在本书中，我希望表明：我们每个人都可以为推动变革做出贡献，无论是作为挑战者、匠人、整合者、连接者、确证者还是指挥者，都能做到；我们可以取长补短，可以独自完成，或者与他人协作以获得更好的效果。

但创新思维本身也不足以实现向上突围。

本书是在 2020 年新冠病毒疫情暴发之后，英国第三次实施封城期间完成的。第一次封城时，我还忙于疫情应对方面的全球人道主义援助工作，我的儿子科比在居家学习。我写下这些文字时，他在我旁边进行艺术创作：那是个想象力驰骋的午后，他在陌生的植物叶子上绘制着抽象的图案。

看着他创作，我有一种奇怪的感觉，他处在冷静与担忧之间，紧张不安与满不在乎之间。对许多人来说，疫情时每天都处于这样的状态，总是保持着警觉，而不是放松或走动。这就像持续保持向上突围的"主控开关"一样。有时很痛苦，但别无选择。为了自己和大家，我们必须这么做。

这也是我在结束本书之际最想分享的最重要的事情，也是我有幸了解和经历的每次向上突围事例中关键的共同点。

你必须有一个目标，即向上突围的理由，以及持续这样做的理由。

有时，我们会把目标放在令人惊讶和意外的事上。有时，我们的目标不言自明。我想到了那天在驳船上，我在与持枪的士兵聊天时母亲的反应。如今，轮到我注视科比，他披着一头蓬乱的巧克力色头发，认真地在一株植物突出的叶子上绘制图案，一头扎进他丰富的想象中。

无论你的目标是什么，都必定会围绕一些事情展开，这些事情是实现向上突围的要素。

这些事情让你意识到你拥有一个主控开关。

这些事情是指你的追求。

你隐约触摸到目标的轮廓，先是轻轻地试探，然后越来越有信心去推动这件事。在这个过程中，你感觉进入了全新的现状，遇到了不同的可能性。

在这样的状态中，即使面对压力，你也必定能找到解决之道。

这就是向上突围。

这就是灵光乍现的顿悟时刻。

致　谢

《向上突围》受益于美国和英国以下团队的大力支持：布琳·克拉克、鲁本·雷耶斯、梅根·豪泽、鲍勃·米勒、熨斗出版社全体成员，肖布·罗卡迪亚、威廉·柯林斯出版社全体成员。詹姆斯·米德尔顿和马丁·托斯兰分别为本书在早期阶段和完成阶段提供了出色的编辑指导与大力支持。

在此，我特别感谢我的代理珍妮·赫勒，本书之所以能付梓，有赖于她投入的热情、智慧、指导、耐心和谅解。千万不要小看在寒冷的星期二早晨等待森斯伯瑞超市开门时可能发生的事情。

注　释

本书前页

1. 这些定义取自 Dictionary.com 对"向下降格"和"向上突围"的定义，并综合了心理学和进化神经科学对压力和表现的解读材料，包括：Fabienne Aust et al., "The Relationship Between Flow Experience and Burnout Symptoms: A Systematic Review," *International Journal of Environmental Research and Public Health* 19, no. 7 (2022): 3865; and K. G. Bailey, G. Cory, and R. Gardner, "Upshifting and Downshifting the Triune Brain: Roles in Individual and Social Pathology," *The Evolutionary Neuroethology of Paul MacLean: Convergences and Frontiers*, 2002, 318–43.

引言

1. Francesco Montani et al., "Examining the Inverted U-Shaped Relationship Between Workload and Innovative Work Behavior: The Role of Work Engagement and Mindfulness," *Human Relations* 73, no. 1 (2020): 59–93; Carmen Sandi, "Stress and Cognition," *Wiley Interdisciplinary Reviews: Cognitive Science* 4, no. 3 (2013): 245–61; Adrian Hase et al., "The

Relationship Between Challenge and Threat States and Performance: A Systematic Review," *Sport, Exercise, and Performance Psychology* 8, no. 2 (2019): 123; and Jenny J. W. Liu et al., "The Efficacy of Stress Reappraisal Interventions on Stress Responsivity: A Meta-Analysis and Systematic Review of Existing Evidence," *PLoS One* 14, no. 2 (2019): e0212854.

2. Health and Safety Executive, *Health and Safety at Work: Summary Statistics for Great Britain 2018,* October 2018, https://www.hse.gov.uk/statistics/overall/hssh1718.pdf.

3. Joseph G. Grzywacz, Dikla Segel-Karpas, and Margie E. Lachman, "Workplace Exposures and Cognitive Function During Adulthood: Evidence from National Survey of Midlife Development and the O*NET," *Journal of Occupational and Environmental Medicine/American College of Occupational and Environmental Medicine* 58, no. 6 (2016): 535.

4. Robert Mearns Yerkes and John D. Dodson, "The Relation of Strength of Stimulus to Rapidity of Habit-Formation," *Journal of Comparative Neurology* 18 (1908): 459–82.

5. Hans Selye, "Stress Without Distress," in *Psychopathology of Human Adaptation*, ed. George Serben (Boston: Springer, 1976), 137–46; and G. Brulé and R. Morgan, "Working with Stress: Can We Turn Distress into Eustress," *Journal of Neuropsychology & Stress Management* 3, no. 4 (2018): 1–3.

6. 第一章、第二章和第三章分别讨论了这三个方面，相关引用出处将在相应章节进行说明。

7. 关于"哈得孙河奇迹"的文章、书籍和论文有很多，最可靠的来源是美国国家运输安全委员会撰写的报告：D. A. Hersman, C. A. Hart, and R. L. Sumwalt, *Loss of Thrust in Both Engines After Encountering a Flock of Birds and Subsequent Ditching on the Hudson River: Accident Report NTSB/AAR-10/03* (Washington, DC: National Transportation Safety Board, 2010), https://www.ntsb.gov/investigations/accidentreports/reports/aar1003.pdf.

8. 这些内容摘自美国联邦航空管理局就纽约航站交通指挥员与US1549号航班飞行员之间的互动文字记录。所有文字均未经编辑，但删除了一些次要的交流内容，以集中展示萨伦伯格与指挥员之间的交流。这些文字记录和录音可在美国联邦航空管理局的网站上查阅：https://www.faa.gov/data_research/accident_incident/2009–01–15/.

9. 除非另有说明，否则接下来的所有引文均摘自萨伦伯格机长于 2012 年 10 月在美国国家安全委员会大会暨博览会上接受行业报纸《工业安全与卫生新闻》采访时的发言："ISHN Exclusive Interview at NSC with Captain Chesley 'Sully' Sullenberger III (Part 2)," *Industrial Safety and Hygiene News*, October 31, 2012, https://www.ishn.com/articles/94407-ishn-exclusive-interview-at-nsc-with-captain-chesley-sully-sullenberger-iii-part-2.

10. "'Sully' Sullenberger Remembers the Miracle on the Hudson," *Newsweek Special Edition: Amazing Miracles*, September 11, 2015, accessed July 4, 2022, https://www.newsweek.com/miracle-hudson-343489.

11. MSNBC.com. "Transcript: Captain 'Sully' Sullenberger: My Aircraft," MSNBC.com, August 5, 2020, accessed July 4, 2022, https://www.msnbc.com/podcast/captain-sully-sullenberger-my-aircraft-n1235862.

12. Abraham Lincoln, "Annual Message to Congress—Concluding Remarks: Washington, D.C., December 1, 1862," Abraham Lincoln Online, updated 2020, https://www.abrahamlincolnonline.org/lincoln/speeches/congress.htm.

13. Mihaly Csikszentmihalyi, *Flow: The Psychology of Happiness* (London: RandomHouse, 2013), 200.

第一章

1. 英国广播公司播放的两个节目为此提供了宝贵的原始资料，第一个是保罗·甘巴奇尼制作的 *For One Night Only* 系列纪录片：Paul Gambaccini, "Keith Jarrett: The Cologne Concert," December 29, 2011, in *For One Night Only*, series 6, radio program, BBC Radio 4, https://www.bbc.co.uk/programmes/b0103z8j. 第二个节目记录了薇拉·布兰德斯描述的经历：Vera Brandes, "Keith Jarrett in Cologne," November 5, 2011, in *Witness History*, radio program, BBC News World Service, https://www.bbc.co.uk/programmes/p00ldwyp. 此外，蒂姆·哈福德还在 2019 年播客节目 *Cautionary Tales* 的其中一集探讨了贾勒特的作品，以及人在受到限制时发挥的创造力的相关主题：Tim Harford, "Bowie, Jazz, and the Unplayable Piaon," December 20, 2019, in *Cautionary Tales*, episode 7,

produced by Ryan Dilley and Marilyn Rust, podcast, https://timharford.com/2019/12/cautionary-tales-ep-7-bowie-jazz-and-the-unplayable-piano/. 蒂姆·哈福德还展开了深度探讨：Tim Harford, *Messy: How to Be Creative and Resilient in a Tidy-Minded World*, (London: Hachette UK, 2016).
2. Charles Waring, 'The Köln Concert': How Keith Jarrett Defied the Odds to Record His Masterpiece, uDiscover Music, January 24, 2022, accessed July 4, 2022, https://www.udiscovermusic.com/stories/koln-concert-keith-jarrett/.
3. 同上。
4. Gambaccini, "Keith Jarrett."
5. Toni Morrison, "Toni Morrison, the Art of Fiction No. 134," *The Paris Review*, 128 (Fall 1993), 1–33.
6. Bill Janovitz, "The 40th Anniversary of Keith Jarrett's Legendary 'Köln Concert,'" *Observer*, March 12, 2015, accessed July 4, 2022, https://observer.com/2015/03/the-40th-anniversary-of-keith-jarretts-legendary-koln-concert/.
7. 对压力评估的研究有重大影响力的著作包括：Richard S. Lazarus and Susan Folkman, *Stress, Appraisal, and Coping* (New York: Springer Publishing Company, 1984); Matthias Jerusalem and Ralf Schwarzer, "Self-Efficacy as a Resource Factor in Stress Appraisal Processes," in *Self-efficacy: Thought Control of Action*, ed. Ralf Schwarzer (London: Hemisphere Publishing, 1992), 195–213; and Adrian Hase et al., "The Relationship Between Challenge and Threat States and Performance: A Systematic Review," *Sport, Exercise, and Performance Psychology* 8, no. 2 (2019): 123.
8. Abiola Keller et al., "Does the Perception that Stress Affects Health Matter? The Association with Health and Mortality," *Health Psychology* 31, no. 5 (2012): 677, as described in Kelly McGonigal, *The Upside of Stress: Why Stress Is Good for You, and How to Get Good at It* (New York: Penguin, 2016).
9. 这部分内容参考了 McGonigal, *The Upside of Stress*.
10. Adrian Harvey et al., "Threat and Challenge: Cognitive Appraisal and Stress Responses in Simulated Trauma Resuscitations," *Medical Education* 44, no. 6 (2010): 587–94.
11. Ian Robertson, *The Stress Test: How Pressure Can Make You Stronger and Sharper* (London: Bloomsbury Publishing, 2017).

12. Ian H. Robertson, "The Stress Test: Can Stress Ever Be Beneficial," *Journal of the British Academy* 5 (2017): 172–73.
13. Alison Wood Brooks, "Get Excited: Reappraising Pre-Performance Anxiety as Excitement," *Journal of Experimental Psychology: General* 143, no. 3 (2014): 1144.
14. 多个例子提取自：McGonigal, *The Upside of Stress*.
15. Grammy.com, 2014, accessed July 4, 2022, https://www.grammy.com/interview/the-making-of-keith-jarretts-the-k-ln-concert.
16. 内容提取自以下来源的精彩介绍：McGonigal, *The Upside of Stress*.
17. "让蝴蝶编队飞行"取自《运动心理学家》1999 年一篇广为引用的文章：Sheldon Hanton and Graham Jones, "The Acquisition and Development of Cognitive Skills and Strategies: I. Making the Butterflies Fly in Formation," *The Sport Psychologist* 13, no. 1 (1999): 1–21.
18. Keith Jarrett, produced by Mike Dibb, *The Art of Improvisation*, BBC, November 12, 2021, accessed July 14, 2022, https://www.bbc.co.uk/iplayer/episode/m0011f4y/keith-jarrett-the-art-of-improvisation.
19. Janovitz, 2015.
20. Janovitz, 2015; and David Shenk, "Keith Jarrett, Part II: The Q&A," *The Atlantic*, October 13, 2009, accessed July 4, 2022, https://www.theatlantic.com/national/archive/2009/10/keith-jarrett-part-ii-the-q-a/27775/.
21. NPR, Keith Jarrett and improvisation, 2017, accessed July 14, 2022, https://cpa.ds.npr.org/kuvo/audio/2017/04/jazzfilmjarrettweb.mp3.
22. Richard Lehnert, Meg Seaker, and Merridee Shaw, "Dancing on the Edge: Keith Jarrett on Music & Art," Stereophile.com, October 1, 1981, accessed July 4, 2022, https://www.stereophile.com/content/dancing-edge-keith-jarrett-music-art.
23. Carol Dweck, *Mindset: Changing the Way You Think to Fulfil Your Potential*, updated edition (London: Hachette UK, 2017).
24. Jacob J. Keech et al., "The Influence of University Students' Stress Mindsets on Health and Performance Outcomes," *Annals of Behavioral Medicine* 52, no. 12 (2018): 1046–59.
25. Lew Hardy et al., "Great British Medallists: Psychosocial Biographies of Super-Elite and Elite Athletes from Olympic Sports," http://ipep.bangor.ac.uk/

medalists_research.php.en, *Progress in Brain Research* 232 (2017): 1–119; and Arne Güllich et al., "Developmental Biographies of Olympic Super-Elite and Elite Athletes: A Multidisciplinary Pattern Recognition Analysis," *Journal of Expertise* 2, no. 1 (2019): 23–46.

26. Connie Suggitt, "56-year-old Free Diver Holds Breath for Almost 25 Minutes Breaking Record," May 12, 2021, accessed July 4, 2022, https://www.guinnessworldrecords.com/news/2021/5/freediver-holds-breath-for-almost-25-minutes-breaking-record-660285>; and freediving search results, accessed July 4, 2022, https://www.guinnessworldrecords.com/search?term=freediving.

27. Per Fredrik Scholander, "The Master Switch of Life," *Scientific American* 209, no. 6 (1963): 92–107, https//www.scientificamerican.com/article/the-master-switch-of-life/.

28. Harald Mathä, "An Interview with Katarina Linczenyiova, Freediver," Mares Scuba Diving Blog, June 10, 2016, accessed July 4, 2022, https://blog.mares.com/an-interview-with-katarina-linczenyiova-freediver-680.html.

29. Teri Saunders et al., "The Effect of Stress Inoculation Training on Anxiety and Performance," *Journal of Occupational Health Psychology* 1, no. 2 (1996): 170.

30. Sergio M. Pellis and Vivien C. Pellis, "What Is Play Fighting and What Is It Good For?" *Learning and Behavior* 45, no. 4 (2017): 355–66.

31. 这几段摘自我最初在2017年为发展研究学院撰写的一篇博客: Ben Ramalingam, "Powerful War Child Film Points Toward a New Kind of Ethos," December 7, 2017, accessed July 4, 2022, https://www.ids.ac.uk/opinions/powerful-war-child-film-points-towards-a-new-kind-of-aid-ethos/.

32. 引自: Hendrie Weisinger and J. P. Pawliw-Fry, *How to Perform Under Pressure: The Science of Doing Your Best When It Matters Most* (London: Hachette UK, 2015).

第二章

1. 有关红旗军演的内容参考了多个资料来源，包括内利斯空军基地公开的情况说明书, "414th Combat Training Squadron 'Red Flag,'" July 6, 2012, accessed July 4, 2022, https://web.archive.org/web/20150918180334/http://www.nellis.af.mil/

library/factsheets/factsheet.asp?id=19160; 以及 Walter J. Boyne, "Red Flag," *Air Force Magazine*, November 2000, 47; John A. Tirpak, "Red Flag for the Future" *Air Force Magazine*, September 2014.

2. Royal Air Force, "RAF Flies the Flag on US Exercise," February 14, 2020, accessed July 14, 2022, https://www.raf.mod.uk/news/articles/raf-flies-the-flag-on-us-exercise/.

3. Chesley Sullenberger, curriculum vitae, June 19, 2019, accessed July 4, 2022, https://www.congress.gov/116/meeting/house/109642/witnesses/HHRG-116-PW05-Bio-SullenbergerC-20190619.pdf.

4. Manjul Tripathi et al., "Sully, Simulation, and Neurosurgery," *World Neurosurgery* 118 (2018): 400–401.

5. 这部分参考了多个资料来源，包括萨伦伯格的自传和网站。Chesley B. Sullenberger and Jeffrey Zaslow, *Highest Duty: My Search for What Really Matters* (New York: William Morrow, 2009); Chesley Sullenberger, n.d. "Navigating Crisis Beyond the Cockpit," accessed July 4, 2022, http://www.sullysullenberger.com/navigating-crisis-beyond-the-cockpit; and Kevin Kruse, "Stick the Landing: An Interview with Sully Sullenberger," July 21, 2017, accessed July 4, 2022, https://www.forbes.com/sites/kevinkruse/2017/07/21/stick-the-landing-an-interview-with-sully-sullenberger/?sh=298861557106.

6. Carl Von Wodkte, "Sully Speaks Out," September 7, 2016, accessed July 4, 2022, https://www.historynet.com/sully-speaks-out.

7. Michael E. Weaver, "Missed Opportunities before Top Gun and Red Flag," *Air Power History* 60, no. 4 (2013): 18–31.

8. Lynne Martin, Jeannie Davison, Judith Orasanu, and Chesley Sullenberger, *Identifying Error Inducing Contexts in Aviation* (Warrendale, PA: SAE, Technical Paper No. 1999–1–5540, 1999).

9. Joy Paul Guilford, "The Structure of Intellect," *Psychological Bulletin* 53, no. 4 (1956): 267; P. R. Christensen, J. P. Guilford, P. R. Merrifield, and R. C. Wilson, *Alternative Uses Test* (Orange, CA: Sheridan Supply, 1960); and R. J. Sternberg and E. L. Grigorenko, "Guilford's Structure of Intellect Model and Model of Creativity: Contributions and Limitations," *Creativity Research Journal* 13, no. 3–4 (2001): 309–16.

10. Joy Paul Guilford, "Creativity," *American Psychologist* 5, no. 9 (1950): 444–54; Joy Paul Guilford, "Measurement and Creativity," *Theory into Practice* 5, no. 4 (1966): 185–89; Joy P. Guilford, "Creativity: Yesterday, Today and Tomorrow," *The Journal of Creative Behavior* no. 1 (1967): 3–14; and J. P. Guilford, "Characteristics of Creativity," Springield, IL: Illinois State Office of the Superintendent of Public Instruction, Gifted Children Section, 1973.

11. 此处参考了以下记录：Fredrik Härén, *The Idea Book* (Stockholm: Interesting Books, 2004). 相关内容基于：J. P. Guilford, *The Nature of Human Intelligence* (New York: McGraw-Hill, 1967).

12. J. P. Guilford, "Three Faces of Intellect," *The American Psychologist* 14 (1959): 469–79; and Harry D. Krop, Cecilia E. Alegre, and Carl D. Williams, "Effect of Induced Stress on Convergent and Divergent Thinking," *Psychological Reports* 24, no. 3 (1969): 895–98.

13. Joy P. Guilford, "Creative Abilities in the Arts," *Psychological Review* 64, no. 2 (1957): 110; J. P. Guilford, "Can Creativity Be Developed?" *Art Education* 11, no. 6 (1958):3–18; E. Paul Torrance, Carl H. Rush Jr., Hugh B. Kohn, and Joseph M. Doughty, *Factors in Fighter-Interceptor Pilot Combat Effectiveness* (Lackland Air Force Base, TX: Air Force Personnel and Training Research Center, 1957); and R. C. Wilson, J. P. Guilford, P. R. Christensen, and D. J. Lewis, "A Factor-Analytic Study of Creative-Thinking Abilities," *Psychometrika* 19, no. 4 (1954): 297–311.

14. Torrance et al., *Factors in Fighter-Interceptor Pilot Combat Effectiveness*.

15. 此处参考了 Pierluigi Serraino, *The Creative Architect: Inside the Great Midcentury Personality Study* (New York: Monacelli Press, 2016); and https://www.fastcompany.com/3060634/the-long-lost-study-that-tried-to-quantify-creative-personalities.

16. Joy Paul Guilford, *Way Beyond the IQ* (Buffalo, NY: Creative Education Foundation, 1977).

17. Guilford: "Creativity."

18. 此处参考了多个资料来源，包括：Elizabeth Schechter, *Self-Consciousness and 'Split' Brains: The Minds' I* (Oxford: Oxford University Press, 2018); and https://www.psychologytoday.com/gb/blog/the-theory-cognitive-modes/201404/sperry-jenkins-left-brain-right-brain.

19. Michael S. Gazzaniga, "The Split-Brain: Rooting Consciousness in Biology," *Proceedings of the National Academy of Sciences* 111, no. 51 (2014): 18093–94; and Michael S. Gazzaniga, *Tales from Both Sides of the Brain: A Life in Neuroscience* (New York: Ecco/HarperCollins Publishers, 2015).
20. "Why Does It Work?—Drawing on the Right Side of the Brain," n.d., accessed July 4, 2022, https://www.drawright.com/theory, draws on Sperry's research to make this claim.
21. Julia Cameron, *The Artist's Way: A Spiritual Path to Higher Creativity* (Los Angeles: Tarcher, 1992), 11.
22. David Wolman, "The Split Brain: A Tale of Two Halves," *Nature* 483 (2012): 260–63, https://www.nature.com/articles/483260a.
23. "Neuromyth 6," n.d., accessed July 4, 2022, https://www.oecd.org/education/ceri/neuromyth6.htm.
24. Sanne Dekker et al., "Neuromyths in Education: Prevalence and Predictors of Misconceptions Among Teachers," *Frontiers in Psychology* (2012): 429.
25. Roger E. Beaty et al., "Robust Prediction of Individual Creative Ability from Brain Functional Connectivity," *Proceedings of the National Academy of Sciences* 115, no. 5 (2018): 1087–92.
26. Alison Koontz, "The Circuitry of Creativity: How Our Brains Innovate Thinking," March 12, 2019, accessed July 4, 2022, https://caltechletters.org/science/what-is-creativity.
27. Beaty et al., "Robust Prediction," 1087–92.
28. Jiangzhou Sun et al., "Training Your Brain to Be More Creative: Brain Functional and Structural Changes Induced By Divergent Thinking Training," *Human Brain Mapping* 37, no. 10 (2016): 3375–87.
29. Ken Robinson, "Do Schools Kill Creativity?" February 2006, TED Talk, video, 19:12, https://www.ted.com/talks/sir_ken_robinson_do_schools_kill_creativity.
30. George Land and Beth Jarman, *Breakpoint and Beyond: Mastering the Future—Today* (New York: HarperCollins, 1993); George Land, "The Failure of Success," February 16, 2011, Tedx Talk, video, 13:06, https://www.youtube.com/

watch?v=ZfKMq-rYtnc.

31. Mary Jo Puckett Cliatt, Jean M. Shaw, and Jeanne M. Sherwood, "Effects of Training on the Divergent-Thinking Abilities of Kindergarten Children," *Child Development* 51 (1980): 1061–64. 还有一个更新的研究得出了相似结论：Robyn E. Charles and Mark A. Runco, "Developmental Trends in the Evaluative and Divergent Thinking of Children," *Creativity Research Journal* 13, no. 3–4 (2001): 417–37.

32. Mathieu Hainselin, Alexandre Aubry, and Béatrice Bourdin, "Improving Teenagers' Divergent Thinking with Improvisational Theater," *Frontiers in Psychology* 9, no. 1759 (2018): 1–9; Diana Schwenke et al., "Improv to Improve: The Impact of Improvisational Theater on Creativity, Acceptance, and Psychological Well-Being," *Journal of Creativity in Mental Health* 16, no. 1 (2021): 31–48; and Clay Drinko, "Improv Boosts Creativity and Psychological Well-Being," May 18, 2020, accessed July 4, 2022, https://www.psychologytoday.com/gb/blog/play-your-way-sane/202005/improv-boosts-creativity-and-psychological-well-being.

33. Benjamin Brooks et al., "New Human Capabilities in Emergency and Crisis Management: From Non-Technical Skills to Creativity," *The Australian Journal of Emergency Management* 34, no. 4 (2019): 23–30.

34. Markus Baer and Greg R. Oldham, "The Curvilinear Relation Between Experienced Creative Time Pressure and Creativity: Moderating Effects of Openness to Experience and Support for Creativity," *Journal of Applied Psychology* 91, no. 4 (2006): 963.

35. Ken Robinson and Lou Aronica, *Creative Schools: Revolutionizing Education from the Ground Up* (London: Penguin UK, 2015).

36. Tristram Hunt, "Creative Schools Review: We Need to Call Time on Exam-Factory Education," April 23, 2015, accessed July 4, 2022, https://www.theguardian.com/books/2015/apr/23/creative-schools-revolutionising-education-from-the-ground-up-ken-robinson-lou-aronica-review.

37. University of Oxford, "Chimps Show Much Greater Genetic Diversity Than Humans," 2012, accessed July 4, 2022, https://www.ox.ac.uk/news/2012–03–02-chimps-show-much-greater-genetic-diversity-humans.

38. Curtis W. Marean, "When the Sea Saved Humanity," *Scientific American* 303, no. 2 (2010): 54–61.
39. Janne-Beate Buanes Duke, "He Played Here as a Child. Then He Became an Archaeologist and Found a Now Famous Cave That Answers Questions of Our Past," January 13, 2020, accessed July 4, 2022, https://partner.sciencenorway.no/archaeology-humanities-technology/he-played-here-as-a-child-then-he-became-an-archaeologist-and-found-a-now-famous-cave-that-answers-questions-of-our-past/1617773.
40. Christopher S. Henshilwood et al., "An Abstract Drawing from the 73,000-Year-Old Levels at Blombos Cave, South Africa," *Nature* 562, no. 7725 (2018): 115–18; and The Conversation, "South Africa's Blombos Cave Is Home to the Earliest Drawing by a Human," September 12, 2018, accessed July 4, 2022, https://theconversation.com/south-africas-blombos-cave-is-home-to-the-earliest-drawing-by-a-human-103017.
41. Kristian Tylén et al., "The Evolution of Early Symbolic Behavior in Homo sapiens," *Proceedings of the National Academy of Sciences* 117, no. 9 (2020): 4578–84.
42. Guy Gugliotta, "The Great Human Migration," July 2008, accessed July 4, 2022, https://www.smithsonianmag.com/history/the-great-human-migration-13561.
43. Francesco d'Errico et al., "Identifying Early Modern Human Ecological Niche Expansions and Associated Cultural Dynamics in the South African Middle Stone Age," *Proceedings of the National Academy of Sciences* 114, no. 30 (2017): 7869–76.
44. E. Mellet et al., "Neuroimaging Supports the Representational Nature of the Earliest Human Engraving," *Royal Society Open Science* 6, no. 7 (2019): 190086, http://dx.doi.org/10.1098/rsos.190086.
45. Lyn Wadley, "Recognizing Complex Cognition through Innovative Technology in Stone Age and Palaeolithic Sites," *Cambridge Archaeological Journal* 23, no. 2 (2013): 163–83.
46. Teresa Rito et al., "A Dispersal of Homo sapiens from Southern to Eastern Africa Immediately Preceded the Out-of-Africa Migration," *Scientific*

Reports 9, no. 1 (2019): 1–10.

47. Guilford, "Creativity: Yesterday, Today and Tomorrow," 11.

第三章

1. 关于贝尔法斯特皇家维多利亚医院的事迹，参考了以下多个资料来源：R. J. Barr and R. A. B. Mollan, "The Orthopaedic Consequences of Civil Disturbance in Northern Ireland," *The Journal of Bone and Joint Surgery* 71-B, no. 5 (November 1989): 739–44, https://doi.org/10.1302/0301-620X.71B5.2584241; "Bloody Friday: How the Troubles Inspired Belfast's Medical Pioneers," July 20, 2012, accessed July 14, 2022, https: //www.bbc.com/news/uk-northern-ireland-18886867;Dermot P. Byrnes, "The Belfast Experience," in *Mass Casualties: A Lessons Learned Approach (Accidents, Civil Unrest, Natural Disasters, Terrorism)*, edited by R. Adams Cowley (Baltimore: U.S. Department of Transportation, 1983), 83–94; Francis X. Clines, "Ulster Doctors Learn to Deal with the Victims of Violence," *The New York Times*, August 18, 1987, https://www.nytimes.com/1987/08/18/world/ulster-doctors-learn-to-deal-with-the-victims-of-violence.html; Ruth Coon, "How Northern Ireland's Doctors and Nurses Coped with the Troubles," *Brainstorm*, Raidió Teilifís Éireann, updated April 3, 2019; Richard Clarke, *The Royal Victoria Hospital, Belfast: A History 1797–1997* (Belfast: Blackstaff Press, 1997); Department of Foreign Affairs, *Post-Mortem Examinations Carried Out at Altnagevlin Hospital, Derry, on the Deceased Victims of the "Bloody Sunday" Shootings of 30 January, 1972* (Dublin: National Archives, Ireland, 1972, 2003/17/335), https://cain.ulster.ac.uk/nai/1972/nai_DFA-2003–17–3351972–01–31a.pdf; Marie-Therese Fay and Marie Smith, *Personal Accounts from Northern Ireland's Troubles: Public Conflict, Private Loss* (London: Pluto Press, 2000); Peter Froggatt, "Medicine in Ulster in Relation to the Great Famine and 'The Troubles,'" *British Medical Journal* 319, no. 7225 (December 1999): 1636, https://www.jstor.org/stable/25186692; Alf McCreary, "The Human Story of a Great Hospital," *Belfast Telegraph*, March 6, 1972; Alf McCreary, "The Human Story of a Great Hospital—Part Two," *Belfast Telegraph*, March 7, 1972; Phillip McGarry, "The Fortunes of the Legal and Medical Professions During the 'Troubles,'" *The Ulster Medical Journal* 84,

no. 2 (October 2015): 119–23, https://www.ncbi.nlm.nih.gov/pmc/articles/PMC4488917/; James McKenna, Farhat Manzoor, and Greta Jones, *Candles in the Dark: Medical Ethical Issues in Northern Ireland during the Troubles* (London: Nuffield Trust, 2009). Farhat Manzoor, Greta Jones, and James McKenna, " 'How Could These People Do This Sort of Stuff and Then We Have to Look After Them?' Ethical Dilemmas of Nursing in the Northern Ireland Conflict," *Oral History* 35, no. 2 (Fall 2007): 36–44, https://www.jstor.org/stable/40179944; Kate O'Hanlon, *Sister Kate: Nursing through the Troubles* (Belfast: Blackstaff Press, 2008); W. H. Rutherford, "Experience in the Accident and Emergency Department of the Royal Victoria Hospital with Patients from Civil Disturbances in Belfast 1969–1972, with a Review of Disasters in the United Kingdom 1951–1971," *Injury* 4, no. 3 (February 1973): 189–99, https://doi.org/10.1016/0020–1383(73)90038-7; W. H. Rutherford, "Surgery of Violence: II. Disaster Procedures," *British Medical Journal* 1, no. 5955 (February 1975): 443–45, https://doi.org/10.1136/bmj.1.5955.443; "The Thankless Task of Nursing the Troubles," *The Irish Times*, September 20, 2008, https://www.irishtimes.com/news/the-thankless-task-of-nursing-the-troubles-1.939955; and John Williams, "Casualties of Violence in Northern Ireland," *International Journal of Trauma Nursing* 3, no. 3 (July–September 1997): 78–82, https://doi.org/10.1016/S1075–4210(97)90033-X.

2. O'Hanlon, *Sister Kate*.
3. "Bloody Friday," BBC News.
4. Nancy Koehn, *Forged in Crisis: The Power of Courageous Leadership in Turbulent Times* (New York: Simon and Schuster, 2017); and Nancy Koehn, "Real Leaders Are Forged in Crisis," *Harvard Business Review* 3 (2020): 1–6.
5. John Laidler, "People Become Leaders by Responding Effectively to Challenges, Author Says," *Harvard Gazette*, November 2, 2017, accessed July 4, 2022, https://news.harvard.edu/gazette/story/2017/11/people-become-leaders-by-responding-effectively-to-challenges-author-says/.
6. Koehn, *Forged in Crisis*.
7. Viktor Emil Frankl, *Recollections: An Autobiography*, trans. Joseph Fabry and Judith Fabry (New York: Insight Books/Plenum Press, 1997); and Viktor E.

Frankl, *Man's Search for Meaning* (New York: Simon and Schuster, 1963).

8. Catdir.loc.gov. Publisher description for Library of Congress Control Number 2006287144, n.d., accessed July 4, 2022, http://catdir.loc.gov/catdir/enhancements/fy0628/2006287144-d.html.

9. Patrick L. Hill and Nicholas A. Turiano, "Purpose in Life as a Predictor of Mortality Across Adulthood," *Psychological Science* 25, no. 7 (2014): 1482–86; Patrick L. Hill et al., "The Value of a Purposeful Life: Sense of Purpose Predicts Greater Income and Net Worth," *Journal of Research in Personality* 65 (2016): 38–42; Patrick L. Hill et al., "Sense of Purpose Predicts Daily Positive Events and Attenuates Their Influence on Positive Affect," *Emotion* 22, no. 3 (2022): 597–602; and Midus.wisc.edu, *MIDUS Newsletter*: *Purpose in Life*, n.d., accessed July 4, 2022, http://www.midus.wisc.edu/newsletter/Purpose.pdf.

10. Aliya Alimujiang et al., "Association Between Life Purpose and Mortality among US Adults Older Than 50 Years," *JAMA Network Open* 2, no. 5 (2019): e194270–e194270p.

11. T. M. Amabile, "The Social Psychology of Creativity: A Componential Conceptualization," *Journal of Personality and Social Psychology* 45, no. 2 (1983): 357–76; T. M. Amabile, *Creativity in Context* (Boulder, CO: Westview, 1996); and T. M. Amabile et al., "Assessing the Work nvironment for Creativity," *Academy of Management Journal* 29 (1996): 1154–84.

12. Amabile, *Creativity in Context*.

13. Teresa M. Amabile, Constance N. Hadley, and Steven J. Kramer, "Creativity Under the Gun," *Harvard Business Review* 80 (2002): 52–63.

14. John Rutherford and Jonathan Marrow, "William Harford Rutherford," *British Medical Journal* 336, no. 7649 (April 2008): 897.

15. John Adams, "Kate O'Hanlon 1930–2014," *Nursing Standard* 29, no. 2 (2014): 34.

16. Koehn, *Forged in Crisis*.

17. Thomas Morley, "A Bad Boss Is More Stressful Than War, Aid Workers Say," news.trust.org, January 26, 2006, accessed July 4, 2022, https://news.trust.org/item/20060126000000-s0npj.

18. Amy Berish, "FDR and Polio," FDR Presidential Library and Museum, n.d., accessed July 4, 2022, https://www.fdrlibrary.org/polio.
19. Franklin Delano Roosevelt, "Statement on the New National Foundation for Infantile Paralysis," The American Presidency Project, 1937, accessed July 4, 20.2, https://www.presidency.ucsb.edu/documents/statement-the-new-national-foundation-for-infantile-paralysis.
20. Liz Jackson, "Opinion: We Are the Original Lifehackers," *New York Times*, May 30, 2018, accessed July 4, 2022, https://www.nytimes.com/2018/05/30/opinion/disability-design-lifehacks.html.
21. Tim Edensor, ed., *Geographies of Rhythm: Nature, Place, Mobilities and Bodies* (Farnham: Ashgate Publishing, 2012).
22. Paul Miller, Sophia Parker, and Sarah Gillinson, *Disablism: How to Tackle the Last Prejudice* (London: Demos, 2004).
23. "Franklin Delano Roosevelt Memorial," U.S. National Park Service, n.d., accessed July 4, 2022, https://www.nps.gov/places/000/franklin-delano-roosevelt-memorial.htm.
24. Mihaly Csikszentmihalyi, *Flow: The Psychology of Optimal Experience* (New York: Harper and Row, 1990).
25. Patient named Lucio, quoted in Csikszentmihalyi, *Flow*.
26. Ashley Shew, "Let COVID-19 Expand Awareness of Disability Tech," *Nature* 581 no. 7806 (2020): 9–10; and Hung Jen Kuo et al., "Current Trends in Technology and Wellness for People with Disabilities: An Analysis of Benefit and Risk," in *Recent Advances in Technologies for Inclusive Well-Being*, ed. Anthony Lewis Brooks et al. (Cham, Switzerland: Springer, 2021), 353–71.
27. Liz Jackson, "Opinion: We Are the Original Lifehackers."
28. "About Us," oxouk.com, n.d., accessed July 4, 2022, https://www.oxouk.com/aboutus.
29. Staff writer, "iPhone Birthed from Purchase of Touch Pioneers FingerWorks?" *Wired*, January 22, 2007, accessed July 4, 2022, https://www.wired.com/2007/01/iphone-birthed-/.
30. 有关非洲人道主义行动的详细信息，可访问：https://africahumanitarian.org.

31. Dean A. Shepherd, Fouad Philippe Saade, and Joakim Wincent, "How to Circumvent Adversity? Refugee-Entrepreneurs' Resilience in the Face of Substantial and Persistent Adversity," *Journal of Business Venturing* 35, no. 4 (2020): 105940.
32. Charles Y. Murnieks et al., "Drawn to the Fire: The Role of Passion, Tenacity and Inspirational Leadership in Angel Investing," *Journal of Business Venturing* 31, no. 4 (2016): 468–84.
33. Frankl, *Man's Search for Meaning*.

第四章

1. NASA, "Apollo 13," July 8, 2009, accessed July 4, 2022, https://www.nasa.gov/missionpages/apollo/missions/apollo13.html; "Women Who Changed Science: Tu Youyou,Nobel Prize, n.d., accessed July 4, 2022, https://www.nobelprize.org/womenwhochangedscience/stories/tu-youyou; Zhang Jianfang, *A Detailed Chronological Record of Project 523 and the Discovery and Development of Qinghaosu (Artemisinin)* (Jupiter, FL: Strategic Book Publishing, 2013); Cui Weiyuan, "Ancient Chinese Anti-Fever Cure becomes Panacea for Malaria," *World Health Organization, Bulletin of the World Health Organization* 87, no. 10 (2009): 743; and Timothy C. Winegard, *The Mosquito: A Human History of Our Deadliest Predator* (Text Publishing, 2019).
2. Alex Davies, "Why 'Moon Shot' Has No Place in the 21st Century," *Wired*, July 15, 2019, https: //www.wired.com/story/apollo-11-moonshot-21st-century/.
3. 《阿波罗13号》, 导演: Ron Howard, 主演: Tom Hanks、Kevin Bacon、Bill Paxton 和 Ed Harris, 上映时间为1995年6月30日, 发行方: Universal Pictures.
4. Colin Burgess, ed., *Footprints in the Dust: The Epic Voyages of Apollo, 1969–1975* (Lincoln: University of Nebraska Press, 2010).
5. Kevin Fong, "50 Years On—How *Apollo 13*'s Near Disastrous Mission Is Relevant Today," *Guardian*, February 29, 2020, accessed July 4, 2022, https://www.theguardian.com/science/2020/feb/29/apollo-13-how-teamwork-and-tenacity-turned-disaster-into-triumph.
6. Burgess, *Footprints in the Dust*.

7. Andrew Chaikin, "Apollo 13 Astronauts Share Surprises from their 'Successful Failure' Mission," CollectSPACE.com, n.d., accessed July 4, 2022, http://www.collectspace.com/news/news-041310a.html.
8. "Apollo Expeditions to the Moon: Chapter 13," History.nasa.gov, n.d. accessed July 4, 2022, https://history.nasa.gov/SP-350/ch-13-4.html.
9. Tu Thanh Ha, "The Secret Military Project That Led to a Nobel Prize," *Globe and Mail*, accessed July 4, 2022, https://www.theglobeandmail.com/news/world/scientists-share-nobel-medicine-prize-for-work-to-fight-parasitic-diseases/article26648532/.
10. Zhang, *A Detailed Chronological Record*.
11. Youyou Tu, "Artemisinin: A Gift from Traditional Chinese Medicine to the World," Nobel lecture, December 7, 2015, accessed July 14, 2022, https://www.nobelprize.org/uploads/2018/06/tu-lecture.pdf.
12. Jia Chen-Fu, "The Secret Maoist Chinese Operation That Conquered Malaria—and Won a Nobel," *Conversation*, October 6, 2015, accessed July 4, 2022, https://theconversation.com/the-secret-maoist-chinese-operation-that-conquered-malaria-and-won-a-nobel-48644.
13. Youyou Tu, "The Nobel Prize in Physiology or Medicine 2015," Nobel-Prize.org, 2016, accessed July 4, 2022, https://www.nobelprize.org/prizes/medicine/2015/tu/biographical.
14. Olugbemisola Rhuday-Perkovich, *Above and Beyond: NASA's Journey to Tomorrow* (New York: Feiwel and Friends, 2018).
15. A. Chaikin and G. Lunney, "Glynn S. Lunney Apollo 13 Narrative," NASA Johnson Space Center Oral History Project, n.d., accessed July 4, 2022, https://historycollection.jsc.nasa.gov/JSCHistoryPortal/history/oral_histories/LunneyGS/Apollo13.htm; Melanie Whiting, ed., "NASA Icons Showcase Lunar Leadership," NASA History, April 3, 2018, accessed July 4, 2022, https://www.nasa.gov/feature/nasa-icons-showcase-lunar-leadership; and N. Atkinson, "13 MORE Things That Saved Apollo 13, part 2: Simultaneous Presence of Kranz and Lunney at the Onset of the Rescue," *Universe Today*, 2015, accessed July 4, 2022, https://www.universetoday.com/119778/13-more-things-that-saved-apollo-13-part-2-

simultaneous-presence-of-kranz-and-lunney-at-the-onset-of-the-rescue/.

16. T. Mattingly II, 2001, "Edited Oral History Transcript," NASA Johnson Space Center Oral History Project, 2001, accessed July 14, 2022, https://historycollection.jsc.nasa.gov/JSCHistoryPortal/history/oral_histories/MattinglyTK/MattinglyTK_11-6-01.htm.

17. Zhang, *A Detailed Chronological Record*.

18. Park Jong Yeon, "Artemisinin and the Nobel Prize in Physiology or Medicine 2015," *The Korean Journal of Pain* 32, no. 3 (2019): 145–146; Zheng Wei-Rong et al., "Tu Youyou Winning the Nobel Prize: Ethical Research on the Value and Safety of Traditional Chinese Medicine," *Bioethics* 34, no. 2 (2020): 166–171; and Wang Jigang et al., "Artemisinin, the Magic Drug Discovered from Traditional Chinese Medicine," *Engineering* 5, no. 1 (2019): 32–39.

19. Zhang, *A Detailed Chronological Record*.

20. Burgess, *Footprints in the Dust*.

21. T. Mattingly II, "Edited Oral History Transcript."

22. Zhang, *A Detailed Chronological Record*.

23. E. Andrew Balas, *Innovative Research in Life Sciences: Pathways to Scientific Impact, Public Health Improvement, and Economic Progress* (Hoboken, NJ: Wiley, 2018).

24. Weiyuan, "Ancient Chinese Anti-Fever Cure," 743.

25. Ushma S. Neill, "From Branch to Bedside: Youyou Tu Is Awarded the 2011 Lasker~DeBakey Clinical Medical Research Award for Discovering Artemisinin as a Treatment for Malaria," *The Journal of Clinical Investigation* 121, no. 10 (2011): 3768–73.

26. Youyou Tu, "The Nobel Prize in Physiology or Medicine 2015."

27. "The 'World Malaria Report 2019' at a Glance," World Health Organization, December 4, 2019, accessed July 4, 2022, https://www.who.int/news-room/feature-stories/detail/world-malaria-report-2019.

28. "Malaria," World Health Organization, 2021, accessed July 4, 2022, https://www.who.int/data/gho/data/themes/malaria.

29. "The Nobel Prize: Women Who Changed Science: Tu Youyou," Nobelprize.org,

n.d., accessed July 14, 2022, https://www.nobelprize.org/womenwhochangedscience/stories/tu-youyou.

30. Chris Buckley, "Some Surprise, and Affirmation, in China After Tu Youyou Receives Nobel Prize," Sinosphere Blog, October 6, 2015, accessed July 4, 2022, https://sinosphere.blogs.nytimes.com/2015/10/06/nobel-china-medicine-tu-youyou-prize/.

第五章

1. Colin Murphy, "Interview: Steve Collins on Famine Relief, January 14, 2009, accessed July 4, 2022, http://colinmurphy.ie/?p=256.
2. 同上。
3. "Disrupting Charity: How Social Business Can Eradicate Starvation," Ashoka Brasil, August 2, 2016, accessed July 4, 2022, https://www.ashoka.org/pt-br/story/disrupting-charity-how-social-business-can-eradicate-starvation.
4. Steve Collins, "The Limit of Human Adaptation to Starvation," *Nature Medicine* 1, no. 8 (1995): 810–14.
5. Michael W. Richardson, "How Much Energy Does the Brain Use?" Brainfacts.org, February 1, 2019, accessed July 4, 2022, https://www.brainfacts.org/brain-anatomy-and-function/anatomy/2019/how-much-energy-does-the-brain-use-020119.Ferris Jabr, "Does Thinking Really Hard Burn More Calories?" *Scientific American*, accessed July 14, 2022, https://www.scientificamerican.com/article/thinking-hard-calories.
6. Wendy Wood and David T. Neal, "The Habitual Consumer," *Journal of Consumer Psychology* 19, no. 4 (2009): 579–92.
7. Richard P. Bagozzi and Kyu-Hyun Lee, "Consumer Resistance to, and Acceptance of, Innovations," in *ACR North American Advances NA—Advances in Consumer Research Volume* 26, eds. Eric J. Arnould and Linda M. Scott (Provo, UT: Association for Consumer Research, 1999), 218–25.
8. Gregory Berns, *Iconoclast: A Neuroscientist Reveals How to Think Differently* (Boston: Harvard Business Press, 2010).

9. Margaret A. Boden, *The Creative Mind: Myths and Mechanisms* (London: Routledge, 2004).
10. Tim Harford, *Messy: How to Be Creative and Resilient in a Tidy-Minded World* (London: Hachette UK, 2016).
11. Shaun Larcom, Ferdinand Rauch, and Tim Willems: "The Benefits of Forced Experimentation: Striking Evidence from the London Underground Network," *The Quarterly Journal of Economics* 132, no. 4 (2017): 2019–255.
12. Wendy Wood, *Good Habits, Bad Habits: The Science of Making Positive Changes That Stick* (New York: Pan Macmillan, 2019).
13. Tim Harford, "The Doris Day Effect—When Obstacles Help Us," Timharford.com, June 14, 2019, accessed July 4, 2022, https://timharford.com/2019/06/the-doris-day-effect-when-obstacles-help-us.
14. Larcom et al., "The Benefits of Forced Experimentation," 2019–55.
15. Gary A. Klein, *Sources of Power: How People Make Decisions* (Boston: MIT Press, 2017); and Gary Klein, *Seeing What Others Don't: The Remarkable Ways We Gain Insights* (New York: Public Affairs, 2013).
16. Jérôme Barthélemy, "The Experimental Roots of Revolutionary Vision," *MIT Sloan Management Review* 48, no. 1 (2006): 81.
17. "The History of the Revolutionary IKEA Flatpacks," IKEA.com, n.d., accessed July 4, 2022, https://www.ikea.com/ph/en/this-is-ikea/about-us/the-story-of-ikea-flatpacks-puba710ccb0.
18. Clayton M. Christensen, *The Innovator's Dilemma: When New Technologies Cause Great Firms to Fail* (Boston: Harvard Business Review Press, 1997).
19. Walter Bagehot, *Physics and Politics* (New York: Knopf: n.d.).
20. Amelia Butterly, "Thirty Years of Talking About Famine in Ethiopia—Why's Nothing Changed?" BBC News, November 11, 2015, accessed July 4, 2022, https://www.bbc.co.uk/news/newsbea-34776109.
21. Ben Ramalingam, "New Ideas Can Transform Aid Delivery," *Guardian*, February 22, 2011, accessed July 14, 2022, https://www.theguardian.com/global-development/poverty-matters/2011/feb/22/humanitarian-aid-innovation. 这里提供的一些资料来自我在 2009 年领导开展的一项关于人道主义创新的研究：

Ben Ramalingam, Kim Scriven, and Conor Foley, *Innovations in International Humanitarian Action* (London: Overseas Development Institute, 2009).

22. A. Briend et al., "Ready-to-Use Therapeutic Food for Treatment of Marasmus," *Lancet* 353, no. 9166 (1999): 1767–68.
23. Steve Collins, "Changing the Way We Address Severe Malnutrition During Famine," *Lancet* 358, no. 9280 (2001): 498–501.
24. Colinmurphy.ie, 2009.
25. "Niger: Peanut-Based Wonder-Food Needs Wider Use, Relief Web, September 4, 2006, accessed July 14, 2022, https://reliefweb.int/report/niger/niger-peanut-based-wonder-food-needs-wider-use.
26. Mitch Kachun, *First Martyr of Liberty: Crispus Attucks in American Memory* (New York: Oxford University Press, 2017); John Adams, "Speech by John Adams at the Boston Massacre Trial," Bostonmassacre.net, n.d., accessed July 4, 2022, http://www.bostonmassacre.net/trial/acct-adams3.htm; and Marcus Rediker, *Outlaws of the Atlantic: Sailors, Pirates, and Motley Crews in the Age of Sail* (Boston: Beacon Press, 2015).
27. Simon Worrall, "Q&A: Were Modern Ideas—and the American Revolution—Born on Ships at Sea?" *National Geographic*, August 29, 2014, accessed July 4, 2022, https://www.nationalgeographic.com/culture/article/140831-pirates-horatio-nelson-samuel-adams-royal-navy-somalia-ngbooktalk.
28. Peter Linebaugh and Marcus Rediker, "A Motley Crew in the American Revolution," Versobooks.com, July 3, 2016, accessed July 4, 2022, https://www.versobooks.com/blogs/2749-a-motley-crew-in-the-american-revolution; and John K. Alexander, *Samuel Adams: America's Revolutionary Politician* (Lanham, MD: Rowman and Littlefield, 2002).
29. Mohandas Karamchand Gandhi, *My Religion* (Prabhat Prakashan, 2021).

第六章

1. 整体参考资料来源于: John Uri, "35 Years Ago: Remembering Challenger and Her Crew," NASA Johnson Space Center, January 28, 2021, accessed July 4, 2022, https://www.nasa.gov/feature/35-years-ago-remembering-challenger-and-her-crew;

Colin Burgess, *Teacher in Space: Christa McAuliffe and the Challenger Legacy* (Lincoln: University of Nebraska Press, 2000); John F. Muratore, "NASA Johnson Space Center Oral History Project Tacit Knowledge Capture Project Edited Oral History Transcript," July 16, 2010, accessed July 14, 2022, https://historycollection.jsc.nasa.gov/JSCHistoryPortal/history/oral_histories/SSP/Muratore_JF5–14–08.htm; *NASA Procurement in the Earth-Space Economy: Hearing Before the House Comm. on Science*, 104th Cong. (November 8, 1995); and Laurence Gonzales, "Lost Space: Outlaw Engineers Are Struggling to Save NASA with a New Generation of Secret Technology," *Rolling Stone*, April 6, 1995.

2. Richard C. Cook, "Why I Blew the Whistle on NASA's O-Ring Woes," *Washington Post*, March 16, 1986, accessed July 14, 2022, https://www.washingtonpost.com/archive/opinions/1986/03/16/why-i-blew-the-whistle-on-nasas-o-ring-woes/d1711a71–7581–4c66-b037–5ed98a24583d/; and Joe Atkinson, "Engineer Who Opposed Challenger Launch Offers Personal Look at Tragedy," Nasa.gov, October 5, 2012, accessed July 14, 2022, https://www.nasa.gov/centers/langley/news/researchernews/rn_Colloquium1012.html.

3. Muratore, "NASA Johnson Space Center Oral History Project."

4. Gonzales, "Lost Space."

5. David Pye, *The Nature and Art of Workmanship* (Cambridge University Press, 1968).

6. Daniel Coyle, *The Talent Code: Unlocking the Secret of Skill in Maths, Srt, Music, Sport, and Just About Everything Else* (London: Random House, 2009).

7. Muratore, "NASA Johnson Space Center Oral History Project."

8. Ryan Reft, "Charles and Ray Eames: How Wartime L.A. Shaped the Mid-Century Modern Aesthetic," KCET, September 1, 2016, accessed July 14, 2022, https://www.kcet.org/shows/lost-la/charles-and-ray-eames-how-wartime-l-a-shaped-the-mid-century-modern-aesthetic; and Eames.com, "Wartime," n.d., accessed July 4, 2022, https://eames.com/en/wartime; and https://www.eamesoffice.com/works/ww2; and Eamesoffice.com. "WWII," n.d., accessed July 4, 2022, https://www.eamesoffice.com/works/ww2.

9. Eamesoffice.com. "Molded Plywood Leg Splint," n.d., accessed July 14, 2022, https://www.eamesoffice.com/the-work/molded-plywood-leg-splint/.

10. Leon Ransmeier, "Charles and Ray Eames and Their History of Plywood," https://archive.pinupmagazine.org, n.d., accessed July 4, 2022, https://pinupmagazine.org/articles/charles-ray-eames-history-of-plywood-with-herman-miller-by-leon-ransmeier.

11. Charles Eames (1972), "Q&A Charles Eames in Design," (interview with Madame L'Amic for the Exhibition What Is Design?, held at the Louvre in 1969, later turned into a short film Design Q&A for Herman Miller; paper in Eames Archive.

12. Genrikh Saulovich Altshuller, *The Innovation Algorithm: TRIZ, Systematic Innovation and Technical Creativity* (Worcester, MA: Technical Innovation Center, 1999).

13. 此处内容参考并改编自 Nesta 的社会设计工具：Geoff Mulgan, "Design in Public and Social Innovation: What Works and What Could Work Better," NESTA January 2014, accessed July 4, 2022, https://media.nesta.org.uk/documents/design_in_public_and_social_innovation.pdf.

14. Simone Biles, *Courage to Soar (with Bonus Content): A Body in Motion, A Life in Balance* (Grand Rapids, MI: Zondervan, 2016); Alice Park "These Are All the Gymnastics Moves Named After Simone Biles," *Time*, July 26, 2021, accessed July 4, 2022, https://time.com/6083539/gymnastics-moves-named-after-simone-biles; Juliet Macur, "Simone Biles Dials Up the Difficulty, 'Because I Can,' " Nytimes.com. May 24, 2021, accessed July 4, 2022 https://www.nytimes.com/2021/05/24/sports/olympics/simone-biles-yurchenko-double-pike.html; and Simone Biles, "Simone Biles Builds Gymnastics Routine Out of Bricks!," Lego.com, n.d., accessed July 4, 2022,https://www.lego.com/en-us/kids/videos/lego/llsomeengymnastics-b1a06dc8d6294e56bca608a3e6a76149.

15. Gonzales, "Lost Space."

16. Muratore, "NASA Johnson Space Center Oral History Project."

17. Loizos Haracleous et al., "How a Group of NASA Renegades Transformed Mission Control," *MIT Sloan Management Review*, April 5, 2019, accessed July 4, 2022, https://sloanreview.mit.edu/article/how-a-group-of-nasa-renegades-transformed-mission-control/.

18. *NASA Procurement in the Earth-Space Economy.*

第七章

1. H. Cai et al., "A Draft Genome Assembly of the Solar-Powered Sea Slug *Elysia chlorotica*," *Scientific Data* 6, no. 1 (2019): 1–13; and Lin Edwards, "Green Sea Slug Makes Chlorophyll Like a Plant," Phys.org, January 12, 2010, accessed July 4, 2022, https://phys.org/news/2010-01-green-sea-slug-chlorophyll.html.
2. Catherine Mohr, "How I Became Part Sea Urchin," TED, video, 6:07, 2018, accessed July 4, 2022, https://www.ted.com/talks/catherine_mohr_how_i_became_part_sea_urchin.
3. Kenneth Caiman, "The Arrow or the Caduceus as the Symbol of the Doctor," *The Lancet* 362, no. 9377 (2003): 84.
4. John Bessant and Anna Trifilova, "Developing Absorptive Capacity for Recombinant Innovation," *Business Process Management Journal* 23, no. 6 (2017): 1094–1107; and John Bessant, "Bridging Different Worlds—The Power of Recombinant Innovation," Blog.hypeinnovation.com, 2016, accessed July 4, 2022, https://blog.hypeinnovation.com/the-power-of-recombinant-innovation.
5. Jonathan Noble, "Hamilton: DAS Innovation Came from 'Breaking' Engineers," motorsport.com, March 5, 2020, accessed July 4, 2022, https://au.motorsport.com/f1/news/hamilton-mercedes-das-breaking-engineers/4719127/.
6. "Lewis Hamilton Reveals He Changes Driving Style 'Every Year' in Relentless Bid to Improve," Formula1.com., accessed July 4, 2022, https://www.formula1.com/en/latest/article.hamilton-reveals-he-changes-driving-style-every-year-in-relentless-bid-to.6BkNo1SmhGslMYA87VC37o.html.
7. J. Wells, "Lewis Hamilton Is Not a Racing Driver," *Gentleman's Journal*, May 2, 2020, accessed July 4, 2022, https://www.thegentlemansjournal.com/article/lewis-hamilton-is-not-a-racing-driver-interview-formula-one-met-gala/.
8. Nicolas Appert, *The Art of Preserving All Kinds of Animal and Vegetable Substances for Several Years: A Work Published by the Order of the French Minister of the*

Interior, on the Report of the Board of Arts and Manufacturers, vol. 1 (London: Black, Parry, and Kingsbury, 1812); Lindsay Evans, "Nicolas Appert," in *Science and Its Times: Understanding the Social Significance of Scientific Discovery* Volume 5, eds. Neil Schjlager and Josh Lauer (Farmington Hills, MI: Gale Group, 2001); Rebeca Garcia and Jean Adrian, "Nicolas Appert: Inventor and Manufacturer," *Food Reviews International* 25, no. 2 (2009): 115–25; and Susan Featherstone, "A Review of Development in and Challenges of Thermal Processing Over the Past 200 Years—A Tribute to Nicolas Appert," *Food Research International* 47, no. 2 (2012): 156–60.

9. Appert, *The Art of Preserving.*
10. Mitch Waldrop, "Inside Einstein's Love Affair with 'Lina'—His Cherished Violin. *National Geographic*, February 3, 2017, accessed July 4, 2022, https://www.nationalgeographic.com/adventure/article/einstein-genius-violin-music-physics-science; "The Symphony of Science," NobelPrize.org. Nobel Prize Outreach AB 2022. 2, March 2019, accessed July 4, 2022, https://www.nobelprize.org/symphony-of-science/; "You Don't Have to Be Einstein to Play an Instrument, Although He Did," Music Nation, September 18, 2017, accessed July 4, 2022, https://musication.nyc/einstien-played-an-instrument; Justin Chandler and Tahiat Mahboob, "Albert Einstein: 10 Things You Might Not Know About His Love for Music," CBC Music, March 14, 2017, accessed July 4, 2022, https://www.cbc.ca/music/read/albert-einstein-10-things-you-might-not-know-about-his-love-for-music-1.5073973; Arthur I. Miller, "A Genius Finds Inspiration in the Music of Another," UCL News, January 31, 2006, accessed July 4, 2020, https://www.ucl.ac.uk/news/2006/jan/genius-finds-inspiration-music-another; and Walter Sullivan, "The Einstein Papers: Childhood Showed a Gift for the Abstract," *New York Times*, March 27, 1972, accessed July 4, 2022, https://www.nytimes.com/1972/03/27/archives/the-einstein-papers-childhood-showed-a-gift-for-the-abstract-the.html.

第八章

1. Maimuna S. Majumder, "Coronavirus Researchers Are Dismantling Science's

Ivory Tower—One Study at a Time," *Wired*, June 18, 2020, accessed July 4, 2022, www.wired.com/story/covid-19-studies-dismantle-science-ivory-tower.

2. Edward Bishop Smith, Tanya Menon, and Leigh Thompson, "Status Differences in the Cognitive Activation of Social Networks," *Organization Science* 23, no. 1 (2012): 67–82.

3. B. Kovács et al., "Social Networks and Loneliness during the COVID-19 Pandemic," *Socius* 7 (2021): 1–16; Marissa King and Balázs Kovács, "Research: We're Losing Touch with Our Networks," *Harvard Business Review*, February 12, 2021, accessed July 4, 2022, https://hbr.org/2021/02/research-were-losing-touch-with-our-networks.

4. L. Barabási, *The Formula: The Universal Laws of Success* (New York: Little, Brown, 2018); Manuel Castells, *Communication Power*, 2nd ed. (Oxford: Oxford University Press, 2013); and Duncan J. Watts and S. Strogatz, *Six Degrees: Science in a Connected Age* (New York: Norton, 2013).

5. Daniel M. Romero, Brian Uzzi, and Jon Kleinberg, "Social Networks Under Stress," *Proceedings of the 25th International Conference on World Wide Web* (2016).

6. Catherine T. Shea et al., "The Affective Antecedents of Cognitive Social Network Activation," *Social Networks* 43 (2015): 91–99.

7. David Hackett Fischer, *Paul Revere's Ride* (Oxford: Oxford University Press, 1994); Malcolm Gladwell, *The Tipping Point: How Little Things Can Make a Big Difference* (Boston: Little, Brown, 2006); Shin-Kap Han, "The Other Ride of Paul Revere: The Brokerage Role in the Making of the American Revolution," *Mobilization: An International Quarterly* 14, no. 2 (2009): 143–62; Brian Uzzi and Shannon Dunlap, "How to Build Your Network," *Harvard Business Review* 83, no. 12 (2005): 53, accessed July 4, 2022, https://hbr.org/2005/12/how-to-build-your-network; Kieran Healy, "Using Metadata to Find Paul Revere," Kieranhealy.org, June 9, 2013, accessed July 4, 2022, http://kieranhealy.org/blog/archives/2013/06/09/using-metadata-to-find-paul-revere; S. White, A. Enright and C. Brummitt, "Analyzing Social Networks of Colonial Boston Revolutionaries

with the Wolfram Language," Blog.wolfram.com, June 29, 2017, accessed July 4, 2022, https://blog.wolfram.com/2017/06/29/analyzing-social-networks-of-colonial-boston-revolutionaries-with-the-wolfram-language; and Pauline Maier, "Making the Redcoats Look Silly," *New York Times*, April 17, 1994, accessed July 4, 2022, https://www.nytimes.com/1994/04/17/books/making-the-redcoats-look-silly.html.

8. William J. Clinton, foreword to *Joint Evaluation of the International Response to the Indian Ocean Tsunami: Synthesis Report*, by John Telford and John Cosgrave (London: Tsunami Evaluation Coalition, 2006).

9. Robert D. Putnam, "Bowling Alone: America's Declining Social Capital," in *Culture and Politics*, ed. Lane Crothers and Charles Lockhart (New York: Palgrave Macmillan, 2000), 223–234.

10. Lyndall Stein, "The Power of the Crowd in the Internet Age," Fair Observer, March 1, 2017, accessed July 4, 2022, https://www.fairobserver.com/region/europe/public-protest-resist-trump-internet-culture-news-10882/.

第九章

1. 参考资料来源于：Sabrina Cohen-Hatton, *The Heat of the Moment: Life and Death Decision-Making from a Firefighter* (London: Transworld Digital, 2019).

2. Richard H. Thaler and H. M. Shefrin, "An Economic Theory of Self-Control," *Journal of Political Economy* 89, no. 2 (1981): 392–406.

3. Daniel Kahneman, *Thinking, Fast and Slow* (New York: Macmillan, 2011).

4. Elizabeth A. Stanley, *Widen the Window: Training Your Brain and Body to Thrive During Stress and Recover from Trauma* (New York: Penguin, 2019); Kelsey L. Larsen and Elizabeth A. Stanley, "Leaders' Windows of Tolerance for Affect Arousal—and Their Effects on Political Decision-making During COVID-19," *Frontiers in Psychology* 12 (2021): 749715; and Elizabeth A. Stanley, "War Duration and the Micro-Dynamics of Decision Making Under Stress," *Polity* 50, no. 2 (2018): 178–200.

5. Anna Chesner, ed., *Trauma in the Creative and Embodied Therapies: When Words Are Not Enough* (Oxford and New York: Routledge, 2020).

6. *Florence Nightingale at Prayer—The Collected Works of Florence Nightingale*, accessed July 4, 2022, https://cwfn.uoguelph.ca/spirituality/florence-nightingale-at-prayer.
7. Lynn McDonald, ed., *Collected Works of Florence Nightingale*, vol. 7, *Florence Nightingale's European Travels* (Waterloo, Canada: Wilfrid Laurier University Press, 2006); and Lynn McDonald, ed., *Collected Works of Florence Nightingale*, vol. 1, *Florence Nightingale: An Introduction to Her Life and Family* (Waterloo, Canada: Wilfrid Laurier University Press, 2001).
8. Marjie Bloy, Florence Nightingale (1820–1910), Victorianweb.org, n.d., Accessed July 4, 2022, https://victorianweb.org/history/crimea/florrie.html; Lynn McDonald, ed., *Collected Works of Florence Nightingale*, vol. 14., *Florence Nightingale: The Crimean War* (Waterloo, Canada: Wilfrid Laurier University Press, 2010); and Cecil Woodham-Smith, *Lady-in-Chief: The Story of Florence Nightingale* (London: Methuen, 1953).
9. Philip A. Mackowiak, "Florence Nightingale's Actual Cause of Death," OUPblog, August 13, 2015, accessed July 4, 2022, https://blog.oup.com/2015/08/florence-nightingale-syphilis-death.
10. and other quotes from Ida Beatrice O'Malley, *Florence Nightingale, 1820–1856: A Study of Her Life Down to the End of the Crimean War* (London: Thornton Butterworth, 1931).
11. L. McDonald, *01. Florence Nightingale, Statistics and the Crimean War—The Collected Works of Florence Nightingale*, Cwfn.uoguelph.ca, 2017, accessed July 4, 2022, https://cwfn.uoguelph.ca/short-papers-excerpts/nightingale-statistics-and-the-crimean-war/; and Eileen Magnello, "Florence Nightingale: The Compassionate Statistician," *Plus Magazine from the Cambridge University Millennium Mathematics Project*, December 8, 2010, https://plus.maths.org/content/florence-nightingale-compassionate-statistician.
12. Joshua Hammer, "The Defiance of Florence Nightingale," *Smithsonian Magazine*, accessed July 4, 2022, https://www.smithsonianmag.com/history/the-worlds-most-famous-nurse-florence-nightingale-180974155/.
13. Antonio Stavrou, Dimitrios Challoumas, and Georgios Dimitrakakis, "Archibald

Cochrane (1909–1988): The Father of Evidence-Based Medicine," *Interactive Cardiovascular and Thoracic Surgery* 18, no. 1 (2014): 121–24.

14. Ruben Vonderlin et al., "Mindfulness-Based Programs in the Workplace: A Meta-Analysis of Randomized Controlled Trials," *Mindfulness* 11, no. 7 (2020): 1579–98.

15. Jon Kabat-Zinn, "Mindfulness-Based Interventions in Context: Past, Present, and Future" (2003): 144.

16. A. P. Jha et al., "Examining the Protective Effects of Mindfulness Training on Working Memory Capacity and Affective Experience," *Emotion* 10, no. 1 (2010): 54; and E. Denkova et al., "Is Resilience Trainable? An Initial Study Comparing Mindfulness and Relaxation Training in Firefighters," *Psychiatry Research* 285 (2020): 112794.

第十章

1. R. Kent, "Interview with Dr Randolph Kent—Future Human by Design," Future Human by Design, 2019, accessed July 4, 2022, http://futurehumanbydesign.com/2019/09/interview-with-dr-randolph-kent/.

2. Henry Mintzberg, "Covert Leadership: Notes on Managing Professionals," *Harvard Business Review* 76 (1998): 140–48.

3. Ture Larsen et al., "A Search for Training of Practising Leadership in Emergency Medicine: A Systematic Review," *Heliyon* 4, no. 11 (2018): e00968; Ture Larsen et al., "Training Residents to Lead Emergency Teams: A Qualitative Review of Barriers, Challenges and Learning Goals," *Heliyon* 4, no. 12 (2018): e01037; and T. Larsen, R. Beier-Holgersen, P. Dieckmann, and D. Østergaard, "Conducting the Emergency Team: A Novel Way to Train the Team-Leader for Emergencies," *Heliyon* 4, no. 9 (2018): e00791.

4. "Jeanett Transformation," Ture Larsen, video, 6:54, June 28, 2017, accessed July 4, 2022, https://www.youtube.com/watch?v=GW7XPdnf-EU.

5. Nick Robinson, "I analyse leaders for a living, and none are as great as Alex Ferguson," *Guardian*, May 8, 2013, accessed July 4, 2022, https://www.theguardian.com/football/2013/may/08/alex-ferguson-greatest-living-briton.

6. Paul Joyce, "Jürgen Klopp: A Team is Like an Orchestra—Roberto Firmino

Plays 12 Instruments in Ours,"Thetimes .co.uk, November 24, 2020, accessed July 4, 2022, https://www.thetimes.co.uk/article/juergen-klopp-football-team-is-like-an-orchestra-roberto-firmino-plays-12-instruments-in-ours-d7vzklwfh.

7. Rosie Pentreath, "What Do Conductors Actually Do? Sir Simon Rattle Has the Answer," Classic FM, February 13, 2020, accessed July 4, 2022, https://www.classicfm.com/artists/sir-simon-rattle/what-do-conductors-actually-do/.

8. Norman Lebrecht, "Musical Maestros and Football Managers Have More in Common Than You Think," Spectator.co.uk, December 12, 2015, accessed July 4, 2022,https://www.spectator.co.uk/article/musical-maestros-and-football-managers-have-more-in-common-than-you-think.

9. 引用自两篇论文：Melissa C. Dobson and Helena F. Gaunt, "Musical and Social Communication in Expert Orchestral Performance," *Psychology of Music* 43, no. 1 (2015): 24–42; and Gaute S. Schei and Rune Giske, "Shared Situational Awareness in a Professional Soccer Team: An Explorative Analysis of Post-Performance Interviews," *International Journal of Environmental Research and Public Health* 17, no. 24 (2020): 9203.

10. Mihaly Csikszentmihalyi, *Beyond Boredom and Anxiety* (San Francisco: Jossey-Bass, 2000).

11. Arnold B. Bakker et al., "Flow and Performance: A Study among Talented Dutch Soccer Players," *Psychology of Sport and Exercise* 12, no. 4 (2011): 442–50; and Christian Swann et al., "A Systematic Review of the Experience, Occurrence, and Controllability of Flow States in Elite Sport," *Psychology of sport and exercise* 13, no. 6 (2012): 807–19.

12. Keith Sawyer, *Group Genius: The Creative Power of Collaboration* (New York: Basic Books, 2017).

13. Dobson and Gaunt, "Musical and Social Communication," 24–42.

14. Robert Evans, "Blast from the Past," *Smithsonian Magazine*, July 2022, accessed July 4, 2022, https://www.smithsonianmag.com/history/blast-from-the-past-65102374; and Earthobservatory.nasa.gov, "Mount Tambora Volcano, Sumbawa Island, Indonesia," 2009, accessed July 4, 2022, https://earthobservatory.nasa.gov/images/39412/mount-tambora-volcano-sumbawa-

island-indonesia.
15. https://www.cyclinguk.org/cycle/draisienne-1817–2017–200-years-cycling-innovation-design; and C. J. McMahon, S. Woods, and R. Weaver, "Sporting Materials: Bicycle Frames," in K. H. Jürgen Buschow et al., *Encyclopedia of Materials: Science and Technology* (Oxford, UK: Pergamon, 2011), 8764–68.
16. Louise Dawson, "How the Bicycle Became a Symbol of Women's Emancipation," *Guardian*, November 4, 2011, accessed July 4, 2022, https://www.theguardian.com/environment/bike-blog/2011/nov/04/bicycle-symbol-womens-emancipation; Adrienne LaFrance, "How the Bicycle Paved the Way for Women's Rights," *Atlantic*, June 26, 2014, accessed July 4, 2022, https://www.theatlantic.com/technology/archive/2014/06/the-technology-craze-of-the-1890s-that-forever-changed-womens-rights/373535/; Worldbicyclerelief.org, "How Women Cycled Their Way to Freedom—World Bicycle Relief," n.d., accessed July 4, 2022, https://worldbicyclerelief.org/how-women-cycled-their-way-to-freedom; Kenna Howat, "Pedaling the Path to Freedom," National Women's History Museum. June 27, 2017, accessed July 4, 2022, https://www.womenshistory.org/articles/pedaling-path-freedom; Jenna E. Fleming, "The Bicycle Boom and Women's Rights," *The Gettysburg Historical Journal* 14, no. 1 (2015): 3; and Sue Macy, *Wheels of Change: How Women Rode the Bicycle to Freedom (With a Few Flat Tires Along the Way)* (National Geographic, 2011).
17. Dawson, 2011.
18. Ruth Bordin, *Frances Willard: A Biography* (Chapel Hill: University of North Carolina Press, 2014); and Sarah Overbaugh Hallenbeck, "Writing the Bicycle: Women, Rhetoric, and Technology in Late Nineteenth-Century America," Diss., University of North Carolina at Chapel Hill, 2009.
19. Scot Barnett and Casey Boyle, eds., *Rhetoric, Through Everyday Things* (Tuscaloosa: University of Alabama Press, 2016).
20. Frances Willard and Carol O'Hare, ed. *How I Learned to Ride the Bicycle: Reflections of an Influential 19th Century Woman* (Sunnyvale, CA: Fair Oaks Publishing, 1991).
21. Grimshaworigin.org, *Beatrice Grimshaw, South Pacific Adventurer, Travel Writer*

and Novelist—Grimshaw Origins and History, 2001, accessed July 4, 2022, http://grimshaworigin.org/prominent-grimshaw-individuals/beatrice-grimshaw-south-pacific.

尾声

1. Ilya Prigogine, *The End of Certainty* (New York: The Free Press, 2017).
2. Arnold J. Toynbee, *A Study of History: Abridgement of Volumes I–VI* (Oxford: Oxford University Press, 1947).